全国一级建造师执业资格考试辅导丛书

建设工程项目管理辅导用书

JIANSHE GONGCHENG XIANGMU GUANLI FUDAO YONGSHU

唐菁菁 编著

以教材为蓝本
以真题为统领
以最新考试大纲为准绳

知识产权出版社
全国百佳图书出版单位

图书在版编目(CIP)数据

建设工程项目管理辅导用书 / 唐菁菁编著. —— 北京：知识产权出版社，2015.5

ISBN 978-7-5130-3398-5

Ⅰ．①建… Ⅱ．①唐… Ⅲ．①基本建设项目－项目管理－建筑师－资格考试－自学参考资料 Ⅳ．①F284

中国版本图书馆CIP数据核字(2015)第053947号

内容提要

本书的编写根据一级建造师执业资格考试《建设工程项目管理》考试大纲和考试用书(第四版)，并结合作者常年从事一级建造师执业资格考试培训积累的经验和资料。本书的内容有五个部分：复习方法与应试技巧、知识要点及典型例题、各章习题、2013年和2014年真题及解析、2015年模拟卷及解析。建议考生仔细领会复习方法和应试技巧，并在复习知识要点和做题时应用好这些方法和技巧。

责任编辑：陆彩云　徐家春　　　　　　　　　　　　责任出版：孙婷婷

建设工程项目管理辅导用书

JIANSHE GONGCHENG XIANGMU GUANLI FUDAO YONGSHU

唐菁菁　编著

出版发行：知识产权出版社 有限责任公司	网　址：http://www.ipph.cn
	http://www.laichushu.com
电　话：010-82004826	
社　址：北京市海淀区马甸南村1号	邮　编：100088
责编电话：010-82000860转8573	责编邮箱：xujiachun625@163.com
发行电话：010-82000860转8101/8029	发行传真：010-82000893/82003279
印　刷：北京中献拓方科技发展有限公司	经　销：各大网上书店、新华书店及相关专业书店
开　本：787 mm×1092 mm　1/16	印　张：14
版　次：2015年5月第1版	印　次：2015年5月第1次印刷
字　数：280千字	定　价：50.00 元

ISBN 978-7-5130-3398-5

前　言

在一级建造师执业资格考试的三门基础科目中，"建设工程项目管理"是题量最多、考试时间最长的一门，也是与专业实务考试科目联系最密切的一门。考生对"建设工程项目管理"中的进度控制、质量控制、安全生产管理、合同管理等知识掌握牢固，将直接增强专业实务中的案例分析能力。为帮助考生提升学习效率、掌握应试技巧、提高考试合格率，特编写此书。

本书的编写根据一级建造师执业资格考试"建设工程项目管理"考试大纲和考试用书（第四版），并结合作者常年从事一级建造师执业资格考试培训积累的经验和资料。本书的内容有五个部分：复习方法与应试技巧、知识要点及典型例题、各章习题、2013 年和 2014 年真题及解析、2015 年模拟卷及解析。建议考生仔细领会复习方法和应试技巧，并在复习知识要点和做题时应用好这些方法和技巧。

预祝各位考生顺利通过考试！

唐菁菁

2015 年 3 月

目　录

复习方法与应试技巧

一、本考试科目分析

"建设工程项目管理"的内容由"三控制三管理一组织"共七章内容组成，尤其是进度控制、质量控制、安全生产管理、合同管理等知识，为专业实务考试科目的案例分析奠定了基础，因而考生们普遍重视对"建设工程项目管理"基础知识的掌握和应用。

在一级建造师执业资格考试的三门基础科目中，"建设工程项目管理"是题量最多、考试时间最长的一门。"建设工程项目管理"考试为 70 道单选题、30 道多选题，满分130 分，78 分合格。2014 年是使用第四版《一级建造师执业资格考试用书》的第一年，当年"建设工程项目管理"考试真题分值的各章分布见下表：

2014年真题分值分布	单选题	多选题	合计
1Z201000建设工程项目的组织与管理	18	16	34
1Z202000建设工程项目施工成本控制	8	6	14
1Z203000建设工程项目进度控制	10	8	18
1Z204000建设工程项目施工质量控制	12	10	22
1Z205000建设工程职业健康安全和环境管理	7	6	13
1Z206000建设工程合同与合同管理	14	12	26
1Z207000建设工程项目信息管理	1	2	3
合计	70	60	130

据上表显然：考分最多的是第一章组织管理，考分次多的是第四章质量控制和第六章合同管理，第二章成本控制、第三章进度控制与第五章安全和环境管理的考分差不多一样。

二、复习方法

（一）用好本辅导书

本辅导书是作者多年从事一级建造师执业资格考前培训的经验总结，首先给考生复习了建设工程项目管理各章节的基础知识，并配合了一些典型例题解答，之后提供了各章节习题，以及 2013 年、2014 年的考试真题及解答，最后预测了三套模拟卷供考生自测用。

本书的第一个作用——帮助考生"读薄教材"。《建设工程项目管理考试用书》内容很多，很多知识点叙述繁复，不利于考生理解和记忆。本书仅用不足 50 页提纲挈领地复习了教材中的全部知识要点，还配合了必要的典型例题解答。用好本书，考生必定事半功倍。

本书的第二个作用——帮助考生"强化练习"。考生为检验自己是否理解了概念、掌握了计算，做题是必须的。习题贵精不贵多，考生与其打题海战术不如多复习两遍知识要点。本书给考生提供了各章习题、往年考试真题、三套模拟卷，习题量足够。

本书的第三个作用——帮助考生"适应考试"。结合本书介绍的复习方法和应试技巧，考生先通过复习本书的知识要点和做本书的各章习题，在平时养成良好的学习和做题习惯，比如：先理解再记忆、舍弃众多细节、做题排除与确认并重、多选题宁缺毋滥等，再通过做往年考试真题和模拟卷，做到适应考试难度、体会 3 小时考试时间安排等。

（二）突出重点章节

建设工程项目管理各章的重点、难点也往往是考试分值最多的节：

"1Z201000 建设工程项目的组织与管理"的重点有四节：1Z201020 建设工程项目管理的目标和任务、1Z201030 建设工程项目的组织、1Z201050 建设工程项目采购的模式、1Z201080 建设工程项目目标的动态控制。

"1Z202000 建设工程项目施工成本控制"的重点有两节：1Z202030 施工成本控制、1Z202040 施工成本分析。

"1Z203000 建设工程项目进度控制"的重点节有一节：1Z203030 建设工程项目进度计划的编制和调整方法。

"1Z204000 建设工程项目施工质量控制"的重点有三节：1Z204030 建设工程项目施工质量控制、1Z204050 施工质量不合格的处理、1Z204060 数理统计方法在工程质量管理中的应用。

"1Z205000 建设工程职业健康安全和环境管理"的重点有两节：1Z205020 建设工程安全生产管理、1Z205030 建设工程生产安全事故应急预案和事故处理。

"1Z206000 建设工程合同与合同管理"的重点有三节：1Z206020 建设工程合同的内容、1Z206040 建设工程施工合同风险管理、工程保险和工程担保、1Z206060 建设工程索赔。

考生应在以上十余个重点节的复习上花费更多的时间、精力，牢固掌握其重难点知识。尤其是 1Z203030 建设工程项目进度计划的编制和调整方法、1Z204030 建设工程项目施工质量控制、1Z205030建设工程生产安全事故应急预案和事故处理、1Z206060建设工程索赔等的基础知识和相关计算还常常出现在专业实务考试的案例题中。

（三）抓基础舍细节

考生在复习备考时首先应该端正一个应试心态：抓住基础知识、舍弃众多细节。一级建造师执业资格考试是合格考试，尤其三门基础课重在考查考生是否掌握了基础知识，许多重要知识几乎年年必考且占分值高。再者考试是"60分万岁"，所以考生应集中精力在掌握好基础知识，大胆舍弃教材中的大量旁枝末节知识，千万不要勉强自己记住教材的每一句话。

本辅导书的"知识要点及典型例题"部分就是建设工程项目管理的重要基础知识，考生应反复熟悉。温故而知新、前后融会贯通、对比记忆、差异记忆等方法很重要。如质量管理体系、职业健康安全管理体系和环境管理体系从建立到运行都遵循 PDCA 循环、持续改进等，但三大体系满足的对象、管理的侧重点有各不相同，管理体系文件也有异同，质量管理体系文件由质量方针与目标、质量手册、程序性文件和质量记录四部分构成，而安全管理体系文件由管理手册、程序文件和作业文件三部分构成。

（四）概念计算并重

建设工程项目管理的计算不多，最重要的是第三章进度控制中网络计划有关时间参数的计算，其次是第二章成本控制中有赢得值法和因素分析法。概念和计算是密切结合的，考生应并重掌握。考生应先理解概念再掌握计算（如总时差 TF、自由时差 FF），最后是计算结果的应用（如工期索赔与总时差 TF 直接关联、资源闲置与自由时差 FF 直接关联）。

有的概念和计算应重视其适用条件。如"由关键工作连成的线路是关键线路"这句话对双代号网络计划而言是正确的，但对单代号网络计划而言却是错误的。再如双代号网络计划没有、单代号网络计划才有时间间隔 LAG 的概念和计算，但是在普通单代号网络计划和搭接单代号网络计划中 LAG 的计算方法是不相同的。

（五）养成良好习惯

好习惯1：反复复习知识要点。看书重要还是做题重要？看书更重要！先看懂了、理解了、记住了知识要点，再通过适当做题来检验和巩固知识点。时间紧张的考生，建议做好两件事：熟悉本书的知识要点，做好本书的三套模拟卷。

好习惯2：闭卷做题。复习好了某一章节的知识要点，可以做做该章节的习题，但应该闭卷做题，计算题应写下计算过程，全部做完一章节习题最后核对答案，猜对的和做错的题目一定要回到知识要点，弄懂答案。

好习惯3：做题落实知识。做各章习题、往年考试真题、模拟卷，都不是为了做题而做题，更不是死记硬背题目答案，而是通过做题落实到知识点，做到举一反三。

好习惯 4：做往年真题、模拟卷时养成应试技巧。如排除与确认并重，单选题学会猜，多选题宁缺毋滥，掌控好做题速度等。

好习惯 5：重视往年真题，但不多做。有的重要知识几乎年年必考，考生也要适应出题风格和难度，故做往年真题很必要。但由于 2014 年启用第四版教材了，故 2012 年及以前的真题意义不大、建议不做，考生仅做本书提供的 2013 年和 2014 年的真题即可。

三、应试技巧

（一）填好姓名、考号、科目代码

几乎每年都有考生忘记在答题卡上填写姓名、考号、科目代码。考生应带好 2B 铅笔，在考场上一旦拿到试题本和答题本，第一件事就是在答题卡上填号姓名、考号、科目代码。自动阅卷机只批改答题卡，考生可以在试题本上勾画答案、打草稿等。

（二）确保单选题、争取多选题

"建设工程经济"考试为：70 道单选题，每题 1 分，共 70 分；30 道多选题、每题 2 分，共 60 分。可见，单选题的分值较重，且多选题的难度较大，故考生应考的基本战略态是"确保单选题，争取多选题"。70 道单选题应确保得 55 分，30 道多选题争取得 30 分。

（三）排除与确认并重

单选题的 4 个选项中只有 1 个是最符合题意的，做出选择时应先通读 4 个选项，能排除的先排除，以便在剩余的选项中进一步确认符合题意的或猜答案。经确认选定的选项代回题目，检验一遍是否确实符合题意。多选题也遵循此原则。

（四）单选题学会猜

考试时不会做的单选题暂时不做，等 70 道单选题都做完了再猜。例如，会做的 62 道单选题在答题卡上涂了答案，数一数答案：选 A 的 13 题，选 B 的 18 题，选 C 的 16 题，选 D 的 15 题，则不会做的 8 道题全部都猜 A。假如不会做的第 47 题已经排除了 A 和 D 选项，要在 B 和 C 之中猜一个，则猜 C。总之，单选题的猜要基于整个答题选项情况。

（五）多选题宁缺毋滥

多选题的 5 个选项中正确的可能是 2 个、3 个或者 4 个，错选不得分，少选每个正确选项得 0.5 分。例如，第 75 题标答是 ABD，考生的答案若是 ABC 或 ABCD，都是 0 分，考生的答案若是 AB，得 1 分。故多选题考生切忌贪心，越是没把握的题，越应该少选，抱着宁缺毋滥、只选 2 个最有把握的选项、每题只要 1 分的心态即可。

（六）掌控好做题速度

一共 100 道选择题，考试时间 3 小时，一般考生时间都够用。建议做题速度平均 1

题花 1 分钟，每道题都经过排除与确认、代回题目检查一遍的过程，概念性的题目也要适当放慢速度，以免粗心大意。70 道单选题做完后，先把这 70 题的答案涂了答题卡，该猜的也猜了，再做 30 道多选题，最后多选题答案涂卡。答题卡都涂好了，建议考生不必再涂改了。

知识要点及典型例题

1Z201000 建设工程项目的组织与管理

1Z201010 建设工程管理的内涵和任务

1Z201020 建设工程项目管理的目标和任务

复习提示：

本章的重点、难点节，考分较多。结合工程项目的全寿命周期理解并区别工程管理与工程项目管理两个概念。掌握工程项目参建各方项目管理的目标。

知识要点：

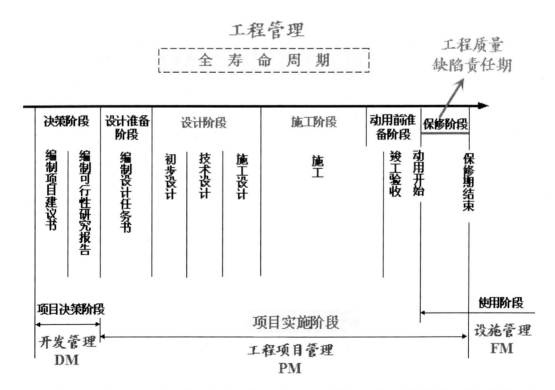

如上图所示，工程项目的全寿命周期包括：决策阶段、项目实施阶段、使用阶段。全寿命周期的管理称工程管理，项目实施阶段的管理称工程项目管理。显然，工程项目

管理只是工程管理的一部分，工程项目管理通过策划和控制使得工程项目的建设目标得以实现。

工程项目管理的核心任务是目标控制，工程项目参建各方项目管理的目标不尽相同，见下表：

参建方	费用目标	进度目标	质量目标	主要管理时间段
业主方	项目总投资	项目动用的时间	满足标准规范、业主要求	项目实施阶段的全过程
设计方	设计成本、项目的投资	设计进度	设计质量	设计阶段
施工方	施工成本	施工进度	施工质量	施工阶段
供货方	供货方成本	供货的进度	供货的质量	施工阶段
项目总承包方	项目总投资、总承包的成本	总承包的进度	项目的质量	项目实施阶段的全过程

除了上表所列费用、进度、质量三个核心目标，参建各方项目管理的任务还涉及安全管理、合同管理、信息管理、组织协调，故简称"三控制三管理一组织"。其中，业主方的项目管理是核心方，且安全管理是项目管理中最重要的任务。

1Z201030 建设工程项目的组织

复习提示：

本章的重点、难点节，考分较多。掌握组织措施的三个基本内容。对组织论的七个工具熟悉用途和识图。

知识要点：

目标控制有四大措施：组织措施、管理措施、经济措施和技术措施。其中，组织措施是最重要的措施。

组织措施包括三个基本内容：组织结构模式、组织分工、工作流程组织。组织结构模式和组织分工是静态组织关系，工作流程组织是动态组织关系。常用组织结构模式有三种：职能组织结构、线性组织结构和矩阵组织结构。工作流程组织包括：管理工作流程组织、信息处理工作流程组织和物质流程组织。

组织论的七个工具：

项目结构图——反映组成工程项目的所有工作任务（用连线垂直分解）。

组织结构图——反映组织中各部门之间的指令关系（单箭线）。

项目管理的组织结构图——反映参建各方的组织关系。

合同结构图——反映参建各方的合同关系（双箭线）。

工作流程图——反映各工作之间的逻辑关系（单箭线），菱形框表示判别条件。

工作任务分工表——明确把各项工作任务落实到部门、个人。

管理职能分工表——明确不同的管理职能由不同的职能部门承担。用于参建各方、企业管理、项目管理班子等管理职能分工。必要时可辅以使用管理职能分工表。

【典型例题】下图所示的组织结构图表示的是（　　）。

A. 矩阵组织结构　　B. 以横向生产部门指令为主的矩阵组织结构　　C. 以纵向职能部门指令为主的矩阵组织结构　　D. 以纵向生产部门指令为主的矩阵组织结构

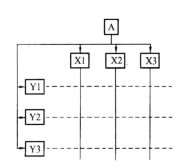

解答：C选项。单选题应选最符合题意的一个选项。矩阵组织结构图中纵向是职能部门、横向是生产部门，两个方向的指令关系是"先实后虚"。

1Z201040　建设工程项目策划

复习提示：

1Z201040、1Z201060和1Z201070三节都是关于策划的知识。

本节注意对比理解决策阶段策划和实施阶段策划的主要任务和基本内容。

知识要点：

工程项目策划旨在为项目建设的决策和实施增值。

决策阶段策划的任务是定义项目，实施阶段策划的任务是实现目标。

对比两个阶段策划的基本内容：如"合同策划"的内容不同；再如：决策阶段是"项目定义和项目目标论证"，实施阶段是"项目目标的分析和再论证"；决策阶段是"项目编码体系分析"，项目实施阶段是"建立编码体系"；仅项目实施阶段有"项目实施的风险策划"。

1Z201060　建设工程项目管理规划的内容和编制方法

复习提示：

分清工程项目管理规划的两个文件：项目管理规划大纲、项目管理实施规划。

知识要点：

工程项目管理规划是指导项目实施阶段项目管理工作的纲领性文件，由业主方编制或业主委托工程总承包方编制。工程项目管理规划必须随工程建设情况的变化而动态调整。

先由企业管理层编制项目管理规划大纲，再由项目经理编制项目管理实施规划。

项目管理规划大纲的编制依据重点是经批准的可行性研究报告。项目管理实施规划的编制依据重点是项目管理规划大纲。

1Z201070 施工组织设计的内容和编制方法

复习提示：

掌握三个层次施工组织设计的内容。

知识要点：

施工组织设计是施工企业项目经理负责编制的项目管理实施规划，具有战略部署和战术安排双重作用。

施工组织设计的基本内容：工程概况、施工部署及施工方案（如资源、施工顺序）、施工进度计划（包括资源需求计划、施工准备计划）、施工平面图、主要技术经济指标。

施工组织设计分三个层次：施工组织总设计、单位工程施工组织设计、专项施工方案。

特大型项目应首先编制施工组织总设计，再编制单位工程施工组织设计。

达到一定规模的危险性较大的分部（分项）工程应编制专项施工方案。编写内容：分部（分项）工程概况、施工安排、施工进度计划、施工准备与资源配置计划、施工方法及工艺要求。

1Z201050 建设工程项目采购的模式

复习提示：

本章的重点、难点节，考分较多。掌握项目总承包模式。区分施工总承包与施工总承包管理的异同。

知识要点：

1）业主方项目管理方式有三种：业主自行管理、委托给项目管理公司、业主与项目管理公司共同管理。

2）设计任务的委托方式有两种：设计总承包、平行发包。我国通过设计招标、国际通过设计竞赛委托设计任务。

3）物资采购的模式有三种：业主自行采购、业主指定部分供货商、承包商采购。

4）结合合同结构图辨识施工任务的委托模式有三种：施工总承包、施工总承包管理、平行发包。

施工总承包单位可将一部分施工任务分包。该模式最大的缺点是建设周期长。

施工总承包管理模式下，一般施工总承包管理单位不参与具体工程施工，由施工总承包管理单位负责对所有分包人的管理及协调，这是业主采用该模式的基本出发点。与施工总承包模式的不同之处有五点，即工作开展程序、合同关系、对分包单位的选择和认可、对分包单位的付款、合同价格；相同之处有两点，即对分包单位的管理和服务、对业主承担"三控制三管理一组织"等责任。

5. 项目总承包模式有两种：设计—施工总承包（简称 D+B，适用于民用项目）、设计采购施工总承包（简称 EPC，适用于工业生产项目）。该模式通过设计与施工的组织集成，达到为项目建设增值的目的。民用项目招标采用功能描述方式进行招投标，即业主编制招标文件（建设纲要或设计纲要），项目总承包方编制设计建议书并报价。中标后的项目总承包方负责从项目启动、设计、采购、施工、试运行直到合同收尾（与业主之间的收尾）、项目管理收尾（项目总承包方内部的收尾）等工作。

【典型例题】下列合同结构图表示的是（　　）模式。

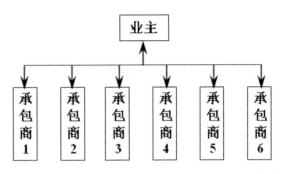

A. 施工平行发包　　B. 施工总承包　　C. 施工总承包管理　　D. 联合体承包

解答：A。本题考查对合同结构图的识读。

【典型例题】与施工总承包模式相比，以下关于施工总承包管理模式的说法中正确的有（　　）。

A. 不需要等施工图设计完成即可进行施工总承包管理的招标，有利于缩短建设周期　　B. 分包合同价对业主是透明的　　C. 一般情况下，施工总承包管理单位不参加具体工程的施工　　D. 分包合同由业主和分包单位直接签订，但每一个分包人的选择和每一个分包合同的签订都要经过施工总承包管理单位的认可　　E. 施工总承包管理单位仅收取施工总承包管理费，是业主采用施工总承包管理模式的基本出发点

解答：ABCD。

1Z201080　建设工程项目目标的动态控制

复习提示：

本章的重点、难点节，考分较多。掌握动态控制的工作程序。区分动态控制的四大

措施。区分动态控制和主动控制。

知识要点：

目标控制有两种方法：动态控制、主动控制。见下图：

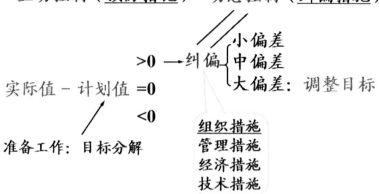

主动控制是事前控制、采取预防措施。

动态控制是过程控制、采取纠偏措施，动态控制是项目管理最基本的方法。

纠偏措施、预防措施都是四大措施：组织措施、管理措施、经济措施、技术措施。

组织措施——包括三个内容：组织结构、组织分工、工作流程。

经济措施——直接与资金相关的措施，如落实赶工资金、及时支付工程款、设立前提竣工奖等。

技术措施——对工作成果的优化，如调整设计、改进施工方法、改变施工机具等。

管理措施——以上三大措施以外的都是管理措施，如管理方法、管理手段、合同管理、信息管理、风险管理等，投资控制的管理措施还有价值工程、限额设计等。

1Z201090 施工企业项目经理的工作性质、任务和责任

复习提示：

本章考分较多的一节。区分项目经理和注册建造师。对比掌握项目经理目标责任书中项目经理的职责和权限。掌握沟通的"五个要素、三个障碍"。了解施工企业人力资源管理。

知识要点：

经国家注册的建造师是一种专业人士，也是担任施工方项目经理的执业资格。项目经理是一个管理工作岗位，由施工企业自主决定人选。

施工企业应与项目经理签订劳动合同并缴社会保险。项目经理不得同时担任其他项目的项目经理。承包人需更换项目经理的，应提前 14 天通知并征得发包人书面同意。发包人有权要求撤换不称职的项目经理，更换通知中载明理由，承包人在 14 天内提出改

进报告，发包人仍坚持要求更换的，承包人应在接到第二次更换通知的 28 天内撤换项目经理。

开工前，施工企业法定代表人应与项目经理签订项目管理目标责任书，协商约定项目经理的职责和权限。职责主要有：主持编制项目管理实施规划（即施工组织设计），进行授权范围内的利益分配，参与工程竣工验收，接受审计、处理项目部解体的善后工作等。权限主要有：主持项目部工作，制订内部计酬办法，参与招投标、签订合同，参与组建项目部，参与选择分包人和供应商，决定授权范围内的项目资金投入与使用，授权范围内的协调。

工程施工实行项目经理负责制。项目经理应承担法律责任和经济责任。

沟通是指人与人之间的信息交流。沟通过程的五个要素：沟通主体、沟通客体、沟通介体、沟通环境和沟通渠道，沟通主体在沟通过程中处于主导地位，沟通介体是沟通主体作用于沟通客体的中介（包括沟通内容和沟通方法）。沟通能力包括四个方面：表达能力、争辩能力、倾听能力、设计能力（形象、动作、环境设计）。沟通障碍来自三个方面：发送者的障碍、接受者的障碍、沟通通道的障碍。

项目人力资源管理的目的是调动所有项目参与人的积极性，过程包括：项目人力资源管理计划、项目人力资源管理控制、项目人力资源管理考核。

施工企业不得使用零散工。施工企业与劳动者自用工之日起订立书面劳动合同。

施工企业至少每月一次向劳动者支付工资，且不得低于当地最低工资标准。工资应发放给劳动者本人。施工企业确需延期支付工资的，应与职工代表达成一致，且最长不得超过 30 日。施工企业不得以工程款被拖欠、结算纠纷等理由克扣劳动者工资。

1Z201100 建设工程项目的风险和风险管理的工作流程

复习提示：

区别风险、风险量和风险等级三个概念。区别工程项目风险的四种类型。掌握风险管理工作流程的四个步骤。

知识要点：

风险管理的目的是降低风险量。风险量＝概率×损失量，将概率划分为小、中、大，将损失量划分为轻、中、重，于是风险量就划分为 1 至 5 五个等级。

工程项目风险的四种类型：组织风险、经济与管理风险、环境风险、技术风险。除环境风险外，其余风险类型可相应理解为目标控制的四大措施不得当，如组织措施（组织结构、分工、工作流程等）不得当就是组织风险。

风险管理工作流程的四个步骤：风险识别→风险评估→风险响应→风险控制。风险识别确定了风险因素、编制了风险识别报告。风险评估预测出各种风险的概率、损失量，确定了风险量和风险等级。风险响应对策有四个：风险规避、减轻、自留、转移（如投保），形成风险管理计划。

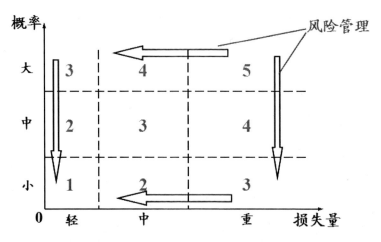

1Z201110 建设工程监理的工作性质、工作任务和工作方法

复习提示：

掌握建设工程监理的性质。了解监理工程师的质量控制和安全监理责任。掌握建设工程监理的工作程序。掌握监理规划、监理实施细则的编制。

知识要点：

监理单位与业主签订监理合同，由监理单位承担对施工单位的监督管理。建设工程监理属于业主方项目管理，是工程咨询服务。

建设工程监理的四个工作性质：服务性、科学性、独立性、公平性。

监理工程师采取旁站、巡视、平行检验等形式开展质量控制工作。专业监理工程师对建筑材料、构配件、设备有质量签字权。总监理工程师对工程款支付、竣工预验收有签字权。

监理工程师按工程建设强制性标准开展安全监理工作。监理单位应审查施工组织设计和专项施工方案，对安全事故隐患签发整改令，对情况严重的安全事故隐患签发暂停令。当施工单位拒不整改或不停工时，监理单位应及时向相关主管部门报告。

建设工程监理的工作程序：组成项目监理机构→编制监理规划、监理实施细则→实施监理→组织竣工预验收→参与竣工验收。

签订监理合同、收到设计文件后，由总监理工程师主持编制监理规划，经监理单位技术负责人审批后，在召开第一次工地会议前报送业主。监理规划的编制依据主要有：法律法规、标准规范、设计文件、监理大纲（即监理投标书）、监理合同、施工合同等。

在危险性较大的分部分项工程开始施工前，由专业监理工程师编制、总监理工程师审批监理实施细则。监理实施细则的编制依据主要有：监理规划、专业工程设计文件、施工组织设计（或专项施工方案）等。监理实施细则的编制内容：专业工程的特点、监理工作流程、监理工作控制要点及目标值、监理工作方法和措施。

1Z202000 建设工程项目施工成本控制

1Z202010 施工成本管理的任务与措施

复习提示：

掌握施工成本管理的步骤。区别施工成本管理的四大措施。

知识要点：

工程项目的施工成本由直接成本和间接成本组成，如下图所示。施工成本管理是在确保工期和质量的前提下，采取四大措施把实际成本控制在计划成本内，并进一步寻求成本降低。

施工成本管理的步骤如下图所示。成本控制是成本管理的核心工作（成本计划是准备工作、成本核算是收集实际值、分析偏差后再落实到纠偏），成本管理比成本控制范畴宽，多了成本计划前的成本预测和工程竣工后的成本考核。

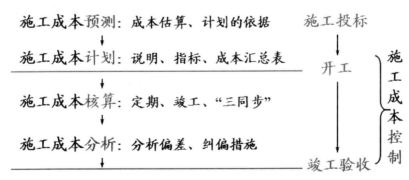

施工成本管理的基础工作有建立成本管理责任体系、成本项目编码、成本核算账册等。

施工成本管理的四大措施：组织措施、技术措施、经济措施、合同措施：

组织措施——包括三个内容：落实成本管理的组织结构、组织分工、工作流程。

技术措施——对多个技术方案的比较择优。

经济措施——最易采用的措施，不仅仅是财务人员的事，如编制资金使用计划、做好工程变更的增减账、及时结算工程款等。

合同措施——贯穿整个施工合同周期，如优选合同结构、签订应对成本变动的对策条款、做好费用索赔和反索赔等。

注意：其他章节的四大措施介绍的是管理措施，本节介绍的合同措施是管理措施之一。

1Z202020 施工成本计划

复习提示：

区别三类成本计划。区别施工预算与施工图预算。掌握实施性成本计划的编制依据和三种编制方法。

知识要点：

按发挥的作用不同，施工成本计划分为三类：

竞争性成本计划——施工投标、签订合同阶段、由施工企业编制的、粗略的成本计划。

指导性成本计划——选派项目经理阶段编制的项目经理的责任成本目标。

实施性成本计划——施工准备阶段由项目经理依据施工定额编制施工预算而成的成本计划，通过实物对比法和金额对比法进行"两算"对比（施工预算和施工图预算的对比分析）。

施工预算与施工图预算有三点不同：

1）编制依据的定额不同。施工预算的编制依据是（企业的）施工定额；施工图预算的编制依据是（地方的）预算定额。

2）适用的范围不同。中标后的施工企业编制施工预算，是施工企业内部管理用；而施工图预算，招标人、投标人均可编制。

3）发挥的作用不同。施工图预算在招投标阶段发挥重要作用，是投标报价的主要依据；施工预算则是中标后的施工企业落实内部成本管理责任制的重要手段。

注意：本节随后介绍的均是项目经理该如何编制实施性成本计划。

实施性成本计划的编制以成本预测为基础，关键是确定目标成本（源于指导性成本计划），当达不到目标成本要求时，项目经理组织项目部寻找降低成本的途径，重新编制实施性成本计划。

实施性成本计划依据施工定额编制施工预算而成，其他编制依据还有报价文件、施工方案、施工合同、分包合同、人、料、机的市场价格等。

实施性成本计划的三种编制方法：

1）按施工成本构成编制——将施工成本分解为人、料、机、管理费等。

2）按施工项目组成编制——将施工成本逐层分解到单位工程、分部工程、分项工程等。

3）按施工进度计划编制——有两种表达方式：在施工进度计划上按月编制成本计划直方图或 S 形曲线（时间—成本累积曲线）。

当施工进度计划是横道图时，S 形曲线只有一条；当施工进度计划是网络计划时，S 形曲线可绘出两条：按 *ES*（各工作的最早开始时间）和按 *LS*（各工作的最迟开始时间）绘制的，故称"香蕉图"，如下图所示。

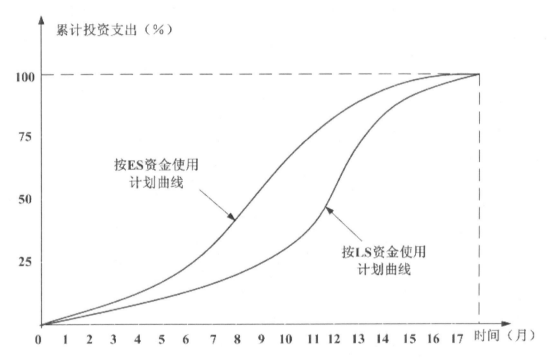

施工中，若执行上图中的 *LS* 曲线，优点是节约贷款利息，缺点是降低了工程项目按期竣工的保证率；若执行上图的 *ES* 曲线，优缺点则相反。

注意：以上三种编制方法不是独立的，实践中编制实施性成本计划往往三种方法都采用。

1Z202030 施工成本控制

复习提示：

了解施工成本控制的依据、步骤和方法。掌握赢得值法及其三种表达方法。

知识要点：

施工成本控制的依据：施工合同、分包合同、施工组织设计、实施性成本计划、进度报告、工程变更等。

施工成本控制的步骤：管理行为控制程序、指标控制程序。

施工成本控制的方法：人、料、机费"量价分离"的控制、施工分包费的控制。

注意：赢得值法是本章的重点、难点。

赢得值法的三个参数：

1）纯计划参数：计划工作预算费用＝计划工作量×预算单价；

2）纯实际参数：已完工作实际费用＝已完成工作量×实际单价；

3）半真半假参数：已完工作预算费用＝已完成工作量×预算单价。

赢得值法的四个指标：

1）费用偏差（价差）＝已完工作预算费用－已完工作实际费用；

2）进度偏差（量差）＝已完工作预算费用－计划工作预算费用；

3）费用绩效指数＝已完工作预算费用÷已完工作实际费用；

4）进度绩效指数＝已完工作预算费用÷计划工作预算费用。

注意：费用偏差和进度偏差都是半真半假参数（已完工作预算费用）作被减数。

注意：费用偏差和进度偏差是减法，费用绩效指数和进度绩效指数是除法。

费用偏差＞0 或费用绩效指数＞1，表示费用（成本）降低；

进度偏差＞0 或进度绩效指数＞1，表示进度提前（用金额表达的进度提前完成量）。

赢得值法的三种表达：

1）横道图法——优点是形象、直观、一目了然，准确表达偏差的绝对值；缺点是信息量少，较高管理层应用。

2）表格法——优点是灵活、适用性强，信息量大，适合基层使用；缺点是不形象。

3）（累积）曲线法——优点是可预测工程项目结束时的进度、费用情况。最理想状态：三个参数相应的三条曲线靠得很近且平稳上升，表示工程项目按预定计划目标进行。

【典型例题】上图中，施工企业在第 4 月末做了一次偏差分析，费用偏差＝100－200＝－100（万元），表示已完工作量的施工成本比计划成本超支 100 万元；进度偏差＝100－160＝－60（万元），表示实际进度比计划进度落后 60 万元。

上图就是教材 P111 的表 1Z202033-8 中序号 1 的图型,是最糟糕状态：费用超支,进度落后，且费用超支额大于进度落后额，纠偏措施必须在满足赶工的同时节约更多的费用，如用少数高效工作人员替换多数低效工作人员。

1Z202040 施工成本分析

复习提示：

了解施工成本分析的依据。区别施工成本分析的基本方法、综合成本的分析方法、成本项目的分析方法和专项成本分析方法。掌握因素分析法的计算。

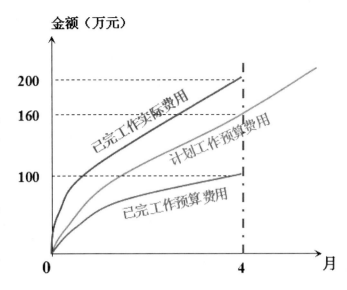

知识要点：

施工成本分析的依据：会计核算、业务核算、统计核算。

施工成本分析的基本方法有四种：比较法、比率法、因素分析法、差额计算法。比较法通常有三个减法：实际指标与计划指标、本期实际指标与上期实际指标、本企业水平与行业先进或平均水平。比率法通常有三个除法：相关比率法、构成比率法、动态比率法。差额计算法是因素分析法的简化形式。因素分析法又称连环置换法，用来分析各种因素对成本的影响程度。替代的顺序是：先实物量，再价值量；先绝对值，再相对值。计算见教材 P113 的【例 1Z202042-1】。

综合成本的分析方法有四种：分部分项成本分析、（单位工程）竣工成本分析、月度成本分析、年度成本分析。分析内容主要都是"三算"对比，即预算成本（来自投标报价）、目标成本（来自施工预算）和实际成本的对比分析。

成本项目的分析方法是分别针对人、料、机、管理费等做分析。

专项成本分析方法有三种：成本盈亏异常分析、工期成本分析、资金成本分析（成本支出率＝实际成本÷实际收入）。

1Z203000 建设工程项目进度控制

1Z203010 建设工程项目进度控制与进度计划系统

复习提示：

掌握工程项目进度控制的过程。了解工程项目进度控制的目的。区别参建各方进度控制的任务。掌握四种类型的进度计划系统。

知识要点：

工程项目进度控制的过程：进度目标的分析和论证→编制进度计划→执行进度计

划、定期检查并纠偏，必要时调整进度计划。

工程项目进度控制的目的：在确保构成质量的前提下，控制过程进度，实现进度目标。

参建各方进度控制的任务：业主、项目总承包应控制整个实施阶段的进度；设计方应控制设计进度；施工方应控制施工进度；供货方应控制供货进度。

工程项目的进度计划系统是由多个相互关联的进度计划组成的，是逐步形成的，分四种类型：

1）按深度不同，进度计划系统分为总进度规划、子系统进度计划、单项工程进度计划等。

2）按功能不同，进度计划系统分为控制性进度计划、指导性进度计划、实施性进度计划。

3）按参与方不同，进度计划系统分为业主方的总进度计划、设计季度计划、施工进度计划、供货进度计划等。

4）按周期不同，进度计划分为 5 年期进度计划、年度、季度、月度、旬施工计划等。

工程项目的进度控制是一个动态编制并调整计划的过程。可利用项目信息门户（基于互联网的信息处理平台）辅助进度控制。

1Z203020 建设工程项目总进度目标的论证

复习提示：

掌握工程项目总进度纲要的主要内容。掌握工程项目总进度目标论证的主要步骤。

知识要点：

工程项目总进度目标是指整个实施阶段的进度目标，是在决策阶段确定的。工程项目总进度目标的控制是业主方项目管理的任务（可由项目总承包方协助业主）。

在进行工程项目总进度目标控制前，应先分析和论证总进度目标实现的可能性。大型工程项目总进度目标论证的核心工作是编制总进度纲要。总进度纲要的内容：项目实施的总体部署、总进度规划、各子系统进度计划、里程碑事件的进度目标、实现目标的条件和措施等。

工程项目总进度目标论证的主要步骤：项目结构分析（包括：绘项目结构图、给出项目结构的编码）→进度计划系统的结构分析（分四种类型的进度计划系统）→项目的进度工作编码→编制各层进度计划→协调各层进度计划，编制总进度计划。

1Z203030 建设工程项目进度计划的编制和调整方法

复习提示：

本章的重点、难点。了解横道图的优缺点。掌握双代号网络计划、双代号时标网络计划、单代号网络计划及时间参数的计算。了解单代号搭接网络计划中的四种连接方式。

知识要点：

横道图适于小型项目，优点是直观、易看懂；缺点主要是工作之间的逻辑关系表达不清、无法计算时间参数、关键线路等，手工编制工作量大且不便于计划的调整。

1. 双代号网络计划

双代号网络计划是用单箭线及两端节点表示工作的网络计划。本工作记为 i-j 工作（i 为开始节点，j 为完成节点），紧前工作记为 h-i 工作，紧后工作记为 j-k 工作。虚箭线表示虚工作，仅仅反映工作之间的逻辑关系（工艺关系或组织关系），既不占用时间也不消耗资源。

双代号网络计划的绘图规则主要有：逻辑关系应正确、不得有循环回路、节点编号不得重复、每个工作的节点编号应 $i<j$、必须是单箭线、只有一个起点节点和一个终点节点。绘图时为避免单箭线交叉，可用过桥法或指向圈。

网络计划的总工期有三个概念：项目经理的计算工期 T_c、施工企业的计划工期 T_p、施工合同中业主的要求工期 T_r。一般应满足：$T_c \leq T_p \leq T_r$。

本工作 i-j 的持续时间 $D_{i\text{-}j}$ 是已知的，需要计算的时间参数有 6 个：最早开始时间 $ES_{i\text{-}j}$、最早完成时间 $EF_{i\text{-}j}$、最迟开始时间 $LS_{i\text{-}j}$、最迟完成时间 $LF_{i\text{-}j}$、总时差 $TF_{i\text{-}j}$、自由时差 $FF_{i\text{-}j}$。

教材 P141 的【例 1Z203033-1】中时间参数的计算方法是工作计算法，可总结为四步曲：

第一步：顺着算，得 ES、EF 和 T_c。

注意：顺着节点编号算外向箭线，下图例题中先算①节点外向箭线的 A、B、C 工作的 ES、EF，再算②节点外向箭线的 D 工作和 2-4 虚工作的 ES、EF，算到⑧节点可得 T_c。

每个工作先算 ES 再算 EF，关键是取最大值、做加法：

$$ES_{i\text{-}j} = \max\{EF_{h\text{-}i}\}$$
$$EF_{i\text{-}j} = ES_{i\text{-}j} + D_{i\text{-}j}$$

显然，所有紧前工作最早完成时间的最大值就是本工作的最早开始时间。

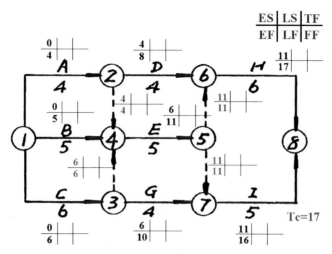

第二步：逆着算，得 LS 和 LF。

注意：逆着节点编号算逆向箭线，下图例题中先算⑧节点逆向箭线的 H、I 工作的 LF、LS，再算⑦节点逆向箭线的 G 工作和 5-7 虚工作的 LF、LS）。

每个工作先算 LF 再算 LS，关键是取最小值、做减法：

$$LF_{i\text{-}j} = \min\{LS_{j\text{-}k}\}$$
$$LS_{i\text{-}j} = LF_{i\text{-}j} - D_{i\text{-}j}$$

显然，本工作的最迟开始时间不得延误所有紧后工作最迟开始时间，也即确保了总工期。

注意：下图例题中⑧节点逆向箭线的 H、I 工作的 LF 应取 T_p（项目经理应以施工企业的计划工期为责任目标），若 T_p 未知则取 T_c，即

$$LF_{i\text{-}n} = T_p；若 T_p 未知，则取 LF_{i\text{-}n} = T_c$$

下图例题的 T_p 未知，故 H、I 工作的 LF 应取 $T_c=17$。考题一般都是 T_p 未知的。

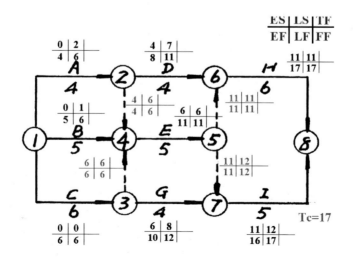

第三步：算 *TF*、确定关键线路。

$$TF_{i\text{-}j} = LS_{i\text{-}j} - ES_{i\text{-}j} \text{或} TF_{i\text{-}j} = LF_{i\text{-}j} - EF_{i\text{-}j}$$

显然，总时差 $TF_{i\text{-}j}$ 是不影响总工期的前提下本工作 *i-j* 的机动时间。

网络图中总时差 *TF* 最小的工作就是关键工作，连接关键工作得到关键线路：①→
③→④→⑤→⑥→⑧。

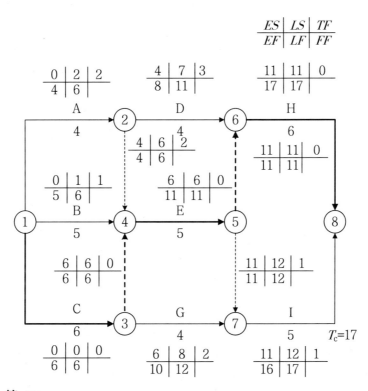

第四步：算 *FF*。

$$FF_{i\text{-}j} = \min\{ES_{j\text{-}k}\} - EF_{i\text{-}j}$$

$$FF_{i\text{-}n} = T_{c} - EF_{i\text{-}n}$$

显然，自由时差 $FF_{i\text{-}j}$ 是不影响紧后工作最早开始时间的前提下本工作 *i-j* 的机动
时间。

注意：教材 P141 自由时差的主要计算公式（1Z203033-14）和（1Z203033-16）均
错误。

观察下图例题的计算结果可知：关键工作的自由时差 *FF* 等于零。

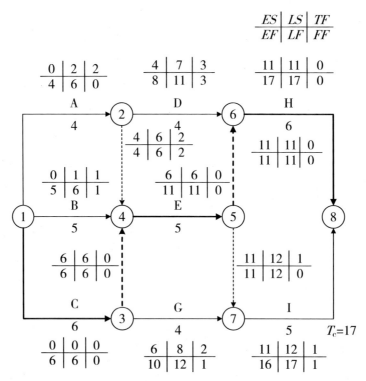

考题大多不需要计算 LF、LS，且兼顾实务案例分析题的工期索赔，以下为考生介绍一种简单的计算方法：标号法。

第一步：顺着算，得 ES、EF 和 T_c。

注意：计算类似于工作计算法的第一步，标注是：在节点处标注源节点和本工作的 ES。

下图例题中，看④节点的标注可知：2-4 工作最早完成时间为 11，3-4 工作最早完成时间为 15，4-6 工作和 4-5 虚工作的最早开始时间为 15。

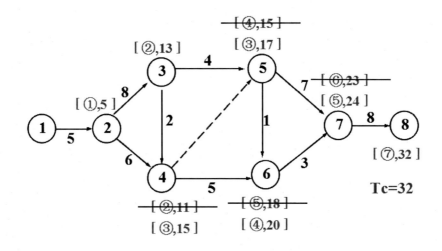

第二步：逆定关键线路。

注意：逆着节点编号，按最大 *ES* 的源节点找出关键线路：⑧←⑦←⑤←③←②←①。

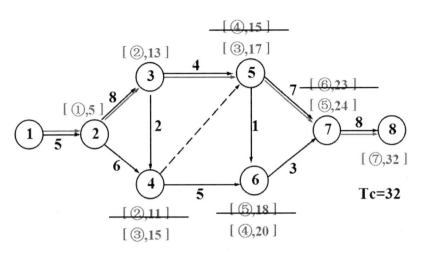

标号法由于有各工作的 *ES* 和 *EF*，故还可计算各工作的 *FF*：

上图例题中，1-2 工作、2-3 工作、3-5 工作、5-7 工作和 7-8 工作均是关键工作，其 *FF* 一定是零。需要计算的是非关键工作的 *FF*，如：2-4 工作的 *FF*=4，因为④节点的标注：2-4 工作最早完成时间为 11，紧后工作 4-6 工作和 4-5 虚工作的最早开始时间为 15。再如：3-4 工作的 *FF*=0，因为④节点的标注：3-4 工作最早完成时间为 15，紧后工作 4-6 工作和 4-5 虚工作的最早开始时间为 15。同理可计算出：4-6 工作的 *FF*=0，5-6 工作的 *FF*=2，6-7 工作的 *FF*=1。

2．双代号时标网络计划

双代号时标网络计划是以时间坐标为尺度编制的双代号网络计划,波形线表示工作的自由时差 *FF*。双代号时标网络计划的优点有:

1）兼有双代号网络计划和横道图的优点，时间进程清楚、使用方便;

2）图上直接显示了 T_c、关键线路，以及各项工作的 *ES*、*EF* 和 *FF*;

3）便于统计每个单位时间内的资源需求量，便于资源优化和调整。

教材 P142 的双代号网络图 1Z203033-2 绘成双代号时标网络图就是教材 P134 的图 1Z203032-6，如下图所示:

显然，上图的双代号时标网络图 T_c = 22 天，关键线路有两条（自始至终无波形线的线路，见上图的粗线）。以 D 工作为例，*ES* = 11 天（第 11 天末，也即第 12 天初），*EF* = 13 天，*FF* = 2 天（波形线）。再看 B_3 工作，*ES* = 8 天，*EF* = 11 天，*FF* = 0。

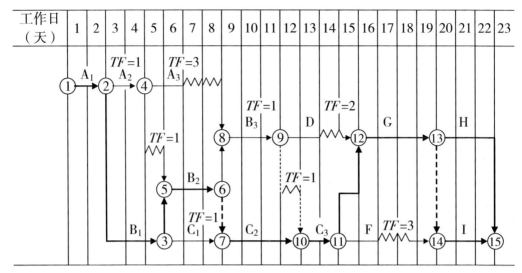

注意：上图中，显然各项关键工作的 $TF=0$。双代号时标网络图的难点是读各项非关键工作的 TF。以 D 工作为例，TF 是不得影响总工期前提下的机动时间，就是不得影响关键线路，也就是不得影响随后最近的关键节点 12，9-12 局部线路的机动时间为 2 天，故 $TF=2$ 天。再看 B_3 工作，不影响随后的关键节点 12，8-9-12 局部线路的机动时间有 2 天，而不影响随后的另一个关键节点 10，8-9-10 局部线路的机动时间有 1 天，取最小值，故 $TF=1$ 天。简言之：

$$TF_{i\text{-}j} = \min\{\text{局部线路上各工作自由时差} FF \text{之和}\}$$

也就有：

$$TF_{i\text{-}j} = FF_{i\text{-}j} + \min\{TF_{j\text{-}k}\}$$

例如：上图中 A_2 工作的 $FF=0$，紧后工作是 A_3 工作和 4-5 虚工作，A_3 工作的 $TF=3$ 天，4-5 虚工作的 $TF=1$ 天，故 A_2 工作的总时差 $TF=1$ 天：

$$TF_{2\text{-}4} = FF_{2\text{-}4} + \min\{TF_{4\text{-}8}, TF_{4\text{-}5}\} = 0 + \min\{3,1\} = 1$$

注意：读出了各工作的总时差 TF，即得各工作的最迟开始时间 LS 和最迟完成时间 LF：

$$LS_{i\text{-}j} = ES_{i\text{-}j} + TF_{i\text{-}j}$$
$$LF_{i\text{-}j} = EF_{i\text{-}j} + TF_{i\text{-}j}$$

例如：上图中 D 工作的 $ES=11$ 天，$EF=13$ 天，$TF=2$ 天，所以：$LS=11+2=13$ 天，$LF=13+2=15$ 天。

3. 单代号网络计划

单代号网络计划是用节点表示工作、单箭线表示逻辑的网络计划。本工作记为 i 工作，紧前工作记为 h 工作，紧后工作记为 k 工作。单代号网络计划无虚箭线。

绘制单代号网络计划时，为确保只有一个起点节点和一个终点节点，往往需要人工添加虚工作：虚设起点节点 St 或虚设终点节点 Fin。

教材 P142 的双代号网络图 1Z203033-2、P134 的双代号时标网络图 1Z203032-6，绘成单代号网络图就是教材 P145 的图 1Z203033-4，如下图所示，显然 16 节点是虚设终点节点：

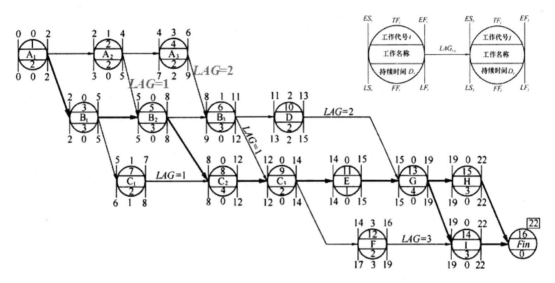

工作计算法和标号法同样适用于单代号网络计划时间参数的计算，不再赘述。

注意：单代号网络计划中多了一个时间参数——时间间隔 LAG：

$$LAG_{i,j} = ES_j - EF_i$$

本工作 i 和每一个紧后工作 j 分别计算 LAG，即本工作 i 有多少个紧后工作 j 就有多少个 LAG。上图中，A_2 工作和紧后工作 A_3 工作之间的 $LAG = 0$（$LAG = 0$ 图上可省略不标），A_2 工作和另一个紧后工作 B_2 工作之间的 $LAG = 1$（教材原图漏标了）。

教材原图 1Z203033-4 中还标漏了 A_3 工作和紧后工作 B_3 工作之间的 $LAG = 2$。

注意：LAG 有三个重要用途：

1）对比 LAG 和 FF 的概念，显然有：$FF_i = \min\{LAG_{i,j}\}$

例如：上图中，A_2 工作的 $FF = \min\{0,1\} = 0$。

2）$TF_i = \min\{TF_j + LAG_{i,j}\}$

例如：上图中，A_3 工作的 $TF = 3$，B_2 工作的 $TF = 0$，A_2 工作和 A_3 工作的 $LAG = 0$，A_2 工作和 B_2 工作的 $LAG = 1$，所以，A_2 工作的 $TF = \min\{3+0, 0+1\} = 1$。

3）由关键工作连成且所有工作的 $LAG = 0$ 的线路才是关键线路。

【典型例题】用标号法计算得知下图中每个工作（节点）都是关键工作（节点），但关键线路只有两条（粗箭线）。例如：由关键工作 A、B、E、H 连成的 1-2-5-8 线路不是关键线路，因为此线路上 B 工作与 E 工作的 $LAG = 3$：

$$LAG_{B,E} = ES_E - EF_B = (19 - 7) - 9 = 3$$

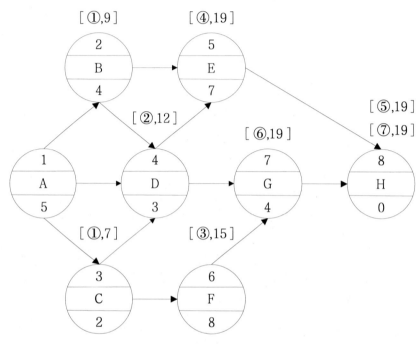

小结：以上复习的双代号网络计划、双代号时标网络计划和单代号网络计划，都是普通网络计划，即图中各项工作是依次顺序施工的，也即紧前工作都完成了本工作才能开始。在普通网络计划中：

1）**关键工作**。

判别 1：总时差 TF 最小的工作是关键工作。当 $T_p = T_c$ 时，$TF = 0$ 的工作是关键工作；当 $T_p > T_c$ 时，$TF = T_p - T_c$ 的工作是关键工作。

判别 2：先用标号法找出关键线路，在关键线路上的工作就是关键工作。

特点 1：关键工作的总时差 TF 最小。当 $T_p = T_c$ 时，关键工作的 $TF = 0$；当 $T_p > T_c$ 时，关键工作的 $TF = T_p - T_c$。

特点 2：关键工作的自由时差 $FF = 0$。

2）**关键线路**。

关键线路是总持续时间最长的线路。关键线路的总持续时间 = T_c。

一个网络计划中至少有一条关键线路，或者说可能有多条关键线路。

双代号网络图中，由关键工作连成的线路就是关键线路。

双代号时标网络图中，自始至终无波形线的线路就是关键线路。

单代号网络图中，所有 $LAG=0$ 的线路就是关键线路。

3）总时差 TF。

不影响总工期的前提下，本工作的机动时间就是本工作的总时差 TF。换言之，若施工时本工作的延误时间超出了总时差，则必然影响总工期。

算法 1：$TF_{i\text{-}j} = LS_{i\text{-}j} - ES_{i\text{-}j}$ 或 $TF_{i\text{-}j} = LF_{i\text{-}j} - EF_{i\text{-}j}$

算法 2：$TF_{i\text{-}j} = FF_{i\text{-}j} + \min\{TF_{j\text{-}k}\}$

算法 3：$TF_i = \min\{TF_j + LAG_{i,j}\}$

4）自由时差 FF。

不影响紧后工作最早开始的前提下，本工作的机动时间就是本工作的自由时差 FF。换言之，若施工时本工作的延误时间超出了自由时差，则必然影响紧后工作的最早开始时间，也即影响了紧后工作的人、料、机等资源的投入时间。

算法 1：$FF_{i\text{-}j} = \min\{ES_{j\text{-}k}\} - EF_{i\text{-}j}$，终点节点处：$FF_{i\text{-}n} = T_c - EF_{i\text{-}n}$

算法 2：$FF_i = \min\{LAG_{i,j}\}$

注意：先牢固掌握概念，再熟练应用计算。

4．实际进度前锋线

网络计划的执行过程中，应定期检查实际进度，常用实际进度前锋线来记录。实际进度前锋线是在原双代号时标网络图上，从检查时刻点出发，自上而下用点划线依次连接各项工作的实际进度前锋点而成的折线，如下图所示：

【典型例题】上图中，检查时刻是第 4 周末，根据实际进度前锋线读出：D 工作延误 2 周（D 工作的前锋点滞后检查点 2 周），同理，B 工作延误 1 周（B 工作的前锋点滞后检查点 1 周），C 工作延误 1 周。关键线路只有一条：①→②→③→⑦→⑨→⑩，可读出：D 工作的总时差 $TF=0$，B 工作的总时差 $TF=1$ 周，C 工作的总时差 $TF=3$ 周，故检查时刻点发现的延误将使总工期延误 2 周（取决于 D 工作延误 2 周）。

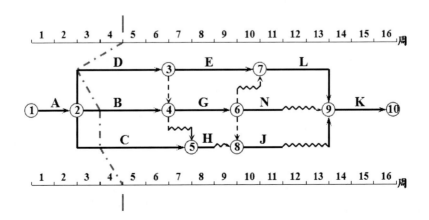

施工单位行为责任造成关键线路实际进度比计划进度拖后时,应压缩尚未施工的关键工作的持续时间,且同时满足:缩短持续时间不影响质量和安全、有充足的备用资源、赶工费率低的关键工作优先考虑缩短持续时间。

非施工单位行为责任造成关键线路实际进度比计划进度拖后时,施工单位可向业主要求工期索赔。

当关键线路的实际进度比计划进度提前时,若不拟提前总工期,施工单位应选择资源占用量大、直接费用高的后续尚未施工的关键工作,适当延长其持续时间。

5. 单代号搭接网络计划

实际施工时,为了缩短总工期,满足逻辑要求的前提下许多工作可采用平行搭接的方式施工,于是就出现了单代号搭接网络计划。

掌握 i 工作与 j 工作之间的四种基本连接方法:完成到开始时距 $FTS_{i,j}$、完成到完成时距 $FTF_{i,j}$、开始到开始时距 $STS_{i,j}$、开始到完成时距 $FTF_{i,j}$。

【典型例题】下图中,已知 i 工作的 $ES=0$,$EF=14$,i 工作与 j 工作的连接方法称为混合时距:同时满足两个连接方式 $STS=3$ 和 $FTF=6$。要满足 $STS=3$(从 i 工作开始到 j 工作开始应相距 3 天),则 j 工作的 $ES=0+3=3$,$EF=3+10=13$;要满足 $FTF=6$(从 i 工作完成到 j 工作完成应相距 6 天),则 j 工作的 $EF=14+6=20$,$ES=20-10=10$。因为两种时距要求应同时满足,故取大值,所以 j 工作应执行 $ES=10$,$EF=20$。相对 $FTF=6$ 而言,i 工作与 j 工作的时间间隔 $LAG=0$;相对 $STS=3$ 而言,i 工作与 j 工作的时间间隔 $LAG=10-3=7$(满足 $STS=3$ 时距要求后推迟 7 天 j 工作才开始)。

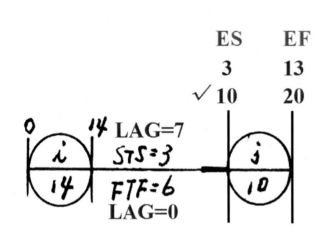

注意:单代号搭接网络计划和普通单代号网络计划中 LAG 的算法是不同的。

1Z203040 建设工程项目进度控制的措施

复习提示:

区别进度控制的四大措施。

知识要点:

组织措施——包括四个内容:组织结构、组织分工、工作流程、召开进度控制会议。

经济措施——直接与资金相关的措施,如编制资金需求计划、落实资金供应条件、设立经济激励措施等。

技术措施——对工作成果的优化，如改变施工技术、施工方法、施工机械等。

管理措施——以上三大措施以外的都是管理措施，涉及管理思想、管理方法、管理手段、承发包模式、合同管理、信息管理、风险管理、信息管理。

1Z204000 建设工程项目施工质量控制

1Z204010 建设工程项目质量控制的内涵

复习提示：

掌握质量、质量管理、质量控制的概念。区别参建各方对工程项目质量控制的责任与义务。了解项目质量的基本特征和形成过程。掌握项目质量的五大影响因素。掌握项目质量风险管理的过程。

知识要点：

质量——一组固有特性满足要求的程度。质量包括：产品质量、工作质量、质量管理体系运行的质量。

工程项目的质量体现为：适用性、安全（使用）性、耐久性、可靠性、经济性、与环境的协调性。

质量管理——包括全部质量管理职能：质量方针、质量目标、质量职责、质量策划、质量控制、质量保证、质量改进等。

质量控制——仅是质量管理的一部分，是致力于实现预期质量目标的一系列活动。工程项目的质量要求是建设单位提出的，工程项目的质量控制包括建设、插卡、设计、施工、监理等各方的质量控制活动。

施工质量控制是工程项目质量控制的重点。

1）建设单位的质量责任和义务主要有：将工程发包给具有相应资质等级的承建单位；向承建单位提供真实、齐全的工程有关原始资料；将施工图设计文件报县以上审图办审查；办理质量监督手续、施工许可证；组织竣工验收；建立、健全、移交工程项目档案等。

2）勘察、设计单位的质量责任和义务主要有：在其资质等级许可范围内承揽工程；设计文件复核国家规定的设计深度要求，注明工程合理使用年限；向施工单位作出设计交底；参与质量事故分析，提出相应技术处理方案等。

3）施工单位的质量责任和义务主要有：不得转包或违法分包工程；建立质量责任制；总承包单位与分包单位对分包工程的质量承担连带责任；严格按设计图纸和相关技术标准施工；对涉及结构安全的试块、试件及建筑材料，在建设单位或监理单位的监督下现场取样，送具有相应资质等级的质量检测单位进行检测等。

4）监理单位的质量责任和义务主要有：不得转让监理业务；依照法律法规、技术标准、设计文件、施工合同等代表建设单位对施工质量实施监理；采取旁站、巡视、平行检验等形式实施监理。

工程项目质量的基本特征有四个：使用功能、（使用）安全可靠、文化艺术、建筑环境。

工程项目质量的形成过程主要有三个阶段：质量需求的识别过程（决策阶段）→质量目标的定义过程（设计阶段）→质量目标的实现过程（施工阶段）。

工程项目质量的影响因素有五个：人、料、机、方法、环境。项目质量控制应以控制人（包括：个体的人、群体的人）的因素为基本出发点。环境因素包括四个：自然环境因素（地质、水文、气象等）、社会环境因素（法律、建筑市场、政府监督等）、管理环境因素（质量管理体系、合同结构、质量管理氛围等）、作业环境因素（施工现场的交通、照明、通风、安全防护设施等）。

工程项目质量风险管理有四个过程：质量风险识别→质量风险评估→质量风险响应→质量风险控制（注意：对比复习教材 P72 的 1Z201102）：

1）质量风险识别。从风险产生的原因分，质量风险有：自然风险、技术风险、管理风险和环境风险；从风险损失责任承担的角度分，质量风险有：业主方的风险、勘察设计方的风险、施工方的风险、监理方的风险。质量风险识别分三步：用层次分析法画出质量风险结构层次图→分析每种风险的促发因素→汇总编制质量风险识别报告。

2）质量风险评估。评估各种质量风险的概率和损失量，确定其风险等级，编成风险评估表。

3）质量风险响应。常用的质量风险对策有四个：风险规避（如业主回避无资质的施工企业）、减轻（如落实应急预案）、转移（包括：分包转移、联合承包、担保转移、保险转移）、风险自留（倡导有计划自留，如建立风险基金、预留不可预见费）。组合四个对策形成工程项目质量风险管理计划。

4）质量风险控制。施工过程中执行质量风险计划并进行监控，包括对质量风险的预测、预警。建设单位、设计单位、施工单位和监理单位都要参与质量风险控制。

1Z204020 建设工程项目质量控制体系

复习提示：

掌握全面质量管理和 PDCA 循环的概念。区别工程项目质量控制体系和施工企业质量管理体系。

知识要点：

全面质量管理的思想体现为"三全"——全面、全过程、全员参与的质量管理。

质量管理的 PDCA 循环：计划 P（确定质量目标、制订实现质量目标的行动方案）→实施 D（行动方案的部署、交底、资源配置、作业技术活动）→检查 C（自检、互检、专检）→处置 A（纠偏、预防）。

工程项目质量控制体系由建设单位负责建立和运行，设计、施工、监理、供应单位等参与。该体系为多层次结构（第一层次是业主和工程总承包单位的，第二层次是设计总承包单位和施工总承包单位的，第三层次是设计分包单位、施工分包单位和供应单位的）和多单元结构（质量目标、责任、措施等是多个的）。该体系的建立原则有四个：分层次规划、目标分解、质量责任制、系统有效性。该体系的运行环境有三个：工程项目的合同结构、质量管理的资源配置、质量管理的组织制度。该体系的运行机制有四个：动力机制（核心机制）、约束机制、反馈机制、持续改进机制（遵循 PDCA 循环）。

施工企业质量管理体系是施工企业按国家标准建立和认证的。施工企业质量管理八项原则（四个"人"、四个"方法"）：以顾客为关注焦点、领导作用、全员参与、与供方互利的关系、过程方法、管理的系统方法、持续改进、基于事实的决策方法。该体系文件有四个：质量方针和质量目标（是施工企业质量经营理念的反映）、质量手册（是纲领性文件）、程序性文件（是质量手册的支持性文件）、质量记录（对质量活动和结果的客观反映，具有可追溯性）。该体系由施工企业自愿向公正的第三方认证机构申请认证。一经认证，该体系获准认证的有效期为 3 年。有效期内认证机构进行定期检查（一年一次）和不定期检查，发现施工企业发生不符合认证要求情况时给予认证暂停，发现施工企业发生严重不符合认证要求情况时给予认证撤销。有效期满前，施工企业可申请复评以延长认证。

1Z204030 建设工程项目施工质量控制

复习提示：

本章的重点、难点。掌握施工质量的基本要求、施工质量控制的依据和基本环节。掌握施工质量计划的内容与编制方法。掌握五大施工生产要素的质量控制。掌握施工准备的质量控制。掌握施工过程的质量控制工作，重点区别施工作业质量的自控与监控。了解施工质量与设计质量的协调。

知识要点：

本节的"施工质量控制"是指广义的施工阶段质量控制，不仅只是施工单位的质量控制。

施工质量要达到的最基本要求：施工形成的工程实体质量经检查验收必须合格。施工质量验收合格应符合：施工质量验收相关标准规范的要求、勘察设计文件的要求、施工合同的约定。

施工质量控制的三大依据：共同性依据（法律法规）、专业技术性依据、项目专用性依据（施工合同、设计文件、设计交底及图纸会审记录、设计变更、会议纪要等）。

施工质量控制的三个基本环节：事前质量控制（主动控制，如编制施工质量计划、设置质量控制点、落实质量责任等）→事中质量控制（动态控制，自我控制加他人监控，确保工序质量合格，坚持质量标准，杜绝质量事故）→事后质量控制（动态控制，对不合格的工序或产品的整改处理）。

我国的惯例,施工组织设计中包含了施工质量计划.施工质量计划的基本内容有:质量总目标及其分解、质量管理组织机构的职责与人员配置计划、施工技术方案与组织方案、质量控制点的设置及控制要求、检验试验的要求、质量记录的要求、质量控制措施等。

施工总承包单位负责对施工分包单位编制的施工质量计划进行指导和审核，并承担连带责任。施工质量计划由项目经理主持编制，经施工单位内部（施工企业技术负责人）审批和项目监理机构（总监理工程师）审批后方可实施。

施工质量计划的重点内容——质量控制点的设置和管理要求。质量控制点是施工质量控制的重点对象，施工的关键部位或关键工序、采用"四新"（新技术、新工艺、新材料、新设备）的部位、技术难度大、薄弱环节、惯性不良工序等均应设置为质量控制点。质量控制点的管理重在控制好五个因素：人、料、机、方法、环境。其中，方法具体包括：施工方法、关键操作、技术参数、技术间歇、施工顺序等。质量控制点的管理过程：事前预控（在施工质量计划中明确技术参数等）→施工前认真交底→施工作业过程中动态设置和动态跟踪管理。质量控制点细分为"见证点"和"待检点"两种："见证点"由施工企业在作业前24小时书面项目监理机构实施旁站；"待检点"由施工企业作业完毕后通知项目监理机构实施检查或验收。

五大施工生产要素的质量控制：人、料、机、方案/方法、环境。其中，施工方案包括技术方案（如施工工艺、施工方法等）和组织方案（如施工区段划分、施工流向、劳动组织等）。施工机械应从设备选型、主要性能参数、使用操作等方面加以控制。施工环境包括：施工现场自然环境（地质、水文、气象等）、施工质量管理环境（施工企业质量管理体系、工程项目质量控制体系、合同结构、质量管理氛围等）、施工作业环境（施工现场的交通、照明、通风、安全防护设施等）。

施工准备的质量控制有三个方面：

1）施工技术准备工作的质量控制。包括：设计交底、图纸会审、编制施工作业技术指导书、绘制施工详图、明确质量控制点的控制方法等。

2）现场施工准备工作的质量控制。包括：计量控制（如投料计量、监测计量、过程测试及分析计量等，应明确计量人员、计量器具、计量单位等）、测量控制（测量控制方案应经项目技术负责人和监理工程师审批）、施工平面图控制。

3）工程质量检查验收的项目划分。建筑工程质量验收逐级划分为：单位工程、分部工程、分项工程、检验批。其中，单位工程的划分应满足具备独立施工条件并能形成独立使用功能的建筑物或构筑物；分部工程的划分应按专业性质、建筑部位确定。

施工过程的质量控制：

1）工序施工质量控制。施工过程的质量控制以工序作业质量控制为基础和核心。工序施工质量控制包括工序施工条件质量控制和工序施工效果质量控制。地基基础工程、主体结构工程、建筑幕墙工程、钢结构及管道工程等的工序质量必须进行现场质量检测，合格后才能进行下道工序。

2）施工作业质量的自控。施工方是施工阶段质量自控主体。施工方不因监控主体的存在和监控而减轻或免除其质量责任。自控的程序：施工作业技术的交底→施工作业活动的实施→施工作业质量的检验。自控的四个要求：预防为主、重点控制（即质量控制点）、坚持标准、记录完整。自控的制度：质量自检制度、质量例会制度、质量会诊制度、质量样板制度、质量挂牌制度、每月质量讲评制度等。

3）施工作业质量的监控。建设单位、设计单位、监理单位、质量检测单位、政府质量监督部门等均是施工阶段质量监控主体。现场质量检查是施工作业质量监控的主要手段，包括：开工前的检查、工序交接检查、隐蔽工程检查、复工检查、成品保护的检查等。现场质量检查的方法有三种：目测法（即观感质量检验，"看、摸、敲、照"）、实测法（"靠、量、吊、套"）、试验法（分理化试验和无损检测两种）。监控还包括技术核定和见证取样送检。

4）隐蔽工程验收。施工方完成地基基础工程、钢筋工程、预埋管线等隐蔽工程的施工并自检合格后，通知项目监理机构及有关单位进行验收。验收合格的由各方共同签署验收记录；验收不合格的，应按验收整改意见进行整改后重新验收。

5）施工成品质量保护。施工成品质量保护措施应结合施工顺序进行考虑。施工成品质量保护措施有四种：防护、覆盖、封闭、包裹。

工程项目设计质量的控制以使用功能和安全可靠性为核心。施工与设计的协调工作主要有：设计联络、设计交底和图纸会审、设计现场服务和技术核定、设计变更。

1Z204040 建设工程项目施工质量验收

复习提示：

本章的重点。掌握检验批、分项工程、分部工程、单位工程的质量验收规定。掌握单位工程竣工验收的程序。

知识要点：

施工质量验收包括：施工过程质量验收和竣工质量验收。施工过程质量验收包括检验批、分项工程和分部工程的质量验收。单位工程应进行竣工质量验收。

1）检验批质量验收。检验批是质量验收的最小单位。检验批质量验收合格应符合规定：①主控项目和一般项目的质量经抽样检验合格；②有完整的施工操作依据和质量检查记录。主控项目是对安全、卫生、环保、公众利益起决定性作用的检验项目，不允许有不符合要求的检验结果。

2）分项工程质量验收。分项工程由一个或多个检验批组成。分项工程质量验收合格应符合规定：①分项工程所含的检验批质量合格；②分项工程所含的检验批质量验收记录完整。

3）分部工程质量验收。分部工程质量验收合格应符合规定：①分部工程所含的分项工程质量合格；②质量控制资料完整；③观感质量验收符合要求；④地基基础、主体结构、设备安装等重要分部工程有关安全和功能的抽样检测结果符合规定。

注意：检验批和分项工程的质量验收由监理工程师负责组织，分部工程的质量验收由总监理工程师负责组织。

4）单位工程竣工质量验收。竣工验收的要求有：在施工单位自检合格的基础上进行，隐蔽工程在隐蔽前由施工单位通知有关单位进行验收并签署了验收文件，涉及结构安全的试块、试件及材料进行了见证取样送检，观感质量由全体验收人员现场检查并共同确认等。

竣工质量验收合格应符合规定：①单位工程所含的分部工程质量合格；②质量控制资料完整；③观感质量验收符合要求；④重要分部工程有关安全和功能的检验资料完整；⑤单位工程主要功能项目的抽查结果符合规定。

以监理工程师为核心进行竣工验收的组织协调。竣工质量验收的程序：竣工验收准备（施工单位自检，合格后，向项目监理机构提交竣工预验收申请报告）→竣工预验收（总监理工程师组织竣工预验收，合格后，施工单位向建设单位提交竣工验收报告）→正式竣工验收（建设单位组织，勘察、设计、施工、监理单位参加，建设单位提前 7个工作日通知政府质量监督机构参加竣工验收会议，合格后，建设单位提出竣工验收报告，并在 15 日内向相关部门备案）。

1Z204050 施工质量不合格的处理

复习提示：

本章的重点、难点。区别质量不合格、质量缺陷、质量问题、质量事故四个概念。掌握事故等级划分标准。掌握质量事故处理程序。掌握施工质量缺陷处理的六种方法。

知识要点：

质量不合格——建筑产品没有满足相关法律法规、强制性标准规范的某个规定要求。

质量缺陷——建筑产品没有满足建设单位的某个预期或规定用途要求。

质量问题——对质量不合格或质量隐患等整改处理造成的直接经济损失＜100万元。

质量事故——对质量不合格或质量隐患等整改处理造成的直接经济损失≥100万元。

现行质量事故（及安全事故）等级划分标准见下表：

事故等级（达到条件之一）	死亡a（人）	重伤b（人）	直接经济损失c（万元）
特别重大事故	$a \geq 30$	$b \geq 100$	$c \geq 10000$
重大事故	$10 \leq a \leq 29$	$50 \leq b \leq 99$	$5000 \leq c < 10000$
较大事故	$3 \leq a \leq 9$	$10 \leq b \leq 49$	$1000 \leq c < 5000$
一般事故	$a \leq 2$	$b \leq 9$	$100 \leq c < 1000$

四级事故划分标准的记忆方法：死亡人数的关键数字：3人、10人、30人，重伤人数的关键数字：10人、50人、100人，直接经济损失的关键数字：100万元、1000万元、5000万元、1亿元。

施工质量事故发生的原因主要有四类：技术原因、管理原因、社会和经济原因、人为事故和自然灾害原因。

施工质量事故处理的依据有：质量事故的实况资料，设计合同、施工合同、监理合同等，有关技术文件和档案，相关法律法规。

施工质量事故报告和调查处理的一般程序：事故报告→事故调查（事故调查组撰写事故调查报告）→事故原因分析→制订事故处理的技术方案→事故处理→事故处理的鉴定验收→提交事故处理报告。其中，事故调查报告的主要内容有：事故伤亡和直接经济损失情况、事故原因和性质、事故整改和预防措施、事故责任认定及对事故责任人的处理建议。

施工质量缺陷处理的六种方法（按整改程度由轻到重排序）：

1）不作处理。质量缺陷满足四个条件之一即可不作处理：①不影响结构安全和使用功能（如混凝土表面养护不够的干缩微裂）；②后道工序可弥补（如混凝土现浇楼面平整度偏差10mm以内）③法定鉴定机构检定合格（如混凝土试块强度不足，但法定检测机构对混凝土实体的强度检测达到设计要求）；④经检测鉴定达不到设计要求，但经原设计单位验算能满足结构安全和使用功能。

2）返修/修补。不满足不作处理的条件即考虑修补，经修补后应达到质量标准要求，且不影响使用功能和外观。如混凝土结构的蜂窝、麻面、裂缝一般都应修补。

3）加固。对危及结构承载力的质量缺陷应采取加固处理，经加固后应满足结构安全性和可靠性要求，但往往影响了外观、尺寸等。如增大截面加固法、外包角钢加固法、预应力加固法等。

4）返工/重做。无法返修、加固或者经返修、加固仍不能满足质量标准要求时，应返工/重做。

5）限制使用。经以上处理措施仍无法满足使用要求和安全要求时，可考虑结构卸载以及限制使用。

6）报废处理。采取以上处理方法后仍不能满足质量要求或标准，则必须报废。

1Z204060 数理统计方法在施工质量管理中的应用

复习提示：

本章的难点。掌握分层法、因果分析图法、排列图法和直方图法的应用。

知识要点：

分层法——分门别类对质量问题进行分析。分析时的层次类别划分越明确、越细致，分层法效果越好。

因果分析图法——逐层深入排查质量原因，并确定其中最主要的 1~5 项质量原因。一个质量问题使用一张因果分析图。由 QC 小组（质量控制小组）集思广益、层层深入、列出所有可能原因并绘制因果分析图。

排列图法——对造成质量问题的原因分析统计数据进行状况描述，直观、主次分明。应用排列图法的步骤：按质量不合格点数由大到小排序→计算不合格的累计频数和累计频率→画排列图→划分 ABC 类。累计频率 0~80% 以内的为 A 类质量问题，应重点管理。

直方图法——有三个用途：能掌握质量能力状态、观察生产过程的质量是否正常稳定和受控、分析质量水平是否在公差允许范围内。对直方图的观察分析有两个方面：①分布形状的观察分析。正常直方图的形状呈正态分布，即中间高、两边低、左右对称，反映生产过程的质量处于正常、稳定状态，见教材 P213 图 1Z204064-2 的（a）图。②分布位置的观察分析。最理想的是直方图的分布位置 B 若在公差允许范围 T（或称质量控制标准的上下限范围）以内，且 B 距离 T 的左右两侧还有一定余地（不可过大），反映质量控制处于经济合理的受控状态，见教材 P213 图 1Z204064-3 的（a）图。

1Z204070 建设工程项目质量的政府监督

复习提示：

掌握政府质量监督的性质与职权。了解政府质量监督机构。掌握政府质量监督机构对工程质量监督的内容。

知识要点：

政府质量监督属于行政执法行为，具有强制性，包括对工程实体质量监督和工程质量行为监督。

政府质量监督的职权有：要求被检查单位提供有关工程质量的文件和资料，进入被检查单位的施工现场进行检查，发现有影响工程质量的问题时责令改正。

政府质量监督机构的监督人员应占总人数的 75%以上。监督人员应具有工程类大专以上学历或工程类执业注册资格、有 3 年以上工程质量管理或设计、施工、监理等工作经历。

工程开工前，建设单位向政府质量监督机构办理质量监督申报手续，再向建设行政专管部门申领施工许可证。政府质量监督机构制订质量监督工作计划，按计划在施工现场对工程实体质量和工程质量行为进行抽查，对竣工验收的组织形式、程序、整改情况等进行监督，形成工程质量监督报告，经质量监督机构负责人签字后的工程质量监督档案归档、保存。

1Z205000 建设工程职业健康安全和环境管理

1Z205010 职业健康安全管理体系与环境管理体系

复习提示：

对比掌握职业健康安全管理体系和环境管理体系标准、结构和模式。掌握建设工程职业健康安全管理和环境管理的目的和要求。掌握职业健康安全管理体系和环境管理体系的三个文件和管理体系的运行。

知识要点：

1. 职业健康安全管理体系和环境管理体系

职业健康安全——影响或可能影响工作场所内员工或其他工作人员、访问者或任何其他人员的健康安全的条件和因素。

环境——组织运行活动（主体）的外部存在，包括空气、水、土地、自然资源、植物、动物、人，以及它（他）们之间的相互关系。

职业健康安全管理体系和环境管理体系有三个相同点：管理目标基本一致、管理原理基本相同、不规定具体绩效标准。

职业健康安全管理体系和环境管理体系有两个不同点：1）需要满足的对象不同。前者的主要目标是使员工和相关方对职业健康安全条件满意；后者的主要目标是使公众和社会对环境保护满意。2）管理的侧重点有所不同。前者重在对危险源的辨识、评价风险、控制风险、改进职业健康安全绩效，满足员工和相关方的要求；后者重在通过对环境产生不利影响的因素的分析，进行环境管理，满足相关法律法规的要求。

注意对比：质量管理体系以顾客为关注焦点。

职业健康安全管理体系和环境管理体系的结构和模式相同：五个一级要素（体现了PDCA 循环：方针、策划、实施、检查、管理评审）、17 个二级要素（10 个核心要素、7 个辅助性要素）。

2. 建设工程职业健康安全管理和环境管理

建设工程职业健康安全管理的目的：防止和尽量减少生产安全事故，保护员工的健康和安全、保障群众生命和财产免受损失；控制影响工作场所内员工或其他工作人员健康安全的条件和因素。

建设工程环境管理的目的：保护和改善施工现场的环境；节约资源和避免资源的浪费。

建设工程职业健康安全管理和环境管理的特点：复杂性、多变性、协调性、持续性、经济性、多样性。

建设工程职业健康安全管理和环境管理的要求：

1）工程项目决策阶段，建设单位应办理有关安全与环境保护的审批手续，必要时，建设单位应组织安全预评价和环境影响预评价。

2）工程项目设计阶段，设计单位对涉及施工安全的重点部分和环节在设计文件中注明；对采用"四新"的工程给出保障施工安全、预防安全事故的措施建议；设计概算应考虑安全文明施工费等。

3）工程项目施工阶段，建设单位在申领施工许可证时，提供安全施工措施资料；拆除工程施工前，建设单位将拆除施工单位资质等级证书、施工组织设计等报相关管理部门备案；施工总承包单位和分包单位对分包工程的安全生产承担连带责任。

4）工程项目验收试运行阶段，建设单位自工程项目试运行之日起 3 个月内向环保部门申请配套环保设施的竣工验收，环保部门 30 日内完成验收，验收合格后，投入生产和使用。

3. 职业健康安全管理体系和环境管理体系文件和运行

职业健康安全管理体系和环境管理体系的三个文件：1）管理手册，是纲领性文件；2）程序文件；3）作业文件，包括：作业指导书、管理规定、监测活动准则、程序文件引用的表格。体系文件的编写和实施遵循三个原则：标准要求的要写到、文件写到的要做到、做到的要有有效记录。

注意对比：质量管理体系文件有四个：质量方针和质量目标、质量手册、程序性文件、质量记录。

职业健康安全管理体系和环境管理体系的运行和维持，注意以下二级核心要素：

监测——应明确监测的对象和监测的方法。

内部审核——组织（企业）对自身的管理体系进行审核，是自我保证和自我监督机制。

管理评审——由组织的最高管理者对管理体系的系统评价。

合规性评价——分公司级和项目组级两个层次进行：项目组级评价每半年一次，公司级评价每年一次。

1Z205020 建设工程安全生产管理

复习提示：

掌握十四个安全生产管理制度。了解安全生产管理预警体系的建立和运行。掌握施工安全技术措施计划和安全技术交底。掌握安全检查的类型和内容。掌握安全隐患的处理。

知识要点：

1. 十四个安全生产管理制度

1）安全生产责任制度。它是最基本的安全管理制度，也是所有安全管理制度的核心。施工总承包单位和分包单位签订分包合同的同时要签订安全生产协议。纵向看，安全生产责任分解到相关单位的主要负责人、项目负责人、班组长、每个作业人员身上；横向看，各部门都有安全生产责任。项目部专职安全员的配备：< 1 万 m^2 的工程配备 1 人，≥ 1 万 m^2、< 5 万 m^2 的工程配备 2 人，≥ 5 万 m^2 的工程配备 3 人。

2）安全生产许可证制度。其目的是为了严格规范施工企业的安全生产条件。安全生产许可证的有效期为 3 年。有效期内，施工企业未发生死亡事故，许可证有效期延期 3 年。

3）政府安全生产监督检查制度。国务院建设行政主管部门对全国的建设工程安全生产实施监督管理。

4）安全生产教育培训制度。包括对管理人员、特种作业人员、全体员工的安全教育。特种作业人员应满足：年满 18 周岁、经社区或县以上医疗机构体检健康合格、无妨碍特种作业的疾病或生理缺陷、具有初中及以上文化程度、具备必要的安全技术知识与技能。企业员工的安全教育有三种：新员工的三级（公司、项目部、班组）安全教育、改变工艺或变换岗位安全教育、经常性安全教育。

5）安全措施计划制度。安全措施计划包括四个内容：安全技术措施（预防事故的防护装置、保险装置、信号装置、防爆炸装置等）、职业卫生措施（预防职业病、改善卫生条件的措施）、辅助用房间及设施、安全宣传教育措施。编制安全措施计划时的依据之一是员工的合理化建议。

6）特种作业人员持证上岗制度。垂直运输机械作业人员、期中机械安装拆卸工、爆破作业人员、起重信号工、登高架设作业人员等特种作业人员应经专门安全作业培训，并取得特种作业操作资格证书后，方可上岗作业。特种作业操作证每 3 年复审 1 次，连续从事本工种 10 年以上且遵守安全生产的，特种作业操作证每 6 年复审 1 次。复审前参加安全培训不少于 8 学时。

7）专项施工方案专家论证制度。施工单位对危险性较大的分部分项工程（如：基坑支护与降水工程，土方开挖工程，模板工程，起重吊装工程，脚手架工程，拆除、爆破工程）应编写专项施工方案，附具安全验算结果，经施工单位技术负责人、总监理工程师审批后实施，专职安全员现场监督。深基坑、地下暗挖工程、高大模板工程的专项施工方案应由施工单位组织专家论证、审查。

8）危及施工安全的工艺、设备、材料淘汰制度。

9）施工起重机械使用登记制度。施工起重机械和整体式提升脚手架、模板等自升式架设设施自安装验收合格之日起 30 日内向有关管理部门登记，登记标志置于该设备的显著位置。登记时应提交的资料包括两类：生产方面的资料（如制造质量证明书、使用说明书、安装证明）、使用情况的资料（如使用情况、管理制度和措施、作业人员情况）。

10）安全检查制度。它是清除隐患、防止事故、改善劳动条件的重要手段。安全隐患的整改应"五定"：定整改计划、定人、定措施、定经费、定完成日期。

11）生产安全事故报告和调查处理制度。

12）"三同时"制度。安全生产设施与主体工程同时设计、同时施工、同时投入使用。

13）安全预评价制度。

14）注意：教材 P237 是错误的，应该是工伤保险制度。

2. 安全生产管理预警体系

安全生产管理预警体系由四部分构成:外部环境预警系统、内部管理不良预警系统、预警信息管理系统、事故预警系统。

预警体系功能的实现主要依赖于预警分析和预控对策两个子系统发挥作用。1）预警分析包括四个工作内容：预警监测、预警信息管理、预警评价指标体系的构建、预警评价。国际通用颜色预警不同的安全状态：Ⅰ级，安全状况特别严重，红色；Ⅱ级，受到事故的严重威胁，橙色；Ⅲ级，处于事故上升阶段，黄色；Ⅳ级，正常，蓝色。2）预控对策包括三个活动阶段：组织准备、日常监控、事故危机管理。

预警体系的运行：监测→识别→诊断→评价。

3．安全技术措施计划和安全技术交底

安全控制的目标有三个：减少或消除人的不安全行为；减少或消除设备、材料的不安全状态；改善生产环境和保护自然环境。

施工安全控制的程序:确定安全目标→编制安全技术措施计划→实施安全技术措施计划→安全技术措施计划的验证→持续改进。

施工安全技术措施计划在工程开工前制订，是施工组织设计的重要组成部分。施工安全技术措施计划应力求全面、具体、可靠，必须包括应急预案、施工总平面图。施工安全技术措施计划应有针对性、可行性、可操作性。采用"四新"时，应有专门安全技术措施。

安全技术交底的主要内容：施工危险点及预防措施、安全操作规程、避难和急救措施。项目部实行逐级安全技术交底制度，纵向延伸到班组全体人员。保存书面安全技术交底签字记录。

4．安全检查

安全检查的类型主要有：全面安全检查、经常性安全检查、专业安全检查、季节性安全检查、节假日安全检查、要害部门重点安全检查。

安全检查的主要内容：查思想、查制度（如危险作业管理审批制度、防护物品的发放和使用制度、危险岗位巡回检查制度、安全标志管理制度等）、查管理、查隐患、查整改、查事故处理。

安全检查要深入基层，要依靠职工。安全检查要把自查与互查有机结合起来。安全检查应坚持查改结合。建立安全检查档案。制订安全检查表时应根据用途和目的具体确定。

5．安全隐患

工程安全隐患包括三个：人的不安全因素和不安全行为、物的不安全状态、组织管理上的不安全因素。

安全事故隐患治理原则：冗余安全度治理原则（设置多道防线）、单项隐患综合治理原则（人、机、料、法、环多角度）、直接隐患与间接隐患并治原则、预防与减灾并重治理原则、重点治理原则、动态治理原则。

1Z205030 建设工程生产安全事故应急预案和事故处理

复习提示：

掌握应急预案的构成、编制和备案。掌握职业健康安全事故的分类和处理。

知识要点：

1．应急预案

应急预案是对特定的潜在事件和紧急情况发生时所采取的措施的计划安排，是应急

响应的行动指南（救援措施和响应流程）。应急预案的制订必须与重大环境因素和重大危险源项结合。

应急预案体系分三层：1）综合应急预案，是施工单位编制的应对各类事故的综合性文件。2）专项应急预案，是针对具体的事故类别、危险源和应急保障而制订的计划，是综合应急预案的附件。3）现场处置方案，是针对具体的装置、场所或设施、岗位所制订的应急处置措施，应具体、简单、针对性强。

注意：生产规模小、危险因素少的生产经营单位，综合应急预案和专项应急预案可以合并编写。

现场处置方案的主要内容：事故特征、应急组织与职责、应急处置（程序和措施）、注意事项。

应急预案的管理包括：评审、备案、实施、奖惩。其中，实施是指应急预案应定期演练：综合应急预案和专项应急预案每年至少演练一次，现场处置方案每半年至少演练一次。

2．职业健康安全事故的分类和处理

职业伤害事故的分类：1）按事故发生的原因分类，与建筑业有关的职业伤害事故有 12 类，其中最常见的有 7 类：高处坠落、物体打击、机械伤害、触电、坍塌、中毒、火灾。2）按事故严重程度分类，有：轻伤事故（受伤人员休息＜105 工作日）、重伤事故（受伤人员休息≥105 工作日）、死亡事故。3）事故等级划分：一般事故、较大事故、重大事故、特别重大事故。

注意：安全事故等级划分标准同质量事故等级划分标准。

建设工程安全事故处理的"四不放过"原则：事故原因未查清楚不放过，事故责任人未受到处理不放过，事故责任人和周围群众未受到教育不放过，未制订整改措施不放过。

建设工程安全事故发生，单位负责人接到报告后应于 1 小时内向县以上有关部门报告。有关部门逐级上报事故，每级上报时间不得超过 2 小时。一般事故报至市级主管部门，较大事故报至省级主管部门，重大事故、特别重大事故报至住建部等国家级主管部门。

未造成人员伤亡的一般事故，县级人民政府可委托事故发生单位组织事故调查。其他事故应由主管部门组成事故调查组进行调查，自事故发生之日起 60 日内提交事故调查报告（特殊情况经人民政府批准最多再延长 60 日）。人民政府收到调查报告后 15 日内批复（特大事故 30 日内批复，必要时最多再延长 30 日批复）。事故调查报告的主要内容有：事故经过和救援情况、人员伤亡和直接经济损失、事故原因和性质、事故整改和预防措施、事故责任认定及对事故责任人的处理建议。

各级安全生产监管部门每月全面统计本行政区内发生的生产安全事故。省级安全生产监管部门每月 5 日前报送上月安全事故统计报表。

1Z205040 建设工程施工现场职业健康安全与环境管理的要求

复习提示：

掌握施工现场文明施工的主要要求和措施。掌握施工现场环境保护的主要要求和措施。掌握施工现场职业健康安全卫生的主要要求和措施。

知识要点：

1．施工现场文明施工

文明施工是指保持施工现场良好的作业环境、卫生环境和工作秩序。文明施工是保护环境的一项重要措施。

项目经理是现场文明施工的第一负责人。建立各级文明施工岗位责任制。施工总平面图是现场管理、实现文明施工的依据。施工现场实行封闭管理，执行门卫制度、外来人员进场登记制度。市区主要路段、涉及市容景观路段的工地围挡高度不低于 2.5m，其他工地的围挡高度不低于 1.8m。

施工现场设"五牌一图"：工程概况牌、管理人员名单及监督电话牌、消防保卫牌、安全生产牌、文明施工牌、施工现场总平面图。施工现场合理悬挂安全生产宣传牌和安全警示牌。

施工现场建立消防管理制度，建立消防领导小组，落实消防责任制和责任人员。施工现场必须有消防平面布置图，临时设施按消防条例有关规定搭设。施工现场使用明火严格按规定、审批手续齐全。

2．施工现场环境保护

施工现场环境保护是指保护和改善作业现场的环境，是文明施工的重要内容之一。

工程项目防治污染的设施与主体工程"三同步"：同时设计、同时施工、同时投产使用。

1）大气污染的防治。

使用封闭式容器处理高空废弃物。大城市市区工地不允许搅拌混凝土。混凝土搅拌站封闭严密。

2）水污染的防治。

禁止有毒有害废弃物作土方回填。施工现场 100 人以上的临时食堂，设简易有效的隔油池。施工现场的搅拌站废水、水磨石污水等经污水池沉淀合格后再排放。

3）噪声污染的防治。

建筑施工场界噪声排放限值：昼间 70 分贝、夜间 55 分贝。噪声控制措施：①声源控制，是最根本的措施（如采用低噪声设备、在声源处安装消声器）。②传播途径的控制（如吸声、隔声、消声、减振降噪）。③接受者的防护（如作业人员使用耳塞、耳罩等）。④严格控制人为噪声（如人口稠密区，工地晚10点至次日早6点之间停止强噪声作业）。

4）固体废物的处理。

固体废物处理的基本思想：采取资源化、减量化、无害化的处理，对固体废物产生的全过程进行控制。主要处理方法：回收利用、减量化处理、稳定和固化、焚烧、填埋。

3．施工现场职业健康安全卫生

施工现场办公区和生活区设密闭式垃圾容器。施工现场建立环境卫生管理和检查制度，做好检查记录。

现场宿舍每间居住人员不得超过16人，室内净高不得小于2.4m，床铺不得超过2层。

现场食堂必须有卫生许可证，炊事人员持身体健康证上岗。

高层建筑施工超过8层以后，每隔4层宜设置临时厕所。

施工现场人员发生传染病、食物中毒或急性职业中毒时，2小时内向主管部门报告。

1Z206000 建设工程合同与合同管理

1Z206010 建设工程施工招标与投标

复习提示：

掌握施工招标的主要内容。掌握施工投标的主要内容。

知识要点：

1．施工招标

三类工程宜招标：1）大型基础设施、公用事业工程；2）使用国有资金投资或国家融资的项目；3）使用国际组织或外国政府资金的项目。

招标方式有两种：1）公开招标，无限竞争性招标，招标人发布招标公告，招标人不得以不合理的条件限制或排斥潜在投标人。2）邀请招标，有限竞争性招标，招标人向3家以上有能力的承包单位发出投标邀请书。

注意：一般应采用公开招标，采用邀请招标需经过批准。

招标人具有编制招标文件和组织评标能力，可自行招标，否则应委托工程招标代理机构进行招标。工程招标代理机构分甲级、乙级。乙级承担工程投资额（不含征地费、大市政配套费、拆迁补偿费）3000万元以下的工程招标代理业务。

注意：以下复习公开招标的主要内容。

公开招标的主要程序：出售资格预审文件和招标文件→资格预审→标签会议→

评标。

招标文件或资格预审文件的出售期不得少于 5 个工作日。招标人对已发出招标文件进行书面澄清或修改，应在投标截止日至少 15 日前发出。澄清或修改内容是招标文件的有效组成部分。

通过资格预审的投标申请人少于 3 个的，招标人应重新进行资格预审。

招标人将标前会议纪要和对个别投标人的问题解答以书面形式发给每一个投标人，但不需说明问题来源。

评标时，1）初步评审，符合性审查，审查投标书是否实质上响应了招标文件的要求。投标书报价大小写金额不一致的以大写为准、单价与总价矛盾的以单价为准，投标书正本与副本不一致的以正本为准，这些修改应由投标人代表签字确认。2）详细评审，实质性审查，是评标的核心，包括技术评审和商务评审。3）评标方法有：评议法、综合评分法、评标价法等。4）评标结束，由评标委员会推荐 1 至 3 个中标候选人并排列顺序。

2．施工投标

公开招标的主要程序：研究招标文件→各项调查研究→复核工程量→选择施工方案→投标计算→确定投标策略→正式投标。

研究招标文件的重点放在投标人须知、合同条款、设计图纸、工程量表。其中，研究投标人须知时注意：1）招标工程的详细内容和范围；2）投标文件的组成；3）重要时间安排。

固定总价合同，投标人尤其要重视复核工程量。业主在投标前对争议工程量不予更正的且对投标人不利的，投标人在投标时可附申明要求施工结算以实际完成量计算。

选择施工方案由投标单位技术负责人主持。施工方案的制订应在技术、工期、质量等方面对招标人有吸引力，又要有利于降低施工成本。

投标计算前的必要条件是预先确定施工方案和施工进度。投标计算还应与合同计价形式相协调。

招标人在投标截止日前提交的投标书才是有效的。投标书应对招标文件的实质性要求和条件作出响应。签章或密封不满足要求的投标书是无效的。招标人要求提供投标担保的，投标担保视为投标书的组成部分。

3．施工合同谈判和签订

招标人发布招标公告或发出投标邀请书，为要约邀请。投标人向招标人提交投标书，为要约。招标人向中标人发出中标通知书，为承诺。

施工合同谈判时，承包人务必对合同价格调整条款予以充分重视。承包人力争以维修保函来代替被业主扣留质量保证金。双方合同谈判的结果以《合同补遗》或《合同谈判纪要》的形式，形成书面文件。

合同谈判结束后，承包人应及时提交履约保函，准备正式签署施工合同。

1Z206020 建设工程合同的内容

复习提示：

本章的重点。掌握施工合同、采购合同、监理合同、项目总承包合同的主要内容。

知识要点：

根据《合同法》，勘察合同、设计合同、施工合同属于建设工程合同，建筑材料采购合同、设备采购合同属于采购合同，监理合同属于委托合同。

施工合同分为施工总承包合同和施工分包合同。施工分包合同又分为专业工程分包合同和劳务作业分包合同。

1. 施工总承包合同

注意：以下复习《建设工程施工合同（示范文本）》GF—2013—0201 的主要内容。

1）施工合同示范文本由三部分组成：协议书、通用条款、专用条款。

2）施工合同文件的组成部分有 10 个，其优先解释顺序为：

①承发包双方有关工程的洽商、变更等书面协议或文件（履约时形成的，最优先）；

②合同协议书；

③中标通知书；

④投标书及其附件（承诺优先于要约）；

⑤合同专用条款；

⑥合同通用条款（专用条款优先于通用条款）；

⑦标准、规范及有关技术文件；

⑧图纸；

⑨已标价工程量清单或预算书；

⑩其他合同文件。

注意：以上是综合了教材 P281 和 P340 的内容。尤其应注意第一优先解释权的文件。

3）词语定义与解释：

基准日期——招标投的工程以投标截止日前 28 天为基准日期，直接发包的工程以合同签订日前 28 天为基准日期。

总价项目——现行计量规则中无工程量计算规则，在已标价工程量清单或预算书中以总价或费率形式计算的项目。

4）发包人的责任与义务：

发包人不得迟于开工日期前 14 天向承包人提供图纸，不得迟于开工日期前 7 天向承包人移交施工现场。发包人向承包人提供地下管管线等基础资料应不影响正常施工。

发包人办理工程规划许可证、施工许可证、临时占地批准等，协助承包人办理有关施工证件等。

发包人负责提供施工所需的条件，如将施工用水、电、通信等接到现场，协调地下管线、邻近建筑物、古树名木的保护工作并承担费用。

施工现场发掘文物、遗迹、化石等应采取妥善保护措施，由此增加的费用和（或）延误的工期由发包人承担。

发包人要求承包人提供履约担保的，发包人应向承包人提供支付担保。

5）承包人的一般义务：

"三控制三管理一组织"。在保修期内承担保修义务。办理工伤保险。

将发包人支付的各项价款专用于合同工程，并及时支付雇用人员工资、及时支付分包合同款。

编制、立卷、归档工程竣工资料，并按合同约定套数、内容、时间等要求向发包人移交。

6）进度控制的主要条款：

承包人编制的详细施工进度计划经发包人批准后实施。必要时，承包人修订施工进度计划并由监理人向发包人报送，发包人7天内完成审核。

监理人在计划开工日期前7天向承包人发出开工通知，实际工期自开工通知中载明的开工日期起算。因发包人或监理人原因未能在计划开工日期之日起90天内发出开工通知的，承包人有权要求调整价格或解除合同。

下列原因导致工期延误和（或）费用增加的，由发包人承担由此延误的工期和（或）费用，并支付承包人合理利润：

①发包人未按时或未按约定提供图纸；

②发包人未按约定提供施工现场、施工条件、基础资料、施工许可等；

③发包人提供的测量基准点、水准点等资料有错误或疏漏；

④发包人未能在计划开工日期起7天内下达开工通知；

⑤发包人未按时支付工程预付款、进度款、竣工结算款；

⑥监理人未按时发出指示、批准等文件。

承包人原因造成工期延误的，承包人支付发包人逾期竣工违约金后，不免除承包人继续完成工程及修补缺陷的义务。

因发包人原因引起暂停施工的，由监理人下达暂停施工指示，发包人承担由此延误的工期和（或）费用，并支付承包人合理利润。监理人认为必要时，经发包人批准，可向承包人下达暂停施工指示。因承包人原因引起暂停施工的，承包人承担由此增加的费用和（或）延误的工期，收到监理人复工指示后84天仍未复工的，视为承包人无法继续履行合同。紧急情况需停工的，承包人可先暂停施工并及时通知监理人，监理人接通知 24 小时内作出指示，逾期未指示，视为同意承包人暂停施工。

发包人不得压缩合理工期。发包人通过监理人向承包人下达要求提前竣工通知的，承包人先提交提前竣工建议书，发包人接受后，承包人修订施工进度计划，发包人承担由此增加的费用（以及提前竣工奖励）。承包人认为无法执行提前竣工的，应提出书面异议，发包人和监理人收到异议后 7 天内答复。

工程经验收合格，以承包人提交竣工验收申请报告之日为实际竣工日，并在工程接受证书中载明。未经竣工验收，发包人擅自占用工程的，以转移占用工程之日为实际竣工日。

7）质量控制的主要条款：

承包人应提交工程质量保证体系及措施文件，建立完善的质量检查制度。对发包人和监理人违反法律和合同的错误指示，承包人有权拒绝实施。

监理人的质量检查、检验不应影响施工正常进行，若影响了正常施工，工程质量是不合格的，影响正常施工的费用由承包人承担、工期不予顺延，工程质量合格的，由此增加的费用和（或）延误的工期由发包人承担。

隐蔽工程施工完成，承包人不可私自覆盖，应自检确认具备覆盖条件后，在共同检查前 48 小时书面通知监理人，监理人不能按时检查的，提前 24 小时向承包人书面要求延期，延期不得超过 48 小时，且工期顺延。经监理人检查确认质量合格且签字后，承包人覆盖；质量不合格，承包人修复，监理人重新检查，由此增加的费用和（或）延误的工期由承包人承担。

若有疑问，发包人或监理人可要求对已覆盖的隐蔽工程重新检查，承包人执行。经重新检查质量合格的，由发包人承担由此增加费用和（或）延误的工期，并支付承包人合理利润；质量不合格，由此增加的费用和（或）延误的工期由承包人承担。

因发包人原因造成工程不合格的，由发包人承担由此增加费用和（或）延误的工期，并支付承包人合理利润。因承包人原因造成工程不合格的，承包人采取补救措施直至达到合同要求的质量标准，由此增加的费用和（或）延误的工期由承包人承担。

注意：承包人的工程质量缺陷责任和保修责任是不同的。缺陷责任期届满，承包人仍应承担保修责任。

缺陷责任期自实际竣工日起计算，合同专用条款约定具体期限但最长不超过 24 个月。因承包人原因导致工程不能正常使用的，发包人可要求延长缺陷责任期，但缺陷责任期最长不超过 24 个月。缺陷责任期届满后 7 天内，承包人向发包人发出缺陷责任期届满通知，发包人 14 天内核实并向承包人颁发缺陷责任期终止证书，若经核实承包人为履行缺陷责任修复义务，发包人有权从质量保证金中扣除相应金额的维修费用。

保修期自实际竣工日起计算,合同专用条款约定具体期限,但不得低于法定最低保修年限(如:《法规》课介绍的《建设工程质量管理条例》的第四十条)。

8)费用控制的主要条款:

预付款最迟应在开工通知在名单开工日期7天前支付。发包人逾期支付预付款超过7天的,承包人发出催告通知,发包人收到通知7天内仍未支付的,承包人有权暂停施工。承包人应在发包人支付预付款 7 天前提供预付款担保。随着发包人在工程款中逐期扣回预付款,预付款担保额度相应递减。

单价合同的计量。承包人每月25日向家里人报送上月20日至当月19日的已完工程量报告,附具进度款申请单和已完工程量报表。监理人收到后 7 天内核实并报送发包人,发包人收到后7天内完成审批并签发进度款支付证书,签发后14天内发包人完成支付。

单价合同的总价项目,由承包人根据施工进度计划和总价项目的总价构成、费用性质、计划发生时间、相应工程量等因素按月分解并形成支付分解表。

2.专业工程分包合同

专业分包企业的资质设2~3个等级,60个资质类别。

承包人提供施工总承包合同(有关承包价格的内容除外)给分包人查阅。承包人项目经理应及时向分包人提供图纸、指令等,否则分包人在24小时内将要求、后果等通知承包人,项目经理收到通知后48小时内不予答复的,承包人承担因延误造成的损失。

承包人的主要工作:向分包人提供施工场地、图纸、资料等;组织分包人参加图纸会审,向发包人图纸交底;负责整个施工现场的管理,协调多个分包人之间的交叉配合。

分包人的主要责任和义务:分包人履行并承担施工总承包合同中与分包工程有关的承包人的所有责任与义务。发包人服从承包人转发的发包人或监理人与分包工程有关的指令。未经承包人允许,发包人不得与发包人或监理人发生直接工作联系(致函、接受指令)。发包人执行承包人根据分包合同所发出的所有指令,否则承包人可另行委托其他施工单位完成指令事项,费用从分包工程款中扣除。

分包人的主要工作:对分包工程进行设计、施工、竣工、保修;向承包人提交详细施工组织设计、施工进度计划、进度统计报表等;已竣工工程未交付承包人之前,分包人负责成品保护。

分包合同价款的结算方式应与施工总承包合同约定的方式一致,具体有三种:固定价格、可调价格、成本加酬金。分包合同价款与总包合同相应部分价款无任何连带关系。

承包人收到分包工程竣工结算报告及结算资料后28天内支付竣工结算款。

分包人禁止转包或再分包。

3.劳务作业分包合同

劳务分包企业的资质设一至二个等级，13 个资质类别。

承包人的主要工作：组建项目管理班子；负责编制施工组织设计；向劳务分包人提供施工场地、工程资料、生产及生活临时设施；协调现场工作关系。

劳务分包人的主要工作：对劳务分包工程质量向承包人负责；组织具有相应资格证书的熟练工人投入工作；服从承包人转发的发包人或监理人的指令。

劳务分包人为从事危险作业的职工办理意外伤害保险，为现场自有人员和施工机械办理保险，支付保险费用。

劳务报酬方式有三种：固定劳务报酬、计时单价、计件单价。劳务报酬可采用固定价格或变动价格。

全部劳务工作完成，经承包人认可后 14 天内，劳务分包人提交结算资料，承包人 14 天内核实，确认后 14 天内承包人支付。

劳务分包人禁止转包或再分包。

4．项目总承包合同

项目总承包的任务一般包括从工程立项到交付使用，包括：勘察设计、设备采购、施工、试车（或交付使用）等工作内容。

5．建筑材料采购合同

采购标的物的质量标准按优先顺序执行：1）国家标准；2）无国家标准执行部颁标准；3）国标、部标均无，执行生产企业标准。

注意：若无前述标准或采购方有特殊要求的，按合同约定的要求执行。

合同中应明确计量方法、计量单位、分期供货的时间、地点和数量等。

供货方一般不得向采购方收取包装费。特殊时，包装费超过原标准费用的部分由采购方负责；反之，包装费低于原标准费用的，供货方相应降低产品价格。

采购人的验收方式有：驻厂验收、提运验收、接运验收、入库验收。

交货日期的确定方式有三种：1）供货方负责送货的，以采购方收货戳记日为准；2）采购方提货的，以供货方按合同规定通知的提货日为准；3）委托运输部门运输的，以供货方发运产品时承运单位签发的日期为准。

结算应明确是验单付款还是验货付款。

供货方逾期交货和提前交货均是不按期交货。逾期交货，供货方支付违约金。采购方可根据自己实际情况拒绝供货方的提前交货。供货方提前交货，采购方仍可按合同规定时间付款。供货方多交货或不符合合同约定的供货，采购方代为保管期内发生的费用由供货方承担。

6．设备采购合同

合同价款的支付一般分三次：1）采购方支付设备价款的 10%作为预付款；2）采

购方支付收货该批设备价的 80%；3）合同价款的 10%作为质保金，待保证期满，采购方签发最终验收证书后支付。

供货方派必要的技术人员到现场向安装作业人员进行技术交底，指导安装和调试，处理设备质量问题，参加试车和验收试验等。

7. 监理合同

监理人的主要工作：收到设计文件后编制监理规划，并在第一次工地会议 7 天前报委托人；参加委托人主持的图纸会审、设计交底、第一次工地会议；审查施工组织设计、专项施工方案、施工季度计划等；检查承包人试验室；审查分包人资质；签发开工令、工程暂停令、复工令、工程款支付证书等；质量检查、验收。

监理人需更换总监理工程师，应提前 7 天书面报告委托人，经委托人同意后方可更换。监理人需更换项目监理机构其他监理人员，应通知委托人。

监理人发现承包人的工作人员不能胜任本职工作的，有权要求承包人予以调换。

1Z206030 合同计价方式

复习提示：

掌握单价合同、总价合同、成本加酬金合同的运用。

知识要点：

1. 单价合同

合同中明确每个子项工程的单位价格,实际支付时根据每个子项的实际工程量乘以该子项的合同单价来计算应付工程款。

单价合同的特点：单价优先。如：招投标时，投标书报价的总价和单价计算结构不一致时，以单价为准调整总价。

单价合同允许按工程量变化来调整工程总价,业主和承包人都不存在工程量方面的风险。

单价合同分为固定单价合同和变动单价合同。固定单价合同,不允许调整单价,承包商承担风险较大。变动单价合同，通货膨胀、工程量变化超过一定幅度、国家政策变化等，业主给予调整单价，承包商承担风险较小。

2. 总价合同

也称总价包干合同。业主付给承包人的款额是一个明确的总价。

总价合同的特点：总价优先，承包商报总价，双方确定合同总价，业主最终按总价支付。

总价合同分为固定总价合同和变动总价合同。

固定总价合同,承包商承担了全部的工程量和价格的风险,故承包商的报价较高,含较高的一笔不可预见费。固定总价合同中还可以约定：重大工程变更、累计工程变更超过一定幅度、特殊条件下调整总价。固定总价合同适用于：工程量小、工期短（1年内）、工程结构和技术简单、风险小、投标期宽裕的工程。

变动总价合同，通货膨胀、设计变更、工程量变化、其他工程条件变化，给予调整总价。

3. 成本加酬金合同

合同签订时，工程实际成本不能确定，最终合同价是工程实际成本加一定酬金（利润）。

成本加酬金合同适用于：工程特别复杂，工程技术、结构方案不能预先确定的工程，或者时间特别紧迫的工程（如抢险救灾工程）。对业主而言，成本加酬金合同的优点主要是：可以分段施工，缩短工期，减少承包商的对立情绪，利用承包商的技术专家帮助改进设计。对承包商而言，成本加酬金合同比固定总价合同的风险低，利润较有保证，承包商较有积极性。

成本加酬金合同具体有四种形式：实际成本加固定费用、实际成本加固定比例费用、成本加奖罚、最大成本加费用。

成本加奖罚合同，双方约定一个底点和一个顶点，实际成本若超过顶点，承包商支付罚款，最大罚款不超过原定最高利润、最大成本加利润；实际成本低于顶点，承包商获得奖金，实际成本低于底点，加大对承包商的酬金。

最大成本加利润合同，双方约定一个工程成本总价和一个固定酬金。实际成本若超过约定工程成本总价的，由承包商承担所有额外费用；实际成本若低于约定工程成本总价的，承包商和业主分享节约。非代理型（风险型）CM 模式采用此方式。

国际上，项目管理合同、咨询服务合同多采用成本加酬金合同。

1Z206040 建设工程施工合同风险管理、工程保险和工程担保

复习提示：

了解施工合同风险管理。了解工程保险。掌握工程担保。

知识要点：

1. 施工合同风险管理

按产生原因分，合同风险分为合同工程风险和合同信用风险。按合同的不同阶段分，合同风险分为合同工程订立风险和合同履约风险。

之所以有合同风险，主要因为：交易成本的存在、信息的不对称、机会主义行为、合同语句表达不清等。

施工合同风险的类型：项目外界环境风险、项目组织成员资信和能力风险、管理风险。

工程合同风险分配的原则：合同风险应按照效率原则和公平原则进行分配。最大限度发挥合同双方的积极性，公平合理、责权利平衡，符合现代工程管理理念，符合工程惯例。

2．工程保险

工程保险的种类有：工程一切险、第三者责任险、人身意外伤害险、承包人设备保险、执业责任险、CIP 保险等。

工程一切险包括建筑工程一切险和安装工程一切险。一般，集中投工程一切险，比分别投保省费用。

第三者责任险，该险种一般附加在工程一切险中。

人身意外伤害险，分别由发包人、承包人为本方从事危险作业的人员办理。

承包人设备保险，工程一切险包括了此项保险。

执业责任险，以设计人、监理人的错误或疏漏给业主或承包商造成的损失为保险标的。

CIP 保险，由业主或承包商统一购买"一揽子保险"，保障范围覆盖业主、承包商及所有分包商。

3．工程担保

担保处于不确定状态，当债务人不按照主合同约定履行债务时，担保才生效。

《担保法》规定的担保方式有五种：保证、抵押、质押、留置、定金。保证又称第三方担保。定金的"双倍罚则"：给付定金的一方不履约，无权要求返还定金；收受定金的一方不履约，应双倍返还定金。

1）投标担保。投标人向招标人提供的担保。投标保证金不得超过招标工程估算价的 2%。投标保证金的有效期与投标有效期一致。投标担保有三个作用：确保投标人在投标有效期内不撤回投标书；投标人中标保证和业主签订合同；招标人筛选投标人。

2）履约担保。中标人向招标人提供的担保。它是工程担保中最重要的也是担保金额最大的。履约担保的有效期始于工程开工之日，终止于工程竣工交付之日或保修期满之日（后者兼有保留金的作用）。履约担保的形式有：银行保函、履约担保书、履约保证金、同业担保。

银行履约保函，银行出具的担保证明，按合同金额的 10%，建筑业倾向于采用有条件保函。

履约担保书是担保公司或保险公司出具的,担保用担保金去完成施工任务或者向发包人支付完成施工的实际花费。

保留金（也称质量保证金）一般为合同总价的 5%（最高不超过 10%），每次支付进度款时扣下，作为承包人承担质量缺陷修补责任的保证。工程移交时，业主支付给承包人保留金的一半；缺陷责任期满，业主支付给承包人剩余的保留金。

3）预付款担保。承包人向发包人提供的担保。预付款一般为合同价的 10%。合同签订后、领取预付款之前，承包人向发包人提供预付款担保。预付款担保的形式主要是银行保函，也可用保证、抵押。银行保函的担保金额与预付款等值，随着预付款逐月从工程款中扣回，预付款担保的担保金额相应逐月减少。

4）支付担保。招标人向中标人提供的担保，其作用在于确保工程款及时支付到位。形式有：银行保函、履约保证金、担保公司担保。支付担保实行分段滚动担保。支付担保的额度为工程合同价的 20%~25%。本段结清后进入下段。

1Z206050 建设工程施工合同实施

复习提示：

了解施工合同分析。掌握施工合同实施的控制。了解施工分包管理的方法。了解施工合同履行过程中的诚信自律。

知识要点：

1. 施工合同分析

施工合同分析是从合同执行的角度去分析、补充和解释合同的具体内容和要求，为合同执行和控制确定依据。合同分析由施工企业的合同管理部门或项目合同管理人员负责。合同分析有三个作用：分析合同中的漏洞，解释有争议的内容；分析合同风险，制订风险对策；合同任务分解、落实。

2. 施工合同实施的控制

施工合同实施的控制程序：施工合同跟踪→合同实施的偏差分析→合同实施偏差处理。

1）施工合同跟踪有两个方面的含义：一是承包单位的合同管理职能部门对合同执行者（项目部或项目参与人）的履约情况进行跟踪、检查、监督；二是合同执行者自身对合同计划的执行情况进行跟踪、检查、对比。合同跟踪的对象主要有三个：承包的任务、工程小组或分包人的工程和工作、业主和其委托的工程师的工作。

2）合同实施的偏差分析的内容包括三个方面：产生偏差的原因分析、合同实施的偏差的责任分析、合同实施趋势分析。

3）合同实施偏差处理四大措施：组织措施（如增加人手、调整人员分工、调整工作流程）、技术措施（如改进技术方案）、经济措施（如增加资金投入、采取经济激励措施）、合同措施（如进行合同变更、索赔）。

注意：施工合同实施的控制应尤其重视对工程变更的管理。

工程变更——在工程施工过程中，根据合同约定对施工的程序、工程的内容、数量、质量要求及标准等作出的变更。根据《建设工程施工合同（示范文本）》，工程变更主要有：

1）增加或减少合同中任何工作，或追加额外的工作；

2）取消合同中任何工作，但转由他人实施的工作除外；

3）改变合同中任何工作的质量标准或其他特性；

4）改变工程的基线、标高、位置和尺寸；

5）改变工程的时间安排或实施顺序。

工程变更的程序：提出工程变更→工程变更的批准→工程变更指令的发出及执行→工程变更的责任分析与补偿要求。

1）提出工程变更。承包商、业主方、设计方均可根据需要提出工程变更。

2）工程变更的批准。承包商提出的工程变更，应由工程师（总监理工程师）审批；设计方提出的工程变更，应与业主方协商或经业主审批；业主方提出的工程变更，涉及设计修改的应与设计方协商（即设计变更），并由工程师发出。

3）工程变更指令的发出及执行。由工程师指令工程变更。工程师应以书面形式发出变更指令，情况紧急可先发出口头指令，之后给予书面认可。除非工程师明显超越合同权限，承包人应无条件执行工程变更指令，即使对金额不满意，承包人也应该一边进行变更工作，一边根据合同寻求解决办法。

4）根据工程变更的具体情况分析、确定工程变更的责任与费用补偿。如：由于承包人的施工过程、施工方案本身的缺陷而导致变更，由此引起的费用增加和工期延长由承包人承担。再如：合同签订后，业主为了加快工期、提高质量等要求变更施工方案，承包人可向业主索赔由此引起的费用增加。

3．施工分包管理的方法

对分包单位（包括业主的指定分包单位）进行管理的第一责任主体是施工总承包单位或施工总承包管理单位。

对分包单位管理的内容包括七个方面："三控制三管理"和人员管理。

4．施工合同履行过程中的诚信自律

施工企业履约过程中的不良行为主要有五类：资质、承揽业务、工程质量、工程安全、拖欠工程款或工人工资。

施工企业的诚信行为记录由省级建设行政主管部门在当地建筑市场诚信信息平台上统一公布。不良行为记录信息的公布时间为行政处罚决定作出后 7 日内，公布期限一般为 6 个月至 3 年。良好行为记录信息公布期限一般为 3 年。

经省级建设行政主管部门负责审查整改结果，对整改确有实效的，由企业提出申请，经批准，可以缩短不良行为记录信息公布期限，但公布期限最短不得少于 3 个月。

1Z206060 建设工程索赔

复习提示：

掌握索赔、反索赔的概念。掌握施工索赔成立的条件和程序。掌握费用索赔的计算。掌握工期索赔的计算。

知识要点：

索赔——合同履行过程中，合同当事人一方因合同对方原因或非自身原因遭受损失或权利损害，按合同约定向合同对方提出经济或时间补偿要求的行为。索赔是正当维权，是以法律和合同为依据的合情合理行为。

反索赔——反驳或预防合同对方的索赔要求，不让对方的索赔成功或全部成功。

注意：当合同甲方向乙方索赔时，乙方行使反索赔；当合同乙方向甲方索赔时，甲方行使反索赔。可见，索赔是双向的，反索赔也是双向的。索赔和反索赔仅限于合同双方之间。

以施工总承包合同为例，有承包商向业主的索赔（简称施工索赔），也有业主向承包商的索赔（简称业主索赔）。

注意：考生重点掌握施工索赔。

1. 施工索赔成立的条件和程序

按索赔目的和要求分，施工索赔分为费用索赔和工期索赔。

施工索赔成立应同时满足三个条件：

1）与合同对照，事件已经造成了承包人的经济损失或（和）工期损失；

2）造成承包人经济损失或工期损失的原因，按合同约定不属于承包人的行为责任或（和）风险责任；

3）承包人按合同约定的程序好时间提交索赔意向通知和索赔报告。

注意：以上三个条件可总结为索赔的"理"和"礼"，如下图所示：

施工索赔的依据：支持承包人"非己责任"的依据有三个：施工合同文件（10 个组成文件的优先解释顺序复习本书 1Z206020），法律、法规，工程建设惯例。

施工索赔的证据：支持承包人确有经济损失或（和）工期损失的证据。

施工索赔的程序：发生索赔事件后，承包人向工程师（总监理工程师）提交索赔意向通知→28 天内承包人向工程师提交索赔报告（也称索赔文件、索赔通知）。

若索赔事件的影响持续时间很长，则承包人向工程师提交索赔意向通知→承包人每间隔 28 天向工程师提交中间索赔报告→待索赔事件影响结束后的 28 天内承包人向工程师提交最终索赔报告。

索赔报告的内容有四部分：总述部分、论证部分（索赔依据）、索赔款/工期的计算部分、证据部分。

2．费用索赔的计算

注意：教材 P344 图 1Z206063 介绍的是国际惯例的索赔费用组成。考生重点应掌握的是我国的费用索赔，应按

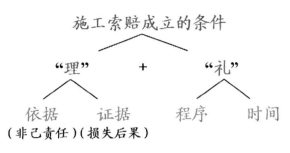

《建设工程经济》教材的 1Z103020 建筑安装工程费用项目的组成与计算。

1）索赔费用的组成。

我国，索赔费用的组成同建筑安装工程费用项目的组成，即七个组成：人工费、材料费（含工程设备费）、施工机具使用费（施工机械使用费和仪器仪表使用费）、企业管理费、利润、规费、税金。

注意：对具体索赔事件应具体分析、判断能索以上七个费用中的几个，不一定都可索。

①承包人可以索人工费的情况。如完成合同外的额外工作所花费的人工费；非承包人责任工效降低所增加的人工费；超过法定工作时间加班劳动（如因业主要求提前竣工）；法定人工费增长；非承包人责任工程延期导致的人员窝工费和工资上涨费。

②承包人可以索材料费的情况。如因索赔事件材料实际用量超过计划用量而增加的材料费；客观原因材料价格大幅度上涨；非承包人责任工程延期导致的材料价格上涨和超期储存费用。为证明材料价格的上涨，承包人应提供可靠的订货单、采购单、官方公布的材料价格调整指数。

③承包人可以索施工机具使用费的情况。如完成额外工作而增加的机具使用费；非承包人责任工效降低所增加的机具使用费；业主或监理人原因导致机具停工的窝工费。

注意：窝工费的计算，租赁机械按实际租金和进出场费的分摊计算，自有机械按折旧费计算。

④承包人可以索利润的情况。如工程范围的变更、设计文件缺陷或技术性错误、业主未能提供现场等。

2）索赔费用的计算方法。

有三种：

①实际费用法。最常用，以承包人为索赔事件所支付的实际开支为根据向业主索赔。

②总费用法。多次索赔事件后，索赔费用 = 实际费用 - 报价估算费用。

③修正的总费用法。对总费用法的改进，在总费用法计算的基础上去掉不合理的因素，即索赔费用 = 调整后的实际费用 - 报价估算费用。

注意：实务案例考试中的索赔费用计算方法是对每一个索赔事件应用实际费用法。

3．工期索赔的计算

注意：工期索赔强调"关键线路原则"。

非承包人行为原因造成关键工作延误（也即关键线路延误）都是可以工期索赔的。

非承包人行为原因造成费关键工作延误，若延误时间超过该工作的总时差 FF（也即原非关键线路转化为关键线路），可以工期索赔。

工期索赔的计算方法有三种：

1）直接法。适用于干扰事件造成关键工作延误（也即关键线路延误），工期索赔值＝延误时间。

2）比例分析法。适用于干扰事件造成某项工程量变化，用正比例法重新计算该工作需要的施工时间。

3）网络分析法。干扰事件发生前和发生后网络计划的计算工期之差就是工期索赔值。适用于一个干扰事件引起的工期索赔，也适用于多个干扰事件共同作用所引起的工期索赔。

注意：教材 P350【例 1Z206064】的解答思路不清。考生应按以下思路解答：

第一步：用标号法计算干扰事件发生前网络计划的计算工期 T_c，如下图所示：

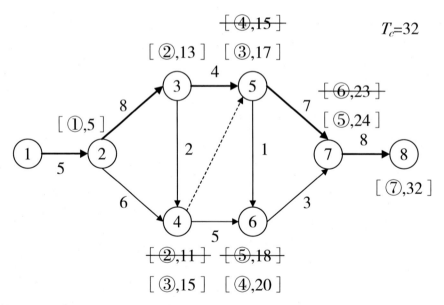

显然，施工前原网络计划的 $T_c = 32$ 周，关键线路有一条：①→②→③→⑤→⑦→⑧。

第二步：用标号法计算干扰事件发生后网络计划的计算工期 $T_c{}'$

注意：承包人行为责任造成的延误不可索赔。

例题中若已知:实际施工时,承包人租赁机械未及时进场造成 2-4 工作延误 1 周,业主要求设计变更造成 3-5 工作延误 1 周,恶劣气候原因造成 4-6 工作延误 4 周。

分析:2-4 工作的延误不可索赔。3-5 工作、4-6 工作的延误可以索赔,在网络计划上延长这两个工作的持续时间,再计算 $T_c{}'$,如下图所示:

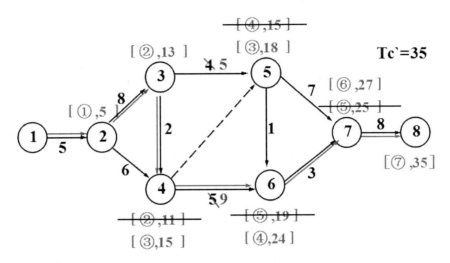

显然,新网络计划的计算工期为 35 周,关键线路变为:①→②→③→④→⑥→⑦→⑧。

第三步:工期索赔值 = $T_c{}' - T_c = 35 - 32 = 3$(周)

注意:例题若告知合同工期(即 T_r)为 34 周,总监理工程师批准了承包人项目经理提交的进度计划(即同意了 $T_c = 32$ 周),则经以上计算承包人可工期索赔 3 周,则合同工期应顺延为 $T_r{}' = T_r +$ 工期索赔值 $= 34 + 3 = 37$(周)。

小结:工期索赔的计算步骤

第一步:计算原网络计划的 T_c(干扰事件前的计算工期)

第二步:考虑非承包人行为原因造成的各工作的延误,改变这些工作的持续时间,计算新网络计划的 $T_c{}'$(干扰事件后的计算工期)

第三步:工期索赔值 = $T_c{}' - T_c$

第四步:合同工期顺延为 $T_r{}' = T_r + (T_c{}' - T_c)$

注意:施工索赔时,费用索赔和工期索赔的"非己责任"是不同的。

工期索赔成立的"非己责任":非承包人行为责任;

费用索赔成立的"非己责任":非承包人行为责任且非承包人风险责任。

如不可抗力造成的工期损失,承包人工期索赔成立;但是,不可抗力造成承包人的现场施工机械毁损、人员伤亡等经济损失,承包人不能费用索赔,因为按合同约定不可抗力造成的经济损失,承发包双方"各负其责、各认倒霉",故这些经济损失是承包人的风险。

如设计变更造成的工期损失，承包人工期索赔成立；设计变更造成承包人的人工窝工、施工机械闲置费、材料储存费，承包人费用索赔成立，因为按合同约定设计变更引起的费用增加应由发包人承担，满足了"既非承包人行为责任又非承包人风险责任"。

1Z206070 国际建设工程施工承包合同

复习提示：

了解国际常用的施工承包合同条件。掌握施工承包合同争议的解决方式。

知识要点：

1．国际常用的施工承包合同条件

1）FIDIC 系列合同条件。具体有四个合同条件：

①《施工合同条件》，适合于施工总承包合同，变动单价合同（个别子项可包干价格），业主委派工程师管理合同。

②《永久设备和设计建造合同条件》，简称 D+B 合同，适合于民用项目的项目总承包合同，变动总价合同，业主委派工程师管理合同。

③《EPC 交钥匙项目合同条件》，简称 EPC 合同，适合于工业项目的项目总承包合同，固定总价合同，业主不委派工程师。承包商风险较大。

④《简明合同格式》，适合于投资额小（或投资额高但简单或工期短）、无分包的施工合同，计价方式灵活（单价合同、总价合同或其他方式均可）。

FIDIC 系列合同条件具有国际性、通用性和权威性。FIDIC 合同条件分"通用条件"和"专用条件"两部分。通用条件适用于所有工程；专用条件仅针对一个具体的工程项目，是对通用条件的具体化或修改、补充。

2）英国 JCT 合同条件。主要适合于传统的施工总承包，总价合同；也可用于 CM 采购模式。

3）美国 AIA 系列合同条件。主要用于私营房屋建筑工程，在美洲地区有较高权威性。

施工合同通用条件是 AIA 系列合同的核心文件。

2．施工承包合同争议的解决方式

1）协商。最常见、最有效的争议解决方式，也是首选的最基本的方式。合同双方友好协商达成一致解决合同争议。

2）调解。协商不成，邀请第三方调解人进行调解。主要优点：调解人的公正性，程序简单灵活，节约时间、费用。

3）仲裁。协商和调解不成，仲裁是解决合同争议的常用方式。在工程所在国仲裁比较常见。我国的仲裁实行一裁终局制。与诉讼相比，仲裁的优点：效率高、周期短、费用少，保密性，专业化。

4）DAB 方式。FIDIC 合同采用 DAB 方式解决合同争议。

由合同双方选定一个独立、公正的争端裁决委员会（简称 DAB），合同双方收到 DAB 的决定后 28 天内均未提出异议，则 DAB 的决定对合同双方均有约束力。

任命 DAB 的方式有三种：常任 DAB（开工前就任命）、特聘 DAB、由工程师兼任。

DAB 的报酬由合同双方各付一半。

DAB 方式的优点：DAB 的公正性、中立性，周期短，费用低，DAB 由合同双方选定的，故 DAB 的决定易为合同双方接受。

DAB 方式的缺点：DAB 的决定不是强制性的，不具有终局性，合同双方对 DAB 的决定不满，仍然可以提请仲裁或诉讼。

1Z207000 建设工程信息管理

1Z207010 建设工程项目信息管理的目的和任务

知识要点：

信息管理——信息传输的合理组织和控制。

工程项目信息管理的目的是为项目建设增值服务。

业主方和项目参与各方都应编制各自的信息管理手册（信息管理工作计划），明确：信息管理的任务、职责与分工，信息的分类和编码，信息管理流程图，信息各种报表和报告的格式，工程档案管理制度，信息管理保密制度等。

项目部信息管理部门的主要工作有：负责编制信息管理手册、负责信息处理平台的建立和维护，负责工程档案管理等。

工程项目信息管理的核心手段是基于互联网的信息处理平台。

1Z207020 建设工程项目信息的分类、编码和处理方法

知识要点：

按信息的内容属性分，工程项目信息分为五类：组织类信息（如编码信息）、管理类信息（如进度控制信息）、经济类信息（如投资控制信息）、技术类信息（如质量控制信息）、法规类信息。

注意：三控制分属于三类信息。管理信息最广，还包括：合同管理信息、安全管理信息、风险管理信息。

注意：信息的编码是因不同的用途而编制的。如业主方编投资项编码，施工方编成本项编码，并不是概预算定额中的分部分项工程的编码。

1Z207030 建设工程管理信息化及建设工程项目管理信息系统的功能

知识要点：

工程管理信息化是指工程管理信息资源的开发和利用,以及信息技术在工程管理中的开发和应用。

当前工程管理信息化的重要标志是项目信息门户(PIP),能实现信息集中存储并共享。项目信息门户为项目参与各方在互联网上提供单一入口,创造了一个高效率信息交流和共同工作的环境。

项目信息门户的运行模式有两种:专用门户和公用门户,其中,公用门户是主流。项目信息门户是一种垂直门户。

项目信息门户的运行周期是工程项目的全寿命期。业主方是项目信息门户的主持者。

项目信息门户的核心功能有三个:项目参与各方的信息交流,项目文档管理,项目参与各方的共同工作。

练习题

1Z201000 建设工程项目的组织与管理

1Z201010 建设工程管理的内涵和任务

一、单选题

1. 建设工程项目的全寿命周期包括项目的（　　）。

   A. 可行性研究阶段、设计阶段、施工阶段　　B. 可行性研究阶段、施工阶段、使用阶段　　C. 决策阶段、实施阶段、保修阶段　　D. 决策阶段、实施阶段、使用阶段

2. 建设项目（　　）管理工作的主要任务是确定项目的定义。

   A. 决策阶段　　B. 设计阶段　　C. 施工阶段　　D. 实施阶段

3. 建设工程管理的核心任务是（　　）。

   A. 目标控制　　B. 提高建设项目生命周期价值　　C. 实现业主的建设目标和为工程的建设增值　　D. 为工程的建设和使用增值

二、多选题

1. 建设工程项目决策阶段管理工作一般包括（　　）等内容。

   A. 确定项目实施的组织　　B. 进行物业资产管理和物业运行管理　　C. 确定和落实项目建设的资金　　D. 确定建设任务和建设原则　　E. 实现建设项目的投资、进度和质量目标等

2. 以下关于工程管理、工程项目管理的说法中，正确的有（　　）。

   A. 工程项目管理仅限于项目实施期，而工程管理涉及项目全寿命周期

   B. 工程管理是工程项目管理的一个组成部分　　C. 工程管理是一种增值服务，其核心任务是为工程的建设和使用增值　　D. 工程管理包括决策阶段的管理（DM）、实施阶段的管理（PM）和使用阶段的管理（FM）　　E. 工程管理涉及参与工程项目的各方面对工程的管理，包括投资方、开发方、设计方、施工方、供货方和项目使用期管理方的管理

一、单选题答案：1-3. DAD

二、多选题答案：1. ACD   2. ACDE

1Z201020 建设工程项目管理的目标和任务

一、单选题

1. 建设工程项目实施阶段管理工作的主要任务是的（   ）。

    A. 确定项目的定义   B. 使项目目标得以实现   C. 全寿命周期的管理

    D. 为工程的建设和使用增值

2. 建设工程项目管理就是自项目开始到完成，通过（   ）使项目目标得以实现。

    A. 项目策划和项目组织   B. 项目控制和项目协调   C. 项目组织和项目
    控制   D. 项目策划和项目控制

3. 项目管理的核心任务是项目的（   ）。

    A. 环境管理   B. 信息管理   C. 目标控制   D. 组织协调

4. （   ）的项目管理是工程项目管理的核心，因为该方是工程项目实施过程的总
集成者，也是工程项目生产过程的总组织者。

    A. 业主方   B. 设计方   C. 施工方   D. 项目总承包方

5. 对于业主方而言，项目管理的进度目标是指项目（   ）的时间目标。

    A. 建安工程完成   B. 竣工验收   C. 交付使用   D. 保修期结束

6. 建设项目的投资目标、进度目标和质量目标之间是（   ）的关系。

    A. 既对立又统一   B. 对立   C. 统一   D. 相关

7. 对于业主方而言，（   ）是项目管理中最重要的任务。

    A. 质量控制   B. 投资控制   C. 进度控制   D. 安全管理

8. 甲单位拟新建一电教中心，经设计招标，由乙设计院承担该项目设计任务。下
列目标中，不属于乙设计院项目管理目标的是（   ）。

    A. 项目的投资目标   B. 设计的进度目标   C. 项目的质量目标   D. 设
    计的成本目标

9. 建设项目工程总承包方（或称项目总承包方）的项目管理工作涉及项目的（   ）。

    A. 施工阶段   B. 设计阶段和施工阶段   C. 实施阶段   D. 全寿命周期

10. 在施工总承包管理模式下，当建设工程采用业主指定分包时，（   ）应承担对
分包方的组织和管理责任，并就合同规定的工期目标、质量目标等对业主负责。

    A. 业主方   B. 监理方   C. 施工总承包管理方   D. 施工总承包方

11. 施工企业委托工程项目管理咨询公司对工程项目管理的某个方面提供的咨询
服务，属于（   ）项目管理的范畴。

A. 业主方　　B. 设计方　　C. 施工方　　D. 项目总承包方

二、多选题

1. 建设工程项目管理的内涵是：自项目开始至项目完成，通过项目策划和项目控制，以使项目的（　）得以实现。

　　A. 费用目标　　B. 进度目标　　C. 质量目标　　D. 管理目标　　E. 安全目标

2. 建设工程项目管理的"自项目开始至项目完成"指的是项目的实施阶段，包括（　）。

　　A. 决策阶段　　B. 设计阶段　　C. 施工阶段　　D. 保修期　　E. 动用前准备阶段

3. （　）提供的代表业主方利益的项目管理服务都属于业主方的项目管理。

　　A. 投资方　　B. 工程管理咨询公司　　C. 分包方　　D. 开发方　　E. 供货方

4. 在建设工程项目各参与单位中，需要对项目投资目标进行管理的单位有（　）。

　　A. 业主方　　B. 设计方　　C. 施工方　　D. 供货方　　E. 项目总承包方

5. 项目总承包方（或称工程总承包方）的项目管理目标包括（　）。

　　A. 工程建设的安全管理目标　　B. 项目的总投资目标　　C. 项目总承包方的成本目标　　D. 项目的施工质量目标　　E. 项目总承包方的进度目标

6. 项目范围管理是指保证项目包含且仅包含项目所需的全部工作的过程，主要涉及（　）。

　　A. 范围计划编制　　B. 范围定义　　C. 范围验证　　D. 范围控制　　E. 范围变更控制

一、单选题答案：1-5. BDCAC　　6-10. ADCCC　　11. C

二、多选题答案：1. ABC　　2. BCDE　　3. ABD　　4. ABE　　5. ABCE
6. ABCE

1Z201030　建设工程项目的组织

一、单选题

1. 系统的目标决定了系统的组织，而（　）是系统目标能否实现的决定性因素。

　　A. 组织　　B. 管理　　C. 经济　　D. 技术

2. 控制项目目标的主要有四大措施，其中（　）是最重要的措施。

　　A. 组织措施　　B. 管理措施　　C. 经济措施　　D. 技术措施

3. （　）用以反映组成工程项目的所有工作任务，矩形框表式工作任务，矩形框之间的连接用连线表示。

    A. 项目结构图   B. 组织结构图   C. 合同结构图   D. 工作流程图

  4. 采用项目结构图对建设工程项目进行分解时，项目结构的分解应与整个建设工程实施的部署相结合，并与将采用的（　　）结合。

    A. 组织结构   B. 工程流程   C. 职能结构   D. 合同结构

  5. 某住宅小区工程施工前，施工方项目部绘制了如下的框图。该图是（　　）。

    A. 项目结构图   B. 组织结构图   C. 工作流程图   D. 合同结构图

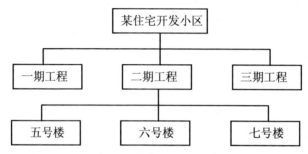

  6. 项目结构图和（　　）是编制项目管理各工作编码的基础。

    A. 合同编码   B. 项目管理组织结构编码   C. 项目结构的编码   D. 函件编码

  7. 组织结构模式和组织分工都是一种（　　）的组织关系。

    A. 相对动态的   B. 绝对动态的   C. 相对静态的   D. 绝对静态的

  8. 组织结构模式反映了一个组织系统中各子系统（各工作部门）之间或各元素之间的（　　），常用的组织结构模式包括职能组织结构、线性组织结构和矩阵组织结构。

    A. 从属关系   B. 直属关系   C. 指令关系   D. 相互制约关系

  9. 项目管理的组织结构图（简称项目组织结构图）反映业主方及与项目的参与单位有关的（　　）之间的组织关系。

    A. 各工作对象   B. 各工作部门   C. 各里程碑事件   D. 各工艺技术

  10. 关于编制项目管理任务分工表的说法，正确的是（　　）。

    A. 业主方应对项目各参与方给予统一指导和管理   B. 首先应对项目实施各阶段的具体管理任务做详细分解   C. 首先要定义主管部门的工作任务

    D. 同一类别的项目可以集中编制通用的分工表

  11. （　　）明确各项工作任务由哪个工作部门（或个人）负责，由哪些工作部门（或个人）配合或参与。

    A. 项目结构图   B. 工作流程图   C. 工作任务分工表   D. 管理职能分

工表

12. 使用管理职能分工表还不足以明确每个工作部门的管理职能，则可辅以使用（   ）。

　　A. 合同结构图　　B. 工作流程图　　C. 工作任务分工表　　D. 管理职能分工描述书

13. 工作流程组织反映一个组织系统中各项工作之间的（   ）关系。

　　A. 静态组织　　B. 动态组织　　C. 工艺　　D. 从属

14. 工作流程图是以图示形式反映一个组织系统中各项工作之间的（   ）关系。

　　A. 合同　　B. 经济　　C. 逻辑　　D. 指令

15. （   ）反映业主方和项目各参与方之间，以及项目各参与方之间的合同关系，两家单位之间的合同关系用双向箭杆联系。

　　A. 项目结构图　　B. 工作流程图　　C. 合同关系图　　D. 项目组织结构图

二、多选题

1. 影响一个系统目标实现的主要因素有（   ）。

　　A. 组织　　B. 人　　C. 方法　　D. 工具　　E. 风险

2. 工程项目结构分解应和（   ）相结合。

　　A. 工程项目施工的总体部署　　B. 工程项目进展的总体部署　　C. 有利于项目的目标控制　　D. 将采用的合同结构　　E. 项目管理的组织结构

3. 以下关于线性组织结构模式的描述中，正确的有（   ）。

　　A. 指令路径较短　　B. 指令源是唯一的　　C. 不能跨部门下达指令　　D. 只适用于大型工程项目　　E. 允许出现多重指令

4. 以下关于组织结构模式的表述中，正确的有（   ）。

　　A. 大型线性组织系统中的指令路径太长　　B. 矩阵组织结构中有横向和纵向两个指令源　　C. 线性组织结构中不允许出现多重指令　　D. 职能组织结构中每一个工作部门只有一个指令源　　E. 职能组织结构适用于大型组织系统

5. 项目管理职能分工表是以表格的形式反映项目管理班子内部（   ）对各项工作的项目管理职能分工。

　　A. 项目经理　　B. 各工作部门　　C. 各工作岗位　　D. 总包与专业分包　　E. 专业分包与劳务分包

6. 以下关于管理职能、管理职能分工和管理职能分工表的说法中，正确的有（   ）。

　　A. 不同的管理职能一般由不同的职能部门承担　　B. 管理职能分工是一种相对动态的组织关系　　C. 管理职能分工表可以反映项目管理班子内部对各项

工作任务的项目管理职能分工　　D. 管理职能分工表可用于企业管理

E. 业主方和项目各参与方都应该编制各自的项目管理职能分工表

7. 以下关于组织和组织工具的说法中，正确的有（　　）。

A. 组织分工一般包含工作任务分工和管理职能分工　　B. 工作流程组织包括：管理工作流程组织、信息处理工作流程组织、物质流程组织　　C. 工作流程图是一种重要的技术工具　　D. 组织结构模式和组织分工是一种相对静态的组织关系　　E. 矩阵组织结构模式适用于大型组织系统

一、单选题答案：1-5. AAADA　　6-10. CCCBB　　11-15. CDBCC

二、多选题答案：1. ABCD　　2. BCDE　　3. BC　　4. ABC　　5. ABC

6. ACDE　　7. ABDE

1Z201040　建设工程项目策划

一、单选题

1. 建设工程项目策划旨在（　　）。

A. 分析和论证项目的投资目标　　B. 为项目选择融资方式　　C. 为项目建设的决策和实施增值　　D. 确定项目管理的组织形式

2. 建设工程项目决策阶段策划的主要任务是（　　）。

A. 定义开发或建设的任务和意义　　B. 定义如何组织开发或建设　　C. 整合多方面专家的知识　　D. 精心地组织和集成

3. 建设工程项目实施阶段策划的主要任务是（　　）。

A. 定义开发或建设的任务和意义　　B. 定义如何组织开发或建设　　C. 整合多方面专家的知识　　D. 精心地组织和集成

二、多选题

1. 建设工程项目实施阶段策划的基本内容包括（　　）。

A. 项目定义和项目目标论证　　B. 项目实施的风险策划　　C. 关键技术的深化分析和论证　　D. 建立编码体系　　E. 项目管理工作流程

一、单选题答案：1-3. CAB

二、多选题答案：1. BCDE

1Z201050　建设工程项目采购的模式

一、单选题

1. 国际项目总承包的组织模式之一是：由施工单位承接（　　），而设计单位受施工单位的委托承担其中的设计任务。

A. 建设工程项目施工的任务　　B. 建设工程项目勘察的任务　　C. 建设工

程项目总承包的任务　　 D. 分包承担其中的施工任务

2. 建设工程项目总承包有多种形式，其中，设计—采购—施工总承包则是（　　）。

A. CM 模式　　 B. D+B 模式　　 C. EPC 模式　　 D. BOT 模式

3. 在国际上民用建筑项目工程总承包的招标多数采用（　　）的方式，而不采用项目构造描述的方式。

A. 项目构造描述　　 B. 项目功能描述　　 C. 项目细节描述　　 D. 项目价值描述

4. 建设项目总承包的意义在于通过设计和施工过程的组织集成，促进设计与施工的紧密结合，以达到（　　）的目的。

A. 总价包干　　 B. "交钥匙"工程　　 C. 为项目建设增值　　 D. 设计与施工过程的组织集成

5. 国际上，建设工程项目总承包的第一步，是业主自行或委托顾问工程师编制（　　）。

A. 项目招标文件　　 B. 项目建设纲要（或设计纲要）　　 C. 项目设计建议书
D. 项目设计评审文件

6. 建设项目工程总承包从招标到确定合同价的工作程序包括：①设计评审，②业主编制设计纲要，③总承包方编制项目设计建议书和报价文件，④合同治谈。正确的顺序是（　　）。

A. ①→②→③→④　　 B. ②→①→③→④　　 C. ①→④→③→②　　 D. ②→③→①→④

7. 施工总承包模式的最大缺点是（　　）。

A. 施工总承包单位要收取管理费　　 B. 施工图设计全部结束后，业主才能进行施工总承包招标，故工程项目建设周期较长　　 C. 分包合同价对业主不透明
D. 由施工总承包单位对施工分包单位支付分包工程款

8. 关于施工总承包模式，下列表述中不正确的是（　　）。

A. 施工总承包可以由一个施工单位担任　　 B. 施工总承包可以由多个单位组成的联合体或合作体担任　　 C. 施工总承包单位可以将全部工程分解后发包给不同的分包单位　　 D. 施工总承包应承担施工任务执行和组织的总责任

9. 下列关于施工总承包管理模式的说法中，不正确的是（　　）。

A. 施工总承包管理模式的招投标可以提前到项目设计阶段进行　　 B. 采取施工总承包管理模式可以缩短建设周期　　 C. 业主与分包单位签订合同，施工总承包管理单位无任何干涉权　　 D. 施工总承包管理合同价实际上是总承包管

理费，并不是建安工程总造价

10. 业主采用施工总承包管理模式的基本出发点是（　　）。

A. 施工总承包管理单位不参与具体工程的施工　　B. 采取施工总承包管理模式可以缩短建设周期　　C. 施工总承包管理合同只确定施工总承包管理费，分包合同价对业主是透明的　　D. 施工总承包管理单位负责对所有分包人的管理及组织协调，大大减轻业主方的工作

11. 以下关于施工总承包管理模式的说法中，不正确的是（　　）。

A. 对分包单位工程款的支付分为总承包管理单位支付和业主支付两种形式，前者对于加大总承包管理单位对分包单位管理的力度更有利　　B. 工程项目质量的好坏很大程度上取决于施工总承包管理单位的选择，取决于施工总承包管理单位的管理水平和技术水平，业主对施工总承包管理单位的依赖较大

C. 施工总承包管理单位只收取总包管理费，不赚取总包与分包之间的差价

D. 每完成一部分施工图设计后，即可开始这部分工程的施工招标，可以边设计边施工，可以提前开工，缩短建设周期，有利于进度控制

二、多选题

1. 在国际上，业主方项目管理的方式有多种可能，在以下描述中，正确的是（　　）。
A. 业主方自行完成其项目管理任务　　B. 业主方委托项目管理咨询公司进行项目管理　　C. 业主方与项目管理咨询公司共同进行项目管理　　D. 业主方委托本工程的总承包管理公司完成其项目管理任务　　E. 业主方委托本工程的项目总承包公司完成其项目管理任务

2. （　　）是国际通行的工程建设项目组织实施方式。
A. 工程总承包　　B. 工程项目管理　　C. 工程招标投标　　D. 建设工程监理　　E. 工程量清单

3. 关于施工总承包模式下费用控制特点的说法，正确的有（　　）。
A. 投标人的投标报价依据较充分　　B. 不利于业主对总造价的早期控制
C. 在施工过程中发生设计变更，可能发生索赔　　D. 业主的合同管理工作量大大增加　　E. 合同双方的风险较低

4. 施工总承包单位和施工总承包管理单位的相同之处有（　　）。
A. 对分包单位的选择和认可　　B. 对分包单位的管理和服务　　C. 队分包单位的付款　　D. 就建设项目目标控制对业主承担责任　　E. 负责对现场施工的总体管理和协调

5. 在国际上，工程建设物资采购的常用模式有（　　）。

A. 业主方自行采购　　　B. 承包商采购　　　C. 行政指定采购　　　D. 行业协会统一采购　　　E. 与承包商约定某些物资为指定供应商

一、单选题答案： 1-5. CCBCB　　　6-10. DBCCD　　　11. B

二、多选题答案： 1. ABC　　　2. AB　　　3. AC　　　4. BDE　　　5. ABE

1Z201060　建设工程项目管理规划的内容和编制方法

一、单选题

1. 建设工程项目管理规划是指导项目管理工作的（　　）文件。

　　A. 标准性　　　B. 操作性　　　C. 示范性　　　D. 纲领性

2. 以下关于建设工程项目管理规划的说法中，不正确的是（　　）。

　　A. 项目管理规划涉及项目全寿命周期　　　B. 项目管理规划必须随着情况的变化而进行动态调整　　　C. 项目管理规划包括项目管理规划大纲和项目管理实施规划两类文件　　　D. 项目管理规划大纲的内容之一是项目范围管理规划

3. 下列应由项目经理组织编制的文件是（　　）。

　　A. 项目管理规划　　　B. 项目管理规划大纲　　　C. 项目管理实施规划

　　D. 项目管理策划

二、多选题

1. 对于采用建设项目总承包模式的某建设工程项目，其项目管理规划可以由（　　）编制。

　　A. 业主方　　　B. 业主方的项目管理单位　　　C. 设计方　　　D. 施工监理方

　　E. 项目总承包方

2. 建设工程项目管理实施规划的编写内容包括（　　）。

　　A. 总体工作计划　　　B. 项目收尾管理规划　　　C. 项目现场平面布置图

　　D. 项目管理目标规划　　　E. 技术经济指标

3. 项目管理实施规划的编制依据有（　　）。

　　A. 项目管理规划大纲　　　B. 可行性研究报告　　　C. 招标文件　　　D. 工程合同及相关文件　　　E. 项目条件和环境分析资料

一、单选题答案： 1-3. DAC

二、多选题答案： 1. AE　　　2. ACE　　　3. ADE

1Z201070　施工组织设计的内容和编制方法

一、单选题

1. 需要编制施工组织总设计的工程通常是（　　）。

　　A. 高度100m及以上的构筑物或建筑物工程　　　B. 单项建安合同额1亿元及

以上的房屋建筑工程　　C. 需要分批分期建设的特大型项目　　D. 建筑面积 10 万 m² 及以上的住宅小区或建筑群体工程

2. （　　）是施工方案及施工进度计划在空间上的全面安排。

A. 施工部署　　B. 施工平面图　　C. 主要技术经济指标　　D. 资源需求量计划

3. 以下关于施工组织设计的说法中，不正确的是（　　）。

A. 施工组织设计按编制对象，可分为施工组织总设计、单位工程施工组织设计、施工方案　　B. 施工组织设计的基本内容包括工程概况、施工部署及施工方案、施工进度计划、施工平面图、主要技术经济指标等　　C. 施工方案是以单位工程或子单位工程为对象编制的施工技术与组织方案　　D. 施工组织设计具有战略部署和战术安排的双重作用

4. 施工单位对达到一定规模的危险性较大的分部分项工程编制的专项施工方案，应附具安全验算结果，经（　　）签字后实施。

A. 施工单位负责人、总监理工程师　　B. 施工单位负责人、业主代表

C. 项目技术负责人、总监理工程师　　D. 施工单位技术负责人、总监理工程师

二、多选题

1. 根据《建设工程安全生产管理条例》，对下列（　　）等达到一定规模的危险性较大的分部（分项）工程，施工单位应编制专项施工方案。

A. 基坑支护与降水工程　　B. 模板工程　　C. 起重吊装工程　　D. 钢结构工程　　E. 拆除爆破工程

2. 下列（　　）等工程的专项施工方案应当由施工单位组织专家进行论证、审查。

A. 深基坑　　B. 起重吊装　　C. 地下暗挖　　D. 高大模板　　E. 拆除爆破

一、单选题答案： 1-4. CBCD

二、多选题答案： 1. ABCE　　2. ACD

1Z201080　建设工程项目目标的动态控制

一、单选题

1. 项目管理最基本的方法论是（　　）。

A. 项目目标的策划　　B. 项目目标的动态控制　　C. 项目目标的主动控制

D. 项目目标的信息化

2. 在项目目标动态控制的工作程序中，第一步的工作内容是（　　）。

A. 定期进行实际值和计划值的比较　　B. 制订纠偏措施　　C. 项目目标分

解、确定计划值　　　D. 收集实际值

3. 施工项目经理检查施工进度时，发现施工进度滞后是由于其自身材料采购的原因造成的，则为纠正进度偏差可以采取的组织措施是（　　）。

　　A. 调整采购部门管理人员　　B. 调整材料采购价格　　C. 增加材料采购的资金投入　　D. 变更材料采购合同

4. 下列项目目标动态控制的纠偏措施中，属于经济措施的是（　　）。

　　A. 进行设计变更　　B. 优化工作流程　　C. 加强费用索赔　　D. 落实赶工资金

5. 事前分析可能导致工程项目目标偏离的各种影响因素，并有针对性地采取有效的预防措施，这种避免项目目标偏离的控制是（　　）。

　　A. 动态控制　　B. 主动控制　　C. 过程控制　　D. 目标控制

6. 应用动态控制原理进行建设工程项目进度控制，（　　）的进度目标可作为进度控制的重要依据。

　　A. 单位工程　　B. 分部工程　　C. 分项工程　　D. 里程碑事件

二、多选题

1. 应用动态控制原理进行建设工程项目投资控制时，相对于工程合同价而言，投资的计划值有（　　）。

　　A. 工程预付款　　B. 工程概算　　C. 工程预算　　D. 工程进度款

　　E. 工程决算

2. 在以下投资控制的纠偏措施中，属于管理措施的有（　　）。

　　A. 制订节约投资的奖励措施　　B. 采取限额设计的方法　　C. 采取价值工程的方法　　D. 调整投资控制的方法和手段　　E. 调整设计

一、单选题答案：1-5. BCADB　　6. D

二、多选题答案：1. BC　　2. BCD

1Z201090 施工企业项目经理的工作性质、任务和责任

一、单选题

1. 取得建造师注册证书的人员是否担任工程项目施工的项目经理，应由（　　）决定。

　　A. 政府主管部门　　B. 业主　　C. 施工企业　　D. 行业协会

2. 根据《建设工程施工合同（示范文本）》GF—2013—0201，发包人有权书面通知承包人更换其认为不称职的项目经理，通知中应当载明要求更换的理由，承包人应在接到更换通知后（　　）。

　　A. 14 天内更换项目经理　　B. 14 天内向发包人提出书面的改进报告　　C. 14

天内督促项目经理改进　　　D. 28 天内更换项目经理

3. 某项目经理在一栋高层建筑的施工中，由于工作失误，致使施工人员伤亡并造成施工项目重大经济损失，施工企业对该项目经理的处理方式是（　　）。

A. 追究法律责任　　B. 吊销其建造师资格证书　　C. 追究社会责任

D. 追究经济责任

4. 项目人力资源管理的目的是（　　），在组织内部和外部建立有效的工作机制，以实现项目目标。

A. 获取并管理项目管理班子的人员　　B. 进行团队建设　　C. 考核个人业绩　　D. 调动所有项目参与人的积极性

5. 项目人力资源管理控制包括（　　）。

A. 订立劳务分包合同　　B. 人力资源需求计划　　C. 人力资源培训计划

D. 人力资源管理考核

6. 沟通是指在工作和生活中，人与人之间通过语言、文字、形态、眼神和手势等手段来进行的（　　）。

A. 文化交流　　B. 信息交流　　C. 艺术交流　　D. 协调交流

7. （　　）即沟通主体用以影响、作用于沟通客体的中介，包括沟通内容和沟通方法。

A. 沟通主体　　B. 沟通环境　　C. 沟通渠道　　D. 沟通介体

二、多选题

1. 根据《建设工程施工合同（示范文本）》GF—2013—0201，以下说法正确的有（　　）。

A. 项目经理不得同时担任其他项目的项目经理　　B. 项目经理将其某些职责授权下属人员履行的，应提前 7 天将上述人员姓名和授权范围书面通知监理人和发包人　　C. 承包人应向发包人提交项目经理与承包人之间的劳动合同，以及承包人为项目经理缴纳社会保险的有效证明　　D. 紧急情况下项目经理可以采取措施保证与工程有关的人身、财产和工程安全，且应在 24 小时内向发包人代表和总监理工程师提交书面报告　　E. 发包人有权书面通知承包人更换不称职的项目经理，通知中应载明要求更换的理由

2. 根据《建设工程项目管理规范》，施工项目经理的职责包括（　　）。

A. 确保项目建设资金的落实到位　　B. 主持编制项目管理实施规划

C. 进行授权范围内的利益分配　　D. 预防重大工程质量安全事故的发生

E. 项目管理目标责任书规定的职责

3. 根据《建设工程项目管理规范》，施工项目经理的权限包括（　　）。

A. 组建项目经理部　　B. 参与选择分包人　　C. 签订建设工程施工合同

D. 制订内部计酬办法　　E. 决定授权范围内的项目资金的投入和使用

4. 在建设工程项目施工管理中，项目人力资源管理的全过程包括（　　）。

A. 项目人力资源管理计划　　B. 明确项目参与各方职责　　C. 项目人力资源管理控制　　D. 项目人力资源管理考核　　E. 建立健全项目管理团队

5. 沟通障碍主要来自（　　）。

A. 发送者的障碍　　B. 沟通环境的障碍　　C. 接受者的障碍　　D. 沟通介体的障碍　　E. 沟通通道的障碍

6. 关于施工企业劳动用工管理的说法中，正确的有（　　）。

A. 施工企业可以直接雇佣一定数量的零散工　　B. 施工企业不得使用零散工

C. 施工企业至少每月一次支付劳动者工资，且不得低于当地最低工资标准

D. 经与工会或职工代表协商一致后，施工企业延期支付工资最长不得超过 60 日　　E. 施工企业应该将工资直接发放给劳动者本人

一、单选题答案：1-5. CBDDA　　6-7. BD

二、多选题答案：1. ACE　　2. BCE　　3. BDE　　4. ACD　　5. ACE　　6. BCE

1Z201100 建设工程项目的风险和风险管理的工作流程

一、单选题

1. （　　）指的是不确定的损失程度和损失发生的概率。

A. 不确定性　　B. 项目管理　　C. 风险　　D. 风险量

2. 建设工程项目的组织风险包括（　　）。

A. 安全管理人员的资历和能力　　B. 自然灾害　　C. 人身安全控制计划

D. 工程施工方案

3. 建设工程施工风险管理的过程包括：①制订风险对策、编制风险管理计划；②确定风险因素、编制风险识别报告；③进行风险控制，对施工过程中的风险进行监控并提出预警；④确定各种风险的风险量和风险等级。正确的程序为（　　）。

A. ①→②→③→④　　B. ②→④→①→③　　C. ③→②→④→①　　D. ④→②→③→①

4. （　　）的工作成果是形成风险管理计划。

A. 风险识别　　B. 风险评估　　C. 风险响应　　D. 风险控制

5. 某投标人在招标工程开标后发现自己由于报价失误，比正常报价少报 18%，虽然被确定为中标人，但拒绝与业主签订施工合同。该投标人所采用的风险对策是（　　）。

A. 风险减轻　　B. 风险自留　　C. 风险规避　　D. 风险转移

6. 向保险公司投保是（　　）的一种措施。

A. 风险规避　　B. 风险减轻　　C. 风险自留　　D. 风险转移

二、多选题

1. 以下属于项目风险评估工作的有（　　）。

A. 编制风险识别报告　　B. 确定各种风险的风险量　　C. 编制风险管理计划　　D. 确定各种风险的风险等级　　E. 在项目进展过程中收集、分析与风险相关的各种信息

2. 建设工程项目的风险类型主要有（　　）。

A. 投机风险　　B. 组织风险　　C. 经济与管理风险　　D. 工程环境风险　　E. 技术风险

3. 以下属于建设工程技术风险的有（　　）。

A. 工程物资　　B. 工程施工方案　　C. 施工机械操作人员的资历和能力　　D. 工程设计文件　　E. 事故防范措施和计划

一、单选题答案：1-5. DABCC　　6. D

二、多选题答案：1. BD　　2. BCDE　　3. ABD

1Z201110　建设工程监理的工作性质、工作任务和工作方法

一、单选题

1. 建设工程监理是一种（　　），属于国际上业主方项目管理的范畴。

A. 高智能管理　　B. 有偿技术服务　　C. 高智能的有偿技术服务　　D. 高智能的无偿技术服务

2. 当业主方和承包商发生利益冲突或矛盾时，工程监理机构应以事实为依据、以法律和合同为准绳，在维护业主合法权益时，不损害承包商的合法权益，这体现了工程监理的（　　）。

A. 服务性　　B. 科学性　　C. 独立性　　D. 公平性

3. 根据《建设工程质量管理条例》，未经（　　）签字，建设单位不拨付工程款，不进行竣工验收。

A. 建设单位代表　　B. 总监理工程师　　C. 专业监理工程师　　D. 监理员

4. 建设工程监理工作包括：①组织工程竣工预验收；②编制监理规划、监理实施细则；③组建项目监理机构；④实施监理服务；⑤参与工程竣工验收；⑥向业主提交监理工作报告和监理档案文件。正确的工作程序是（　　）。

A. ②→③→④→①→⑤→⑥　　B. ③→②→⑥→④→①→⑤　　C. ③→②→④→①→⑤→⑥　　D. ②→④→⑥→③→①→⑤

5. 总监理工程师主持编制、监理单位技术负责人审批的监理规划应（　　）。

A. 在第一次工地会议前报送业主　　B. 在第一次工地会议前报送政府主管部门　　C. 在第一次工地会议前报送业主和施工单位　　D. 在第一次工地会议后报送业主和施工单位

二、多选题

1. 根据《建设工程质量管理条例》，监理工程师主要采取（　）等形式对建设工程实施质量控制。

A. 竣工预验收　　B. 旁站　　C. 巡视　　D. 平行检验　　E. 抽样检验

2. 建设工程监理规划编制的依据有（　）。

A. 项目审批文件　　B. 有关工程建设的法律、法规等　　C. 建设工程委托监理合同　　D. 监理大纲　　E. 业主方项目管理规划

3. 监理实施细则的编制内容主要包括（　）。

A. 专业工程的特点　　B. 监理工作的流程　　C. 监理工作制度　　D. 监理工作的方法和措施　　E. 监理工作的控制要点及目标值

一、单选题答案：1-5. CDBCA

二、多选题答案：1. BCD　　2. ABCD　　3. ABDE

1Z202000 建设工程项目施工成本控制

1Z202010 施工成本管理的任务与措施

一、单选题

1. 施工成本管理的目的是在（　）情况下，采取相关措施，把成本控制在计划范围，并进一步寻求最大限度的成本降低。

A. 保证工期和确保质量优良　　B. 缩短工期和确保质量优良　　C. 保证工期和满足质量要求　　D. 缩短工期和满足质量要求

2. 施工成本预测是（　），是施工项目成本决策与计划的依据。

A. 在施工以前对施工进行估算　　B. 计算出施工项目的实际总成本和单位成本　　C. 是目标成本的一种形式　　D. 对施工项目成本进行的对比评价和总结工作

3. 下列属于施工成本计划编制中的效益指标的是（　）。

A. 按子项汇总的工程项目计划总成本指标　　B. 责任目标成本计划降低率

C. 责任目标成本计划降低额　　D. 单位工程计划成本汇总表

4. 施工项目成本控制应贯穿于施工项目从（　）开始直到项目（　）的全过程，是企业全面成本管理的重要环节。

A. 设计阶段,竣工验收　　B. 施工投标阶段,保证金返还　　C. 设计阶段,保修阶段　　D. 施工投标阶段,竣工验收

5. 下列关于施工成本分析的表述中,不正确的是(　　)。

A. 施工成本分析是在施工成本预算的基础上,对成本的形成过程和影响成本升降的因素进行分析,以寻求进一步降低成本的途径　　B. 施工成本分析包括有利偏差的挖掘和不利偏差的纠正　　C. 施工成本分析所针对的成本偏差分为局部成本偏差和累计成本偏差　　D. 施工成本分析应贯穿于施工成本管理的全过程

6. 建设工程项目施工成本管理的组织措施之一是(　　)。

A. 编制施工成本控制工作流程图　　B. 制订施工方案并对其进行分析论证

C. 进行工程风险分析并制订防范性对策　　D. 防止和处理费用索赔

7. 施工成本管理的措施具体有组织措施、技术措施、经济措施和合同措施,其中,(　　)是最易为人接受和采用的措施。

A. 组织措施　　B. 技术措施　　C. 经济措施　　D. 合同措施

二、多选题

1. 施工成本计划编制应遵循的原则有(　　)。

A. 量价分离　　B. 与其他计划相结合　　C. 采用先进技术经济定额

D. 适度弹性　　E. 统一领导、分级管理

2. 施工成本管理的基础工作是多方面的,主要有(　　)。

A. 施工成本管理责任体系的建立　　B. 编制成本控制报告　　C. 建立企业内部施工定额　　D. 科学设计施工成本核算账册体系　　E. 建立各成本项目的编码

一、单选题答案：1-5. CACBA　　6-7. AC

二、多选题答案：1. BCDE　　2. ACDE

1Z202020 施工成本计划

一、单选题

1. (　　)是编制实施性计划成本的主要依据。

A. 施工图预算　　B. 施工预算　　C. 施工定额　　D. 施工图纸

2. 建设工程项目施工成本计划可分别按施工成本组成、按项目组成、按工程进度编制,在工程实践中,经常(　　)。

A. 按施工成本组成编制　　B. 按子项目组成编制　　C. 按工程进度编制

D. 将三种方法结合起来使用

二、多选题

1. 对于一个施工项目而言，其成本计划是一个不断深化的过程。在这一过程的不同阶段形成深度和作用不同的成本计划，按其发挥的作用可分为（ ）。

    A. 竞争性成本计划   B. 指导性成本计划   C. 控制性成本计划   D. 总控性成本计划   E. 实施性计划成本

2. 单位工程施工预算由编制说明和预算表格两部分组成，其中，预算表格有（ ）。

    A. 工程量计算汇总表   B. 施工预算工料分析表   C. 施工预算表

    D. "两算"对比表   E. 资源汇总表

3. "两算"对比是指同一工程的施工预算和施工图预算的对比分析，其方法有（ ）。

    A. 实物对比法   B. 赢得值法   C. 金额对比法   D. 差额对比法

    E. 因素分析法

4. 一般而言，所有工作都按最早开始时间开始，则（ ）。

    A. 对节约资金贷款利息是有利的   B. 对节约资金贷款利息是不利的

    C. 降低了项目按期竣工的保证率   D. 提升了项目按期竣工的保证率

    E. 有利于提升工程施工质量和安全管理

一、单选题答案：1-2. BD

二、多选题答案：1. ABE   2. ABCD   3. AC   4. BD

1Z202030 施工成本控制

一、单选题

1. 施工成本的过程控制包括管理行为控制程序和指标控制程序，下列说法中不正确的是（ ）。

    A. 管理行为控制的目的是确保每个岗位人员在成本管理过程中的管理行为符合事先确定的程序和方法的要求   B. 管理行为控制程序之一是建立项目施工成本管理体系的评审组织和评审程序   C. 管理行为控制程序之一是收集成本数据，监测成本形成过程   D. 用成本指标考核管理行为，用管理行为来保证成本指标

2. 施工机械使用费的控制应从台班数量和台班单价两个方面进行，这体现了施工成本控制（ ）的方法。

    A. 过程控制   B. 量价分离   C. 动态控制   D. "两算"对比

3. 建设工程项目施工费用偏差是指（ ）之差。

    A. 已完工作实际费用与计划工作预算费用   B. 已完工作预算费用与计划工作预算费用   C. 已完工作预算费用与已完工作实际费用   D. 已完工作实

际费用与计划工作实际费用

4. 某工程项目施工过程中，收集到的分部工程 A 的资料见下表，则分部工程 A 的费用偏差为（　　）元。

分部工程	工程量（m³）		施工成本（元/m³）	
	计划	实际	计划	实际
A	600	500	350	320

　　A. 35000　　B. 32000　　C. 18000　　D. 15000

5. 根据下图所示，第 7 月末工程的费用偏差为（　　）万元。

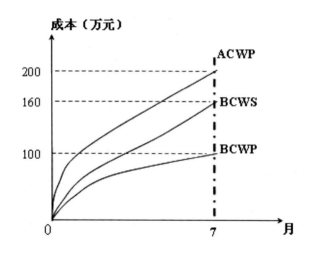

　　A. 100　　B. —100　　C. 60　　D. —60

6. 某工程主体结构混凝土工程量为 3200m³，预算单价为 550 元/m³。计划 4 个月内均衡完成。开工后，混凝土实际采购价格为 560 元/m³。施工至第二个月月底，实际累计完成混凝土工程量为 1800m³，则此时的进度偏差为（　　）万元。

　　A. 11.8　　B. 11.2　　C. 11.0　　D. —1.8

7. 施工成本偏差分析的表达方式中最常用的一种方法是（　　）。

　　A. 表格法　　B. 横道图法　　C. 曲线法　　D. 直方图法

二、多选题

1. 下列工程进展过程文件中，可以作为施工成本控制依据的是指（　　）。

　　A. 施工组织设计　　B. 分包合同　　C. 工程变更指令　　D. 工程进度款结算报告　　E. 进度报告

2. 下列关于进度偏差说法中正确的是（　　）。

　　A. 进度偏差为负值，表示工期提前　　B. 进度偏差为负值，表示工期拖延

　　C. 进度偏差为正值，表示工期提前　　D. 进度偏差为正值，表示工期拖延

E. 进度偏差为零时，表示进度正常

3. 横道图法是分析建设工程项目施工成本偏差的常用方法，其特点包括（   ）。

A. 信息量大，一般在项目的较高管理层应用　　B. 能够准确表达施工成本的绝对偏差　　C. 能够准确表达施工成本的相对偏差　　D. 能够直观地显示偏差的严重程度　　E. 能够直观地显示施工成本的局部偏差和累计偏差

一、单选题答案：1-5. CBCDB　　　6-7. CA

二、多选题答案：1. ABCE　　2. BCE　　3. BDE

1Z202040 施工成本分析

一、单选题

1. 对已经发生的、正在发生的和尚未发生的经济活动进行核算，属于（   ）。

A. 会计核算　　B. 业务核算　　C. 动态核算　　D. 统计核算

2. 能够通过技术经济指标的对比，检查目标的完成情况，分析产生偏差的原因，进而挖掘内部潜力的分析方法是（   ）。

A. 因素分析法　　B. 差额计算法　　C. 比率法　　D. 比较法

3. 在建设工程项目施工成本分析方法中，可用来分析各种因素对成本的影响程度的方法是（   ）。

A. 相关比率法　　B. 比重分析法　　C. 连环置换法　　D. 动态比率法

4. 某分项工程的混凝土成本数据如下表所示。应用因素分析法分析各因素对成本的影响程度，可得到的正确结论是（   ）。

项目	单位	目标	实际
产量	m^3	800	850
单价	元	600	640
损耗率	%	5	3

A. 由于产量增加 $50m^3$，成本增加 21300 元　　B. 实际成本与目标成本的差额为 56320 元　　C. 由于单价提高 40 元，成本增加 35020 元　　D. 由于损耗下降 2%，成本减少 9600 元

5. 以下关于综合成本分析方法的表述中，正确的是（   ）。

A. 进行分部分项工程成本分析时，应分析每一个分部分项工程的成本

B. 月度成本分析的依据是当月的成本报表　　C. 企业年度成本要求一年结算一次，可将部分成本转入下一个年度　　D. 单位工程竣工成本分析的内容就是对预算成本、目标成本、实际成本的比较

6. 在年度成本分析中，下列说法正确的是（   ）。

A. 年度成本分析的内容不包括月（季）成本分析所包含的内容   B. 年度成本分析的重点是对下一年度提出切实可行的成本管理措施   C. 施工周期较长的项目，不需进行月（季）分析，只需进行年度分析   D. 年度成本分析的依据是月（季）成本报表

7. 通过（   ），可以全面了解单位工程的成本构成和降低成本的来源。

A. 分部分项工程成本分析   B. 月（季）度成本分析   C. 年度成本分析
D. 竣工成本综合分析

8. 专项成本分析方法之一的资金成本分析，通常是应用（   ）指标进行分析。

A. 成本降低率   B. 动态比率   C. 构成比率   D. 成本支出率

二、多选题

1. 施工成本分析的基本方法包括（   ）。

A. 差额计算法   B. 因素分析法   C. 比率法   D. 偏差分析法
E. "三算"对比法

2. 用比较法进行施工成本分析时，通常采用的比较形式有（   ）。

A. 将实际指标与目标指标对比   B. 本期实际指标与上期实际指标对比
C. 本期实际指标与拟完成指标对比   D. 与本行业平均水平对比   E. 与本行业先进水平对比

3. 常用于施工成本分析的比率法有（   ）。

A. 相关比率法   B. 构成比率法   C. 置换比率法   D. 动态比率法
E. 连环比率法

4. 单位工程竣工成本综合分析的内容包括（   ）。

A. 竣工成本分析   B. 差额计算分析   C. 年度成本分析   D. 主要技术节约措施及经济效果分析   E. 主要资源节超对比分析

5. 专项成本分析是针对与成本有关的特定事项的分析，其分析方法包括（   ）。

A. 成本盈亏异常分析   B. 资金成本分析   C. 综合成本分析   D. "三算"对比分析   E. 工期成本分析

一、单选题答案：1-5. BDCBB   6-8. BDD

二、多选题答案：1. ABC   2. ABDE   3. ABD   4. ADE   5. ABE

1Z203000 建设工程项目进度控制

1Z203010 建设工程项目进度控制与进度计划系统

一、单选题

1. 就建设工程项目进度控制的主要工作环节而言，其正确的工作程序为（　）。

A. 编制计划→目标的分析和论证→必要时调整计划→跟踪计划的执行

B. 编制与调整计划→跟踪计划的执行→目标的分析和论证　C. 目标的分析和论证→跟踪计划的执行→编制与调整计划　D. 目标的分析和论证→编制计划→跟踪计划的执行→必要时调整计划

2. 作为建设工程项目进度控制的依据，建设工程项目进度计划系统是（　）。

A. 在项目的前期决策阶段建立　B. 在项目的初步设计阶段完善　C. 在项目的进展过程中逐步形成　D. 在项目的准备阶段建立

3. 业主方进度控制的任务是控制整个项目（　）的进度。

A. 全寿命周期　B. 实施阶段　C. 决策阶段和实施阶段　D. 施工阶段

4. 以下关于建设工程项目进度计划系统的说法中，不正确的是（　）。

A. 建设工程项目进度计划系统是由多个相互关联的进度计划组成的系统

B. 建设工程项目进度计划系统是在项目进展构成中逐步形成的　C. 建设工程项目进度计划系统各进度计划编制和调整时须注意其相互间的联系和协调

D. 按不同深度划分，建设工程项目进度计划系统由控制性、指导性、实施性进度计划组成

二、多选题

1. 施工方应视施工项目的特点和施工进度控制的需要，编制（　）等进度计划。

A. 施工总进度纲要　B. 不同深度的施工进度计划　C. 不同功能的施工进度计划　D. 不同计划周期的施工进度计划　E. 不同项目参与方的施工进度计划

2. 在进度计划编制方面，施工方应视项目的特点和进度控制的需要，编制不同功能的（　）。

A. 总进度规划　B. 控制性进度计划　C. 项目子系统进度计划　D. 指导性进度计划　E. 实施性进度计划

一、单选题答案： 1-4. DCBD

二、多选题答案： 1. BCDE　2. BDE

1Z203020 建设工程项目总进度目标的论证

一、单选题

1. 建设工程项目的总进度目标是整个项目的进度目标,是在项目( )项目定义时确定的。

A. 决策阶段　　 B. 施工阶段　　 C. 实施阶段　　 D. 全寿命周期

2. 建设工程项目总进度目标的控制是( )项目管理的任务。

A. 施工方　　 B. 业主方　　 C. 总承包方　　 D. 项目经理

3. 大型建设工程项目总进度目标论证的核心工作是通过( )。

A. 编制总进度纲要,论证总进度目标实现的可能性　　 B. 分析工程发包组织方式,论证总进度目标分解的合理性　　 C. 分析施工技术方面的资料,论证总进度目标的控制措施　　 D. 分析施工组织资料,论证总进度目标实现的条件

4. 某市拟新建一大型会展中心,项目建设单位组织有关专家对该项目的总进度目标进行论证,在调查研究和收集整理后,紧接着应进行的工作是( )。

A. 进行进度计划系统结构分析　　 B. 进行项目结构分析　　 C. 编制各级进度计划　　 D. 确定工作编码

5. 建设工程项目总进度目标论证的工作步骤是( )。

A. 项目结构分析→确定项目的工作编码→进度计划系统的结构分析→编制各层进度计划→编制总进度计划　　 B. 项目结构分析→进度计划系统的结构分析→确定项目的工作编码→编制各层进度计划→编制总进度计划　　 C. 进度计划系统的结构分析→编制各层进度计划→编制总进度计划→项目结构分析→确定项目的工作编码　　 D. 项目结构分析→确定项目的工作编码→进度计划系统的结构分析→编制总进度计划→编制各层进度计划

二、多选题

1. 大型建设工程项目总进度纲要的主要内容有( )。

A. 项目施工的总体部署　　 B. 总进度规划　　 C. 各子系统进度规划

D. 里程碑事件的计划进度目标　　 E. 总进度目标实现的条件和应采取的措施

一、单选题答案:1-5. ABABB

二、多选题答案:1. BCDE

1Z203030 建设工程项目进度计划的编制和调整方法

一、单选题

1. 横道图进度计划的优点是( )。

A. 便于确定关键工作　　 B. 工作之间的逻辑关系表达清楚　　 C. 表达方式

直观易看懂　　D. 工作时差易于分析

2. 某建设工程施工进度计划如下图所示（时间单位：天），则该计划的计算工期是（　　）天。

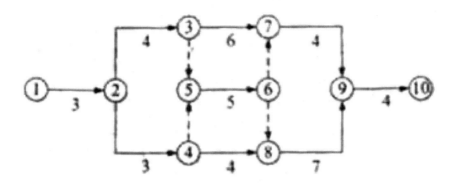

A. 20　　B. 21　　C. 23　　D. 25

3. 下列网络计划中（时间单位：天），工作 E 是最迟开始时间是（　　）天。

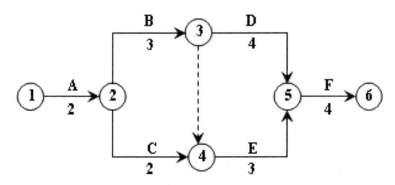

A. 4　　B. 5　　C. 6　　D. 7

4. 在下图所示的双代号网络计划中（时间单位：天），工作 C 的总时差为（　　）天。

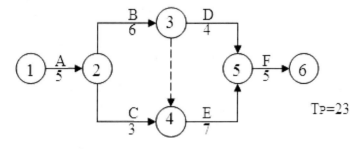

Tₚ=23

A. 0　　B. 3　　C. 5　　D. 8

5. 某分部工程双代号网络计划如下图所示，其关键线路有（　　）条。

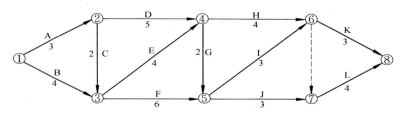

A. 2　　B. 3　　C. 4　　D. 5

6. 某工程网络计划中，工作 F 的最早开始时间为第 11 天，持续时间为 5 天，工作 F 有三项紧后工作，它们的最早开始时间分别为第 20 天、第 22 天和第 23 天，最迟开始时间分别为第 21 天、第 24 天和第 27 天，则工作 F 的总时差和自由时差分别为（　）天。

A. 5，4　　B. 11，7　　C. 5，5　　D. 4，4

7. 在双代号时标网络计划中，（　）。

A. 以波形线表示工作，以虚箭头表示虚工作，以实箭线表示工作的自由时差

B. 以波形线表示工作，以实箭线表示虚工作，以虚箭线表示工作的自由时差

C. 以实箭线表示工作，以波形线表示虚工作，以虚箭线表示工作的自由时差

D. 以实箭线表示工作，以虚箭线表示虚工作，以波形线表示工作的自由时差

8. 某工程双代号时标网络计划如下图所示，其中工作 A 的总时差和自由时差（　）周。

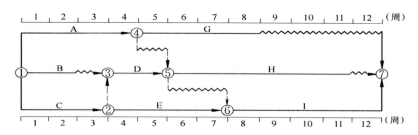

A. 均为 0　　B. 分别为 1 和 0　　C. 分别为 2 和 0　　D. 分别为 3 和 0

9. 在上题所示双代号时标网络计划中，工作 B 和工作 D 的最迟完成时间分别为（　）。

A. 第 2 周和第 5 周　　B. 第 3 周和第 5 周　　C. 第 3 周末和第 6 周末

D. 第 5 周初和第 7 周初

10. 某网络计划中，工作 A 的紧后工作是 B 和 C，工作 B 的最迟开始时间为第 14 天，最早开始时间为第 10 天；工作 C 的最迟完成时间为第 16 天，最早完成时间为第 14 天。已知工作 A 的自由时差为 5 天，则工作 A 的总时差为（　）天。

A. 3　　B. 7　　C. 8　　D. 10

11. 某网络计划中，工作 A 的紧后工作是 B 和 C，工作 B 的最迟开始时间为第 14

天，最早开始时间为第 10 天；工作 C 的最迟完成时间为第 16 天，最早完成时间为第 14 天；工作 A 与工作 B、C 的时间间隔均为 5 天，则工作 A 的总时差为（　　）天。

　　A. 3　　B. 7　　C. 8　　D. 10

12. 某网络计划中，工作 M 的最早完成时间是第 8 天，最迟完成时间是第 13 天，工作的持续时间 4 天，其与所有紧后工作时间间隔的最小值为 2 天。则该工作的自由时差为（　　）。

　　A. 2　　B. 3　　C. 4　　D. 5

13. 某工程单代号网络计划如下图所示（时间单位：周)，其关键线路有（　　）条。

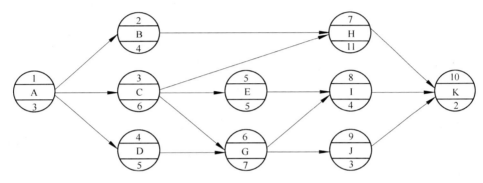

　　A. 4　　B. 3　　C. 2　　D. 1

14. 某单代号网络计划如下图所示，工作 D 的自由时差为（　　）天。

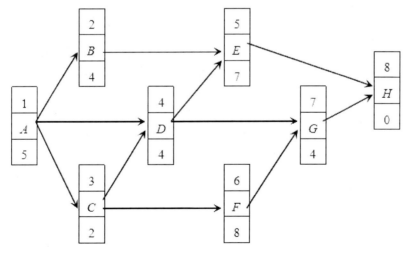

　　A. 0　　B. 1　　C. 2　　D. 3

15. 已知某建设工程网络计划中 A 工作的自由时差为 5 天，总时差为 7 天。监理工程师在检查施工进度时发现只有该工作实际进度拖延，且影响总工期 3 天，则该工作实际进度比计划进度拖延（　　）天。

　　A. 3　　B. 5　　C. 8　　D. 10

16. 某工程网络计划中工作 M 的总时差和自由时差分别为 5 天和 3 天，该计划执行过程中经检查发现只有工作 M 的实际进度拖后 4 天，则工作 M 的实际进度（　　）。

  A. 既不影响总工期，也不影响其后续工作的正常执行　　B. 将其紧后工作的最早开始时间推迟 1 天，并使总工期延长 1 天　　C. 不影响其后续工作的继续进行，但使总工期延长 1 天　　D. 不影响总工期，但使其紧后工作的最早开始时间推迟 1 天

17. 在工程网络计划中，关键工作是指（　　）的工作。

  A. 最迟完成时间与最早完成时间的差值最小　　B. 双代号时标网络计划中无波形线　　C. 单代号搭接网络计划中时间间隔为零　　D. 双代号网路计划中两端节点均为关键节点

18. 某工程双代号网络计划的计算工期为 150 天，已知计划工期为 155 天，则关键线路上（　　）。

  A. 相邻工作之间的时间间隔为零　　B. 各工作的自由时差为零　　C. 各工作的总时差为零　　D. 节点最早时间与最迟时间相等

19. i 与 j 两工作之间的 FTS 搭接关系如下图，则 j 工作最早开始和最早完成时间分别为（　　）。

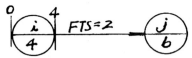

  A. 6 和 12　　B. 2 和 8　　C. 0 和 6　　D. 4 和 10

20. i 与 j 两工作之间的 FTF 和 STS 混合搭接关系如下图，则 j 工作最早开始和最早完成时间分别为（　　）。

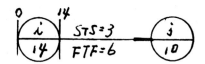

  A. 10 和 20　　B. 3 和 13　　C. 14 和 24　　D. 6 和 16

二、多选题

1. 关于双代号工程网络计划的说法，正确的有（　　）。

  A. 总时差最小的工作为关键工作　　B. 关键线路上允许有虚箭线和波形线的存在　　C. 网络计划中以终点节点为完成节点的工作，其自由时差与总时差相等　　D. 除了以网络计划终点为完成节点的工作，其他工作的最迟完成时间应等于其所有紧后工作最迟开始时间的最小值　　E. 某项工作的自由时差为零

时，其总时差必为零

2. 以下关于网络计划关键线路的说法中，正确的有（　　）。

A. 关键线路是总持续时间最长的线路　　B. 关键线路的总持续时间就是网络计划的计算工期 T_C　　C. 一个网络计划有一条关键线路　　D. 从起点节点到终点节点自始至终由关键工作连成的线路就是关键线路　　E. 在网络计划的执行过程中，关键线路有可能转移

3. 某建设工程的施工网络计划如图所示（时间单位：周），则该计划的关键线路有（　　）。

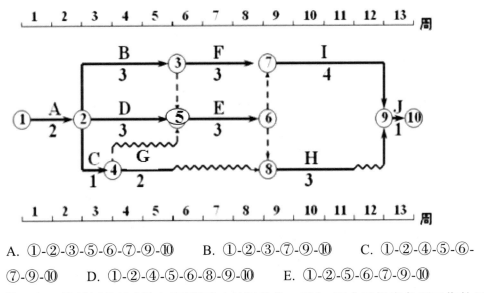

A. ①-②-③-⑤-⑥-⑦-⑨-⑩　　B. ①-②-③-⑦-⑨-⑩　　C. ①-②-④-⑤-⑥-⑦-⑨-⑩　　D. ①-②-④-⑤-⑥-⑧-⑨-⑩　　E. ①-②-⑤-⑥-⑦-⑨-⑩

4. 某工程双代号网络计划如下图所示（时间单位：天），图中已标出各项工作的最早开始时间 ES 和最迟开始时间 LS。该计划表明（　　）。

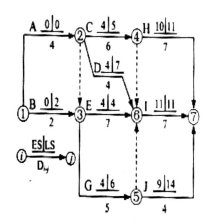

A. 工作 1~3 的总时差和自由时差相等　　B. 工作 2~6 的总时差和自由时差相等　　C. 工作 3~5 的总时差和自由时差分别为 2 天和 0 天　　D. 工作 5~7 的总时差和自由时差相等　　E. 工作 2~4 和工作 3~6 均为关键工作

5. 已知下列单代号网络计划，该计划中关键工作和 B 工作的自由时差为（　　）。

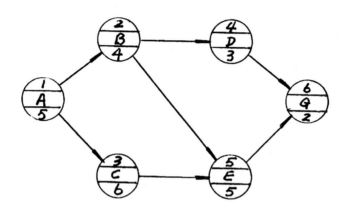

A. B 工作的自由时差为 0　　B. B 工作的自由时差为 2　　C. A 工作为关键工作　　D. B 工作为关键工作　　E. E 工作为关键工作

6. 以下关于双代号时标网络图的说法中，正确的有（　　）。

A. 以实箭线表示工作，以虚箭线表示虚工作，以波形线表示工作的自由时差

B. 兼有双代号网络图和横道图的优点，使用方便　　C. 可统计每一个单位时间对资源的需要量，以便进行资源优化和调整　　D. 从起点节点到终点节点自始至终没有波形线的线路就是关键线路　　E. 图上直接显示了计算工期 T_c 及每个工作的最迟开始时间、最迟完成时间、自由时差

7. 某分部工程双代号网络计划如下图所示，图中错误包括（　　）。

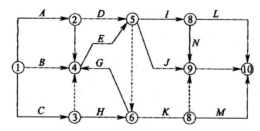

A. 有多个起点节点　　B. 有多个终点节点　　C. 节点代号重复　　D. 存在循环回路（节点编号有误）　　E. 存在无箭头的箭线

8. 某工程双代号时标网络计划执行到第 3 周末和第 7 周末时，检查其实际进度如下图前锋线所示，检查结果表明（　　）。

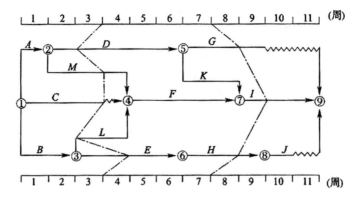

A. 第 3 周末检查时工作 D 拖后 1 周，但不影响总工期　　B. 第 3 周末检查时工作 L 拖后 1 周，但不影响总工期　　C. 第 7 周末检查时工作 I 提前 2 周，总工期预计缩短 2 周　　D. 第 7 周末检查时工作 G 提前 1 周，将不影响总工期

E. 第 4 周至第 7 周内工作 E 和工作 H 的实际进度正常

一、单选题答案：1-5. CCCBC　　　6-10. ADCDB　　　11-15. BACAD
16-20. DABAA

二、多选题答案：1. AD　　2. ABE　　3. ABE　　4. ABCD　　5. ACE
6. ABCD　　7. CDE　　8. CDE

1Z203040 建设工程项目进度控制的措施

一、单选题

1. 在建设工程项目管理机构中，应有专门的工作部门和符合进度控制岗位资格的专人负责进度控制工作，这是进度控制中重要的（　　）。

A. 组织措施　　B. 合同措施　　C. 经济措施　　D. 技术措施

2. 进度控制工作包含了大量的组织和协调工作，而(　　)是组织和协调的重要手段。

A. 管理　　B. 控制　　C. 会议　　D. 论证

3. 建设工程项目进度计划应体现资源的合理使用、工序的合理组织、工作面的合理安排等，为达到上述目的（　　）。

A. 进度计划不必过早形成计划系统　　B. 应对进度计划进行动态控制

C. 应对进度计划进行多方案比较与优化　　D. 应增大影响进度风险的敏感系数

4. 下列进度控制措施中，属于管理措施的是（　　）。

A. 编制过程资源需求计划　　B. 应用互联网进行进度控制　　C. 制订进度控制工作流程　　D. 选择先进的施工技术

5. 为确保进度目标的实现，应编制与进度计划相适应的（　　）。

A. 施工方案　　B. 控制措施　　C. 资源需求计划　　D. 资金供应计划

二、多选题

1. 为顺利地实施建设工程项目的进度控制,项目管理者应当强化( )的管理观念。

　　A. 与供方互利　　B. 进度计划系统　　C. 动态控制　　D. 以顾客为关注焦点　　E. 多方案比选

2. 常见影响工程项目进度的风险有( )。

　　A. 组织风险　　B. 合同风险　　C. 经济风险　　D. 技术风险　　E. 人力风险

3. 施工方案对工程项目进度有直接影响,在进度受阻时,应分析影响因素,为实现进度目标有无改变( )的可能性。

　　A. 施工方案　　B. 进度计划　　C. 施工机械　　D. 施工技术　　E. 施工程序

一、单选题答案:1-5. ACCBC

二、多选题答案:1. BCE　　2. ABDE　　3. ACD

1Z204000 建设工程项目质量控制

1Z204010 建设工程项目质量控制的内涵

一、单选题

1. 根据 GB/T 19000—2008/ISO9000:2005,通过设定目标、测量结果、评价、纠偏等一系列活动致力于满足质量要求,称为( )。

　　A. 质量管理　　B. 质量控制　　C. 质量保证　　D. 质量策划

2. ( )是建设工程项目质量控制的重点。

　　A. 决策质量控制　　B. 设计质量控制　　C. 施工质量控制　　D. 设备质量控制

3. 建设工程项目质量目标的具体定义过程,主要是在工程的( )。

　　A. 决策阶段　　B. 勘察阶段　　C. 设计阶段　　D. 施工阶段

4. 建设工程项目质量控制应以控制( )的因素为基本出发点。

　　A. 人　　B. 机械　　C. 材料　　D. 方法

5. 在影响建设工程项目质量的环境因素中,施工照明、通风、安全防护设施、交通运输等,属于( )。

　　A. 自然环境因素　　B. 社会环境因素　　C. 管理环境因素　　D. 作业环境因素

6. 常用的质量风险对策之一是转移,即依法采用正确的方法把质量风险转移给其他方承担。以下不属于转移对策的是（   ）。

    A. 分包转移   B. 规避转移   C. 担保转移   D. 保险转移

    7. 在建筑工程预算价格中预留一定的不可预见费，一旦发生质量风险损失，由不可预见费支付。这体现了风险对策之一的（   ）。

    A. 风险规避   B. 风险减轻   C. 风险转移   D. 风险自留

二、多选题

    1. 根据 GB/T 19000—2008/ISO9000:2005，质量的定义是：一组固有特性满足要求的程度，包括（   ）。

    A. 产品质量   B. 与环境的协调性   C. 质量管理体系运行的质量

    D. 工作质量   E. 全部质量管理职能的所有活动

    2. 建设单位、勘察单位、设计单位、施工单位、监理单位等都要依法对建设工程质量负责，以下说法中正确的有（   ）。

    A. 建设单位在领取施工许可证或者开工报告后，应当按照国家有关规定办理工程质量监督手续   B. 设计单位应当将施工图设计文件报县级以上人民政府建设行政主管部门或者其他有关部门审查   C. 设计单位提供的设计文件应当符合国家规定的设计深度要求，并注明工程合理使用年限   D. 对设计结构安全的试块、试件及有关材料，施工人员应当在建设单位或监理单位的监督下现场取样，并送具有相应资质等级的质量检测单位进行检测   E. 监理单位应当依法取得监理资质证书，在其资质等级许可范围内承担工程建设监理业务，并不得转让工程监理业务

    3. 建设工程项目质量的基本特征包括反映（   ）的质量特征。

    A. 使用功能   B. 安全可靠   C. 经济适用   D. 文化艺术   E. 建筑环境

    4. 在影响建设工程项目质量的环境因素中，属于管理环境因素的有（   ）。

    A. 工程承发包的合同结构   B. 施工现场安全防护设施   C. 各参建单位之间的协调   D. 参建单位的质量管理体系是否健全、运行是否有效   E. 工程所在地政府的工程质量监督及行业管理成熟程度

    5. 从风险产生的原因分析，常见的质量风险包括（   ）。

    A. 自然风险   B. 技术风险   C. 经济风险   D. 管理风险   E. 环境风险

    6. 工程项目质量风险识别的工作内容包括（   ）。

    A. 采用层次分析法画出质量风险结构层次图   B. 分析每种风险的促发因素

C. 汇总编制质量风险识别报告　　　D. 汇总编制风险评估表　　　E. 采用工作流程图列出各个实施步骤可能存在的质量风险

一、单选题答案：1-5. BCCAD　　　6-7. BD

二、多选题答案：1. ACD　　　2. CDE　　　3. ABDE　　　4. ACD　　　5. ABDE

6. ABCE

1Z204020　建设工程项目质量控制体系

一、单选题

1. 建设工程项目的质量管理应贯彻"三全"管理，即全面质量管理、全过程质量管理和（　　）质量管理。

　　　A. 全方位　　　B. 全员参与　　　C. 全行业　　　D. 全社会

2. PDCA 循环是建立质量管理体系和进行质量管理的基本方法，其正确步骤是（　　）。

　　　A. 处置→计划→实施→检查　　　B. 计划→处置→实施→检查　　　C. 计划→实施→处置→检查　　　D. 计划→实施→检查→处置

3. 建设工程项目质量控制系统是面向工程项目建立的质量控制系统，该系统（　　）。

　　　A. 属于一次性的系统　　　B. 需要进行第三方认证　　　C. 仅涉及施工承包单位　　　D. 需要通过业主认证

4. 建设工程项目质量控制系统建立时应遵循分层次规划的原则，第一层次是（　　）。

　　　A. 建设单位　　　B. 工程总承包企业　　　C. 监理单位　　　D. 建设单位或工程总承包企业

5. 建设工程项目质量控制体系运行的核心机制是（　　）。

　　　A. 动力机制　　　B. 约束机制　　　C. 反馈机制　　　D. 持续改进机制

6. 满足顾客要求并争取超越顾客的期望，这体现了质量管理八项原则之一的（　　）。

　　　A. 以顾客为关注焦点　　　B. 持续改进　　　C. 管理的系统方法　　　D. 全员参与

7. 企业质量管理体系文件中，（　　）是企业质量管理经营理念的反映。

　　　A. 质量方针和质量目标　　　B. 质量手册　　　C. 程序文件　　　D. 质量记录

8. 企业质量管理体系文件中，（　　）是用来规定企业组织质量管理体系的文件，对企业质量体系作出系统、完整和概要的描述。

　　　A. 质量方针和质量目标　　　B. 质量手册　　　C. 程序文件　　　D. 质量记录

9. 质量管理体系文件之一的质量记录，应完整地反映质量活动实施、验证和评审的情况，并记载关键活动的过程参数，达到（　　）的效果。

A. 事中控制　　B. 持续改进　　C. 可追溯性　　D. 系统方法

10. 企业质量管理体系获准认证的有效期为（　）年。

A. 2　　B. 3　　C. 4　　D. 5

11. 获得 ISO9000 质量管理体系认证的企业，若质量体系存在严重不符合项，并在规定时间内未予整改的，认证机构可以作出（　）的决定。

A. 认证注销　　B. 认证暂停　　C. 认证撤销　　D. 重新认证

二、多选题

1. 以下关于工程项目质量控制系统的说法中，正确的有（　）。

A. 该系统仅针对特定的工程项目质量控制，不用于建筑企业的质量管理

B. 该系统仅适用于担任工程施工的建筑企业　　C. 该系统涉及工程项目实施中所有的质量责任主体，并不仅只适用于担任工程施工的建筑企业　　D. 该系统的控制目标是工程项目的质量标准，不是建筑企业的质量管理目标　　E. 该系统的有效性一般只做自我评价与诊断，不进行第三方认证

2. 建设工程项目质量控制系统建立时应遵循的原则包括（　）。

A. 分层次规划的原则　　B. 总目标分解的原则　　C. 多结构单元目标一致的原则　　D. 质量责任制的原则　　E. 系统有效性的原则

3. 建设工程项目质量控制系统的运行环境包括（　）。

A. 工程项目的合同结构　　B. 监理质量控制的责任体系　　C. 质量管理的资源配置　　D. 编制质量控制计划　　E. 质量管理的组织制度

4. 质量管理体系文件之一是程序性文件，其制订的通用性质量管理程序包括（　）。

A. 文件控制程序　　B. 质量目标管理程序　　C. 预防措施控制程序

D. 不合格品控制程序　　E. 质量记录管理程序

5. 以下关于质量管理体系认证与监督管理的说法中，正确的有（　）。

A. 认证可以注销，注销是企业的自愿行为　　B. 在认证暂停期间，企业不得使用体系认证证书作宣传　　C. 认证合格的企业质量管理体系在运行中出现较大变化时，需向认证机构通报　　D. 当获证企业发生质量管理体系存在严重不符合规定的，认证机构可作出认证暂停的决定　　E. 认证合格有效期满前，企业可向认证机构提出复评申请

一、单选题答案：1-5. BDADA　　6-10. AABCB　　11. C

二、多选题答案：1. ACDE　　2. ABDE　　3. ACE　　4. ACDE　　5. ABCE

1Z204030 建设工程项目施工质量控制

一、单选题

1. （　　）即主动控制，包括：编制施工质量计划，明确质量目标，设置质量控制点，落实质量责任等。

    A. 事前质量控制　　B. 事中质量控制　　C. 事后质量控制　　D. 全过程质量控制

2. 施工质量（　　）的关键是坚持质量标准，控制重点是工序质量、工作质量和质量控制点的控制。

    A. 事前控制　　B. 事中控制　　C. 事后控制　　D. 全过程控制

3. 施工质量的自控和监控是相辅相成的系统过程，（　　）是关键，是施工质量的决定因素。

    A. 自控主体的质量意识和能力　　B. 监控主体对指控主体质量行为的推动和约束　　C. 指控主体正确处理自控和监控的关系　　D. 监控主体的严格监督管理

4. 下列有关施工总承包单位对分包施工质量计划的表述正确的是（　　）。

    A. 施工总承包单位需要进行指导和审核，但不承担施工质量的连带责任

    B. 施工总承包单位需要进行指导和审核，并承担施工质量的连带责任

    C. 由施工总承包单位和施工分包单位共同编制，承担施工质量的连带责任

    D. 由施工总承包单位编制，并承担施工质量的全部责任

5. 建设工程项目的施工质量计划编制完成后，应经（　　）批准确认后执行。

    A. 企业组织管理层批准后再报总监理工程师审核　　B. 项目经理批准后再报总监理工程师审核　　C. 总监理工程师审核后再报工程质量监督机构备案　　D. 企业组织管理层批准后再报建设单位审核

6. （　　）是施工质量控制的重点对象，其设置是施工质量计划的重要组成内容。

    A. 工程测量放线　　B. 施工质量控制点　　C. 施工平面图　　D. 工程施工条件

7. 随着工程的展开、施工条件的变化，随时或定期进行施工质量控制点的调整和更新，这体现对施工质量控制点管理的（　　）。

    A. 事前质量预控　　B. 交底　　C. 动态设置　　D. 动态跟踪

8. 施工单位应在开工前编制测量控制方案，经（　　）批准后实施。

    A. 监理工程师　　B. 项目经理　　C. 项目技术负责人　　D. 测量员

9. 根据《建筑工程施工质量验收统一标准》GB 50300—2013的规定，具备独立施

工条件并能形成独立使用功能的建筑物和构筑物,应划分为(　　)。

A. 单项工程　　B. 单位工程　　C. 分部工程　　D. 分项工程

10. 关于工程质量现场质量检测的说法,错误的是(　　)。

A. 同一工艺生产的不超过1000件且不超过3个月的同类型混凝土预制构件,应随机抽取1个构件进行结构性能检测　　B. 设计等级为乙级的桩基,必须进行桩的承载力检测　　C. 按非统计方法评定混凝土强度时,混凝土试块留置数量不应少于3组　　D. 钢筋保护层厚度检测应抽取构件数量的1%且不少于5个构件进行检测

11. (　　)是施工阶段质量自控主体,不因监控主体的存在和监控责任的实施而减轻或免除其质量责任。

A. 业主方　　B. 设计方　　C. 施工方　　D. 监理方

12. 施工质量控制应当自控和监控相辅相成,下列关于施工质量控制的表述中,不正确的是(　　)。

A. 自控主体的质量意识和能力是关键,是施工质量的决定因素　　B. 施工质量监控是对自控行为的推动和约束　　C. 监控主体的存在和监控责任的实施可以减轻或免除自控主体的质量责任　　D. 施工质量控制应坚持事前预控与事中控制相结合的方式

13. 工序作业质量是直接形成工程质量的基础,为达到对工序作业质量控制的效果,在加强工序管理和质量目标控制方面应坚持(　　)的有关要求。

A. 预防为主、重点控制、坚持标准、记录完整　　B. 预防为主、全方位控制、坚持标准、记录完整　　C. 工序作业质量控制为主,管理活动为辅　　D. 施工单位动态控制为主、建设单位的检查为辅

14. 现场质量检查的方法之一是目测法,此方法可以概括为(　　)。

A. 靠、量、吊、套　　B. 看、摸、敲、照　　C. 理化试验、无损检测　　D. 自检、互检、交接检

15. 在实测法中,(　　)主要是用直尺、塞尺检查诸如墙面、地面、路面的平整度。

A. 靠　　B. 量　　C. 吊　　D. 套

16. 施工现场混凝土坍落度试验属于现场质量检查方法中的(　　)。

A. 目测法　　B. 实测法　　C. 理化试验法　　D. 无损检测法

17. 对进入施工现场的钢筋取样后进行力学性能检测,属于施工质量控制方法中的(　　)。

A. 目测法　　B. 实测法　　C. 试验法　　D. 无损检验法

18. 为了保证工程质量，国家规定对工程所使用的主要材料、半成品、构配件及施工过程留置的试块、试件等应进行现场（   ）。

    A. 技术核定　　B. 见证取样送检　　C. 理化试验　　D. 成品保护

二、多选题

1. 施工质量计划的编制主体是施工承包企业，目前常用(   )的文件形式进行编制。

    A. 施工组织设计　　B. 施工技术方案　　C. 施工项目管理实施规划

    D. 施工组织方案　　E. 专项施工方案

2. 施工承包企业编制的施工质量计划的基本内容包括（   ）。

    A. 施工技术方案　　B. 施工质量管理体系　　C. 资源配置计划　　D. 施工组织方案　　E. 质量记录的要求

3. 质量控制点是施工质量控制的重点，凡属（   ）均可列为质量控制点，实施重点控制。

    A. 主体结构施工内容　　B. 对下道工序有较大影响的上道工序　　C. 技术难度大的施工工序或环节　　D. 采用新技术、新工艺、新材料的部位或环节

    E. 过去有过返工的不良工序

4. 施工质量控制点的重点控制对象包括（   ）等方面。

    A. 施工方法与关键操作　　B. 施工技术参数　　C. 技术间歇　　D. 易发生或常见的质量通病　　E. 成品保护

5. 对施工工艺方案的质量控制包括制订合理有效的有针对性的施工技术方案和施工组织方案，以下属于施工组织方案的有（   ）。

    A. 施工工艺　　B. 施工方法　　C. 施工区段划分　　D. 施工流向

    E. 劳动组织

6. 对施工所用的机械设备，应根据工程需要从（   ）等方面加以控制。

    A. 设备选型　　B. 施工条件　　C. 主要性能参数　　D. 专项设计

    E. 使用操作要求

7. 施工准备阶段技术准备的质量控制包括（   ）。

    A. 明确质量控制点的控制方法　　B. 编制施工作业技术指导书　　C. 绘制各种施工详图　　D. 工程定位和标高基准的控制　　E. 组织设计交底和图纸会审

8. 以下属于现场施工准备工作质量控制的有（   ）。

    A. 组织设计交底和图纸会审　　B. 测量控制　　C. 质量控制点的控制

    D. 施工平面图控制　　E. 计量控制

9. 施工过程的计量控制主要包括（　　）。

A. 施工详图绘制计量　　B. 施工测量、监测计量　　C. 施工生产时的投料计量　　D. 成品保护的计量　　E. 对项目、产品或过程的测试、检验、分析计量

10. 按有关施工质量验收规范规定，应进行现场质量检测且质量合格后方可进行下道工序的有（　　）。

A. 地基基础工程　　B. 主体结构工程　　C. 模板工程　　D. 建筑幕墙工程　　E. 钢结构及管道工程

11. 主体结构工程的工序质量必须进行现场质量检测，主要检测内容包括（　　）。

A. 混凝土、砂浆、砌体强度现场检测　　B. 钢筋保护层厚度检测　　C. 工程桩的承载力检测　　D. 混凝土预制构件结构性能检测　　E. 建筑幕墙的气密性检测

12. 施工作业质量的监控主体有（　　）。

A. 建设单位　　B. 设计单位　　C. 施工单位　　D. 监理单位　　E. 工程质量监督部门

13. 下列施工现场质量检查，属于实测法检查的有（　　）。

A. 肉眼观察墙面喷涂的密实度　　B. 用敲击工具检查地面砖铺贴的密实度　　C. 用直尺检查地面的平整度　　D. 用线锤吊线检查墙面的垂直度　　E. 现场检测混凝土试件的抗压强度

14. 施工成品质量保护的措施一般有（　　）。

A. 防护　　B. 包裹　　C. 隔离　　D. 封闭　　E. 覆盖

15. 工程项目设计质量的控制，主要从满足项目建设需求入手，应以（　　）为核心，进行设计质量的综合控制。

A. 使用功能　　B. 安全可靠性　　C. 观感性　　D. 经济性　　E. 施工可行性

一、单选题答案：1-5. ABABA　　6-10. BCCBD　　11-15. CCABA　　16-18. BCB

二、多选题答案：1. AC　　2. ACDE　　3. BCDE　　4. ABCD　　5. CDE

6. ACE　　7. ABCE　　8. BDE　　9. BCE　　10. ABDE　　11. ABD　　12. ABDE

13. CD　　14. ABDE　　15. AB

1Z204040 建设工程项目施工质量验收

一、单选题

1. 按同意的生产条件或按规定的方式汇总起来供检验用的，由一定数量样本组成的检验体，称为（　　）。

A. 检验批　　　B. 分项工程　　　C. 分部工程　　　D. 单位工程

2. 根据《建筑工程施工质量验收统一标准》GB 50300—2013，工程验收的最小单位是（　　）。

A. 检验批　　　B. 分项工程　　　C. 分部工程　　　D. 单位工程

3. 根据《建筑工程施工质量验收统一标准》GB 50300—2013，（　　）可由一个或若干个检验批组成。

A. 检验批　　　B. 分项工程　　　C. 分部工程　　　D. 单位工程

4. 单位工程的观感质量应由（　　）确认。

A. 建设单位通过现场检查后　　　B. 监理单位通过现场检查后　　　C. 政府质量监督部门通过现场检查后　　　D. 验收人员通过现场检查后共同

5. 工程竣工验收涉及建设单位、设计单位、监理单位、施工总分包各方的工作，应以（　　）为核心进行竣工验收的组织协调。

A. 施工方项目经理　　　B. 建设单位项目负责人　　　C. 设计方项目经理

D. 监理工程师

6. 在竣工验收准备阶段，施工单位自检合格后，即向（　　）提交工程竣工预验收申请报告。

A. 现场监理机构　　　B. 监理单位　　　C. 建设单位　　　D. 工程质量监督机构

7. 现场监理机构组织了竣工预验收，认为具备竣工验收条件后，即（　　）提交工程竣工验收报告。

A. 由监理单位向建设单位　　　B. 由施工单位向建设单位　　　C. 由施工单位向监理单位　　　D. 由建设单位向工程质量监督机构

8. 单位工程竣工验收应由（　　）负责组织。

A. 监理单位　　　B. 施工总承包单位　　　C. 建设单位　　　D. 工程质量监督机构

9. 建设单位应当在工程竣工验收（　　）前将验收时间、地点及验收组名单书面通知工程质量监督机构。

A. 3 天　　　B. 5 天　　　C. 5 个工作日　　　D. 7 个工作日

二、多选题

1. 检验批质量验收合格应符合的规定有（　　）。

A. 主控项目的质量经抽样检验合格　　　B. 一般项目的质量经抽样检验合格

C. 具有完整的施工操作依据　　　D. 具有完整的质量检查记录　　　E. 观感质量验收符合要求

2. 检验批是施工质量的基本验收单元，当出现质量不符合要求时应按规定进行处理，具体有（   ）。

    A. 经返工或更换设备的工程，应该重新检查验收   B. 经有资质的检测单位检测鉴定，能达到设计要求的工程，应予验收   C. 经返修或加固处理的工程，不仅要能满足使用要求，且局部尺寸应符合设计要求，方可验收   D. 经返修或加固处理的工程，虽局部尺寸等不符合设计要求，但仍然能满足使用要求，可按技术处理方法和协商文件进行验收   E. 经返修和加固后仍不能满足要求的工程严禁验收

3. 下列关于建设工程项目施工质量验收的表述中，正确的有（   ）。

    A. 工程质量验收均应在施工单位自行检查评定的基础上进行   B. 参加工程施工质量验收的各方人员由政府部门确定   C. 工程外观质量通过现场检查后由质量监督机构确认   D. 隐蔽工程应在隐蔽前由施工单位通知有关单位进行验收，并形成验收文件   E. 单位工程施工质量应该符合相关验收标准、规范的规定

一、单选题答案：1-5. AABDD   6-9. ABCD

二、多选题答案：1. ABCD   2. ABDE   3. ADE

1Z204050 施工质量不合格的处理

一、单选题

1. 建筑产品未满足某个与预期或规定用途有关的要求，称为（   ）。

    A. 质量不合格   B. 质量缺陷   C. 质量问题   D. 质量事故

2. 因质量不合格造成直接经济损失达到（   ）即为质量事故。

    A. 5000 元   B. 10 万元   C. 100 万元   D. 1000 万元

3. 较大质量事故是指造成直接经济损失（   ）的事故。

    A. 10 万元以上 100 万元以下   B. 100 万元以上 1000 万元以下   C. 1000 万元以上 3000 万元以下的   D. 1000 万元以上 5000 万元以下的

4. 某工程由于施工现场管理混乱，质量问题频发，最终导致在建的一栋办公楼施工至主体二层时倒塌，死亡 11 人，则该起质量事故属于（   ）。

    A. 特别重大事故   B. 较大事故   C. 重大事故   D. 一般事故

5. 工程施工质量事故的处理包括：①事故调查；②事故原因分析；③事故处理；④事故处理的鉴定验收；⑤制订事故处理方案。其正确的程序为（   ）。

    A. ①②③④⑤   B. ②①③④⑤   C. ②①⑤③④   D. ①②⑤③④

6. 对于轻微的施工质量缺陷，如面积小、点数多、程度轻的混凝土蜂窝麻面、露

筋等在施工规范允许范围内的缺陷，能通过后续工作修复的，则可以（　　）。

　　A. 不作处理　　B. 返修处理　　C. 返工处理　　D. 限制使用

　　7. 某批混凝土试块经检测发现其强度值低于规范要求，后经法定检测单位对混凝土实体强度进行检测后，其实际强度达到规范允许和设计要求。这一质量事故宜采取的处理方法是（　　）。

　　A. 加固处理　　B. 修补处理　　C. 不作处理　　D. 返工处理

　　8. 某混凝土结构工程施工完成两个月后，发现表面有宽度 0.25mm 的裂缝，经鉴定不影响结构安全和使用，对此质量问题，恰当的处理方式是（　　）。

　　A. 返修处理　　B. 加固处理　　C. 返工处理　　D. 不作处理

　　一、单选题答案：1-5. BCDCD　　　6-8. ACA

1Z204060 数理统计方法在施工质量管理中的应用

一、单选题

1. 在工程质量统计分析方法中，分层法适用于（　　）。

　　A. 逐层深入排查找出最主要的质量原因　　　B. 观察生产过程是否正常、稳定
　　C. 分门别类分析质量问题，准确有效地找出质量原因　　　D. 将质量问题分为主要问题、次要问题和一般问题

2. 采用因果分析图法分析工程质量特性或问题，通常以（　　）的方式进行。

　　A. 技术攻关　　B. QC 小组活动　　C. 质量检查　　D. 操作比赛

3. 采用排列图进行质量问题分析，具有（　　）的特点。

　　A. 分门别类、准确有效　　B. 逐层深入排查　　C. 直观、主次分明　　D. 集中或离散状况一目了然

4. 当采用排列图法分析工程质量问题时，将质量特性不合格累计频率为（　　）的定为 A 类问题，进行重点管理。

　　A. 0~50%　　B. 0~70%　　C. 0~80%　　D. 0~90%

5. 用直方图法对工程质量进行统计分析时，通过对直方图的分布（　　）的观察分析，可以判断生产过程质量是否处于正常、稳定状态。

　　A. 位置　　B. 形状　　C. 比例　　D. 大小

6. 通过对直方图的分布位置观察分析，可以判断（　　）。

　　A. 造成质量问题的最主要原因　　　B. 生产过程是否正常、稳定　　　C. 直观、主次分明地反映质量原因　　　D. 生产过程是否处于经济合理的受控状态

7. 下列直方图中，表明产品生产工程的质量正常、稳定、受控，且经济合理的是（　　）。

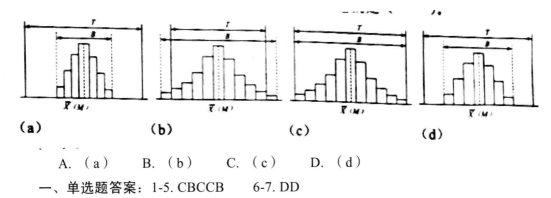

（a）　　　　（b）　　　　（c）　　　　（d）

A.（a）　　B.（b）　　C.（c）　　D.（d）

一、单选题答案：1-5. CBCCB　　6-7. DD

1Z204070 建设工程项目质量的政府监督

一、单选题

1. 在工程项目开工前，建设单位应到政府质量监督机构办理（　　）。

A. 施工许可证　　B. 质量监督申报手续　　C. 项目规划许可证　　D. 质量保证体系认证

2. 监督人员应占政府质量监督机构总人数的（　　）以上。

A. 65%　　B. 70%　　C. 75%　　D. 80%

3. 政府质量监督机构的监督人员应当具备的条件之一是（　　）。

A. 具有2年以上工程质量管理的工作经历　　B. 具有3年以上工程质量管理的工作经历　　C. 具有2年以上工程质量管理或者设计、施工、监理等工作经历　　D. 具有3年以上工程质量管理或者设计、施工、监理等工作经历

二、多选题

1. 政府质量监督机构对建设工程质量监督的职能包括（　　）。

A. 行业质量管理监督　　B. 质量检测单位资质监督　　C. 工程质量行为监督　　D. 工程实体质量监督　　E. 施工企业质量管理体系运行监督

2. 政府质量监督机构在履行工程质量监督检查职责时，有权采取下列措施（　　）。

A. 接受了建设单位的工程质量监督申报手续后，即向建设单位颁发施工许可证

B. 要求被检查的单位提供有关工程质量的文件和资料　　C. 进入被检查单位的施工现场进行检查　　D. 发现有影响工程质量的问题时，责令改正

E. 监督工程竣工验收合格后，及时提出工程竣工验收报告

3. 政府质量监督机构监督单位工程竣工验收合格后，应编制工程质量监督报告，其内容包括（　　）。

A. 对存在的质量缺陷的处理意见　　B. 对项目参建各方质量行为的检查情况

C. 工程项目实体质量抽查情况　　D. 项目质量评价（包括建筑节能和环保评

价） 　　E. 对发生质量事故的施工单位的处理意见

一、单选题答案：1-3. BCD

二、多选题答案：1. CD 　　2. BCD 　　3. ABCD

1Z205000 建设工程职业健康安全与环境管理

1Z205010 职业健康安全管理体系与环境管理体系

1. 《职业健康安全管理体系》GB/T 28001—2011 和《环境管理体系-规范及使用指南》GB/T 24001—2004 两个管理体系的运行模式（　　）。

　　A. 完全相反　　B. 大部分不同　　C. 大部分相同　　D. 完全相同

2. 《环境管理体系要求及使用指南》GB/T 24001—2004 中的"环境"是指（　　）。

　　A. 组织运行活动的外部存在　　B. 各种天然的和经过人工改造的自然因素的总体　　C. 周边大气、阳光和水分的总称　　D. 废水、废气、废渣的存在和分布情况

3. 职业健康安全管理体系与环境管理体系标准均由（　　）五大要素构成。

　　A. 方针、策划、实施与运行、检查、管理评审　　B. 范围、总要求、方针、实施与运行、管理评审　　C. 引用文件（标准）、方针、策划、实施与运行、检查和纠正措施　　D. 术语和定义、方针、实施与运行、检查和纠正措施

4. 建设工程项目的职业健康安全管理的目的是（　　）。

　　A. 保护建设工程产品生产者的健康与安全　　B. 控制影响工作场所内员工及其进入现场人员的安全条件和因素　　C. 避免因使用不当对使用者造成的健康和安全的危害　　D. 保护建设工程产品生产者和使用者的健康与安全

5. 建设工程项目环境管理的目的是（　　），使社会的经济发展与人类的生存环境相协调。

　　A. 保护和改善施工现场的环境，并注意对资源的节约和避免资源的浪费

　　B. 保护工程项目周边环境　　C. 保护生态环境　　D. 控制作业现场的各种粉尘、废水、废气、固体废弃物以及噪声、振动对环境的污染和危害

6. 施工企业的（　　）是安全生产的第一负责人，（　　）是施工项目安全生产的主要负责人。

　　A. 技术负责人，项目技术负责人　　B. 技术负责人，项目经理　　C. 法定代表人，项目技术负责人　　D. 法定代表人，项目经理

7. 对于应当拆除的工程，建设单位应当在拆除工程施工（　　）日前，将拆除施工单位资质等资料报送相关单位。

A. 15　　B. 30　　C. 45　　D. 60

8. 建设单位在项目投入试生产之日起（　　）内向环保行政主管部门申请对其项目配套的环保设施进行竣工验收。

A. 15 日　　B. 30 日　　C. 3 个月　　D. 6 个月

9. 为保证职业健康安全与环境管理体系的正确有效运行，必须严格监测体系的运行情况，监测中应明确（　　）。

A. 监测的对象和监测的方法　　B. 监测的职责和监测的内容　　C. 监测的程序和监测的记录　　D. 监测的查询和监测的准则

10. 关于职业健康与安全管理体系内部审核的说法，正确的是（　　）。

A. 内部审核是管理体系自我保证和自我监督的一种机制　　B. 内部审核是按照上级要求对体系进行的检查和评价　　C. 内部审核是最高管理者对管理体系的系统评价　　D. 内部审核是管理体系接受外部监督的一种机制

11. 在职业健康安全管理体系与环境管理体系的运行过程中，组织的最高管理者对管理体系所进行的评审，称为（　　）。

A. 持续改进　　B. 管理评审　　C. 系统评审　　D. 内部审核

12. 职业健康安全管理体系和环境管理体系运行时，合规性评价分为项目组级评价和公司级评价两个层次进行。其中，项目组级的合规性评价每（　　）不少于一次。

A. 半年　　B. 一年　　C. 两年　　D. 三年

二、多选题

1. 职业健康安全管理体系和环境管理体系的不同点有（　　）。

A. 管理目标不同　　B. 管理原理不同　　C. 不规定具体绩效标准　　D. 需要满足的对象不同　　E. 管理的侧重点有所不同

2. 职业健康安全管理体系与环境管理体系文件均包括（　　）。

A. 方针和目标　　B. 管理手册　　C. 程序文件　　D. 作业文件　　E. 安全记录

3. 程序文件是职业健康安全管理体系文件之一，其编写的一般格式可以是（　　）。

A. 职责　　B. 工作程序　　C. 报告和记录的格式　　D. 操作规程
E. 引用的标准及文件

4. 作业文件是职业健康安全管理体系文件之一，其内容一般包括（　　）。

A. 操作规程　　B. 管理规定　　C. 监测活动准册　　D. 术语和定义
E. 程序文件引用的表格

一、单选题答案：1-5. DAABA　　6-10. DACAA　　11-12. BA

二、多选题答案：1. DE　　2. BCD　　3. ABCE　　4. ABCE

1Z205020　建设工程安全生产管理

一、单选题

1. 所有安全生产制度的核心是（　　）制度。

　　A. 安全教育制度　　B. 安全检查制度　　C. "三同时"制度　　D. 安全生产责任制度

2. 关于施工总承包单位安全责任的说法，正确的是（　　）。

　　A. 总承包单位对施工现场的安全生产负总责　　B. 总承包单位的项目经理是施工企业第一负责人　　C. 业主指定的分包单位可以不服从总承包单位的安全生产管理　　D. 分包单位不服从管理导致安全生产事故的，总承包单位不承担责任

3. 以建筑工程为例，建筑面积1万 m² 以上、5万 m² 以下的工地，施工方应设（　　）名专职安全人员。

　　A. 1　　B. 2　　C. 3　　D. 2~3

4. 施工企业安全生产许可证的有效期为（　　）年。有效期内，施工企业未发生死亡事故的，安全生产许可证有效期延期（　　）年。

　　A. 1，1　　B. 2，2　　C. 3，3　　D. 3，6

5. 施工企业员工安全教育的基本要求之一是对新员工进行"三级安全教育"，"三级"指（　　）。

　　A. 企业、班组、现场三级　　B. 企业、项目、班组三级　　C. 厂、车间、班组三级　　D. 决策层、中间执行层、操作层三级

6. 特种作业操作证应该每（　　）年复审1次，特种作业人员连续从事本工种10年以上，经用人单位知识更新教育后，则特种作业操作证应该每（　　）年复审1次。

　　A. 1，2　　B. 2，4　　C. 3，6　　D. 5，10

7. 防护装置、保险装置、信号装置、防爆炸装置等属于安全措施计划制度中的（　　）。

　　A. 安全防护措施　　B. 职业卫生措施　　C. 辅助用房间和设施　　D. 安全技术措施

8. 根据《建设工程安全生产管理条例》，下列分部（分项）工程中，需要编制专项施工方案的是（　　）。

　　A. 零星土方工程　　B. 场地平整　　C. 混凝土垫层工程　　D. 定向爆破工程

9. 根据《建设工程安全生产管理条例》，下列施工起重机械进行登记时提交的资料

中，属于施工起重机械使用有关情况的是（　　）。

    A. 制造质量证明书　　B. 对起重机械的管理制度　　C. 安装证明　　D. 使用说明书

10. 安全检查制度要求，对查出的安全隐患要整改，并做到"五定"，这"五定"是指（　　）。

    A. 定整改责任人，定整改措施，定整改完成时间，定整改完成人，定整改验收人　　B. 定整改计划，定整改措施，定整改完成人，定整改验收人，定整改奖罚　　C. 定整改计划，定人，定整改措施，定经费，定整改完成时间　　D. 定整改责任人，定整改措施，定整改完成时间，定整改质量要求，定整改验收人

11. 施工安全生产管理之一的"三同时"制度是指符合国家规定标准的（　　）必须与主体工程同时设计、同时施工、同时投入生产和使用。

    A. 安全生产设施　　B. 防治污染设施　　C. 特种设备　　D. 职业卫生设施

12. 某施工现场道路上出现了一个坑，项目经理部不仅设置了防护栏及警示牌，还设置了照明灯及夜间警示红灯，这体现了安全事故隐患治理的（　　）原则。

    A. 预防与减灾并重治理　　B. 单项隐患综合治理　　C. 冗余安全度治理　　D. 动态治理

13. 为了防止施工现场发生触电事故，项目经理一方面进行人员安全用电教育，同时注意现场设置漏电开关，同时严禁非专业电工乱接乱拉电线。这符合安全事故隐患治理原则中的（　　）。

    A. 冗余安全度治理原则　　B. 单项隐患综合治理原则　　C. 预防与减灾并重治理原则　　D. 重点治理原则

二、多选题

1. 企业员工的安全教育的形式主要包括（　　）。

    A. 新员工上岗前的三级安全教育　　B. 改变工艺和变换岗位安全教育　　C. 经常性安全教育　　D. 事故现场安全教育　　E. 大型、特大型事故安全教育

2. 安全措施计划的范围应包括改善劳动条件、防止事故发生、预防职业病和职业中毒等内容，具体包括（　　）。

    A. 职业安全措施　　B. 职业卫生措施　　C. 安全技术措施　　D. 辅助用房间及设施　　E. 安全宣传教育措施

3. 根据《建设工程安全生产管理条例》，下列建设工程活动中，属于特种作业的有（　　）。

A. 登高架设作业人员　　B. 起重机械安装拆卸工　　C. 卫生洁具安装作业

D. 起重信号工　　E. 建筑外墙抹灰作业

4. 根据《建设工程安全生产管理条例》，下列分部工程中，应当组织专家进行专项施工方案论证的有（　　）。

A. 脚手架工程　　B. 深基坑工程　　C. 爆破工程　　D. 地下暗挖工程

E. 高大模板工程

5. 安全生产管理预警体系之一是内部管理不良预警系统，包括（　　）。

A. 技术变化的预警　　B. 质量管理预警　　C. 设备管理预警　　D. 人的行为活动管理预警　　E. 安全事故管理预警

6. 安全生产管理预警体系功能的实现主要依赖于预警分析和预控对策两大子系统作用的发挥，预警分析包括（　　）等工作。

A. 预警监测　　B. 日常监控　　C. 预警信息管理　　D. 预警评价

E. 预警评价指标体系的建立

7. 安全生产管理预警体系功能的实现主要依赖于预警分析和预控对策两大子系统作用的发挥，预控对策一般包括（　　）等活动阶段。

A. 组织准备　　B. 预警监测　　C. 日常监控　　D. 预警信息管理

E. 事故危机管理

8. 安全生产管理预警体系通过预警分析和预控对策实现事故的预警和控制，预警分析完成（　　）等功能，预控对策完成对事故征兆的不良趋势进行纠错和治错的功能。

A. 监测　　B. 识别　　C. 诊断　　D. 评价　　E. 处置

9. 以下关于安全检查的说法中，正确的有（　　）。

A. 安全检查的目的是清除隐患、防止事故、改善劳动条件、提高员工安全生产意识　　B. 施工项目的安全检查应由施工方项目技术负责人组织，定期进行
C. 在安全检查时，应对施工安全生产规章制度进行检查　　D. 安全检查应自查与互查有机结合，基层以自查为主，企业内相应部门间互相检查，取长补短
E. 安全检查需用安全检查表时，应根据用途和目的具体确定安全检查表的种类

10. 安全事故隐患治理的原则包括（　　）。

A. 重点治理原则　　B. 单项隐患综合治理原则　　C. 预防与减灾并重治理原则　　D. 静态治理原则　　E. 冗余安全度治理原则

一、单选题答案：1-5. DABCB　　6-10. CDDBC　　11-13. ACB

二、多选题答案：1. ABC　　2. BCDE　　3. ABD　　4. BDE　　5. BCD
6. ACDE　　7. ACE　　8. ABCD　　9. ACDE　　10. ABCE

1Z205030 建设工程生产安全事故应急预案和事故处理

一、单选题

1. 编制（　　）的目的，是防止一旦紧急情况发生出现混乱，按照合理的相应程序采取适当的救援措施，预防和减少可能随之引发的职业健康安全和环境影响。

　　A. 施工安全技术措施　　B. 风险管理计划　　C. 应急预案　　D. 安全检查表

2. 建设工程生产安全事故应急预案中，针对基坑开挖可能发生的事故、相关危险源和应急保障而制订的计划属于（　　）。

　　A. 综合应急预案　　B. 现场处置方案　　C. 专项应急预案　　D. 现场应急预案

3. 关于生产安全事故应急预案管理的说法，正确的是（　　）。

　　A. 参建单位的安全生产及应急管理方面的专家，均可受邀参加应急预案评审

　　B. 应急预案应报同级人民政府和上一级安全生产监督管理部门备案　　C. 生产经营单位应每年至少组织两次综合应急预案演练　　D. 生产经营单位应每半年组织一次现场处理方案演练

4. 受伤人损失（　　）工作日以上的失能伤害为重伤事故。

　　A. 55　　B. 105　　C. 155　　D. 205

5. 根据《生产安全事故报告和调查处理条例》（国务院令 493 号），下列安全事故中，属于重大事故的是（　　）。

　　A. 3 人死亡，10 人重伤，直接经济损失 2000 万元　　B. 12 人死亡，直接经济损失 9600 万元　　C. 36 人死亡，50 人重伤，直接经济损失 6000 万元　　D. 2 人死亡，100 人重伤，直接经济损失 1.2 亿元

6. 安全事故调查组应当自事故发生之日起（　　）内提交事故调查报告，特殊情况下提交报告的期限可适当延长，但延长的期限最长不超过（　　）。

　　A. 30 日，30 日　　B. 60 日，60 日　　C. 30 日，60 日　　D. 60 日，30 日

二、多选题

1. 应急预案是对特定的潜在事件和紧急情况发生时所采取措施的计划安排，是应急响应的行动指南。应急预案具体包括（　　）。

　　A. 综合应急预案　　B. 安全应急预案　　C. 专项应急预案　　D. 现场处置方案　　E. 应急处置方案

2. 现场处置方案编制的主要内容包括（　　）。

　　A. 事故特征　　B. 应急组织与职责　　C. 事故应急处置程序　　D. 培训与

演练　　E. 现场应急处置措施

3. 建设工程安全事故处理的原则有（　　）。

　　A. 事故原因未查清不放过　　B. 事故责任人未受到处理不放过　　C. 事故未制订整改措施不放过　　D. 事故有关人员未受到教育不放过　　E. 事故单位未受到处理不放过

4. 根据《生产安全事故报告和调查处理条例》（国务院令493号），事故调查报告的内容主要有（　　）。

　　A. 事故发生单位概况　　B. 事故发生经过和事故救援情况　　C. 事故造成的人员伤亡和直接经济损失　　D. 事故责任者的处理结果　　E. 事故发生的原因和事故性质

一、单选题答案：1-5. CCDBB　　6. B

二、多选题答案：1. ACD　　2. ABCE　　3. ABCD　　4. ABCE

1Z205040　建设工程施工现场职业健康安全和环境管理的要求

一、单选题

1. 某工程地处城市繁华路段，工地外围四周砌筑了围挡，高度要求不低于（　　）m。

　　A. 1.5　　B. 2　　C. 2.5　　D. 3

2. 施工现场大门内必须设置明显的"五牌一图"，其中"一图"是指（　　）。

　　A. 项目结构图　　B. 项目部组织结构图　　C. 施工现场平面图　　D. 消防保卫工作流程图

3. 施工现场（　　）人以上的临时食堂，污水排放时可设置简易有效的隔油池，定期清理。

　　A. 20　　B. 50　　C. 100　　D. 80

4. 在人口稠密区进行较强噪声作业时，须严格控制作业时间。一般应避开（　　）时段的施工作业。

　　A. 晚9点到次日早5点　　B. 晚11点到次日早6点　　C. 晚10点到次日早6点　　D. 晚11点到次日早7点

5. 在空气压缩机的进出风管适当位置安装消声器的做法，属于施工噪声控制技术中的（　　）。

　　A. 声源控制　　B. 严格控制人为噪声　　C. 传播途径控制　　D. 接收者控制

二、多选题

1. 关于建设工程施工现场文明施工的说法，正确的有（　　）。

A. 市区主要道路和其他涉及市容景观路段的工地围挡的高度不得低于 1.8m

B. 文明施工应贯穿施工结束后的清场　C. 项目经理是施工现场文明施工的第一责任人　D. 定期对有关人员进行消防教育，落实消防措施　E. 文明施工是指保持施工现场良好的作业环境、卫生环境和工作秩序

2. 关于建筑施工场界噪声的说法，正确的有（　　）。

A. 昼间施工噪声限值为 70dB(A)　B. 昼间施工噪声限值为 80dB(A)

C. 夜间施工噪声限值为 50dB(A)　D. 夜间施工噪声限值为 55dB(A)

E. 从声源上降低噪声，是防止噪声污染最根本的措施

3. 建筑工地上固体废物的主要处理方法有（　　）。

A. 减量化处理　B. 焚烧　C. 稳定和固化　D. 生物法　E. 回收利用

4. 以下关于施工现场职业健康安全卫生的要求中，正确的有（　　）。

A. 施工现场办公区和生活区应设密闭式垃圾容器　B. 现场食堂必须有卫生许可证，炊事人员必须持身体健康证上岗　C. 高层建筑施工超过 8 层以后，每隔 3 层宜设置临时厕所　D. 现场宿舍每间居住人员不得超过 16 人

E. 施工现场必须建立环境卫生管理和检查制度，并应做好检查记录

一、单选题答案：1-5. CCCCA

二、多选题答案：1. BCDE　　2. ADE　　3. ABCE　　4. ABDE

1Z206000 建设工程合同与合同管理

1Z206010 建设工程施工招标与投标

一、单选题

1. 根据《招标投标法》，招标人对已发出的招标文件进行必要的澄清或修改的，应当在招标文件要求提交投标文件截止时间至少（　　）目前书面通知。

A. 7　　B. 14　　C. 21　　D. 15

2. 评标委员会推荐的中标候选人应当（　　）。

A. 限定 1 人　B. 限定在 1~3 人　C. 限定在 1~3 人，并标明排列顺序

D. 不限定人数，但应标明排列顺序

3. 在建设工程施工投标过程中，施工方案应由投标人的（　　）主持制订。

A. 项目经理　B. 法人代表　C. 技术负责人　D. 分管投标的负责人

4. 业主依据建设工程施工承包合同支付工程合同款可分（　　）四个阶段进行。

A. 履约担保金、工程预付款、工程进度款和最终付款　B. 工程预付款、工

程进度款、最终付款和退还保留金　　C. 工程预付款、工程进度款、工程变更款和最终付款　　D. 履约担保金、工程进度款、工程付款和退还保留金

5. 招标人通过评标确定中标人，向中标人发出中标通知书，为（　　）。

A. 要约邀请　　B. 要约　　C. 承诺　　D. 合同生效

二、多选题

1. 根据我国现行招标投标的有关规定，下列说法正确的有（　　）。

A. 招标人自行办理招标事宜，应当具有编制招标文件的能力　　B. 招标人应将标前会议纪要、对个别投标人的问题解答，以书面形式通知所有投标人

C. 乙级工程招标代理机构只能承担工程投资额（不含征地费、大市政配套费、拆迁补偿费）3000 万元以下的工程招标代理业务　　D. 招标人对招标文件的澄清或修改，应在投标截止日至少 15 日前发出　　E. 按规定应该招标的工程项目，由招标人自主决定采取公开招标或邀请招标

2. "投标人须知"是招标人向投标人传递的基础信息文件，投标人应特别注意其中的（　　）。

A. 投标文件的组成　　B. 招标人的责权利　　C. 施工技术说明　　D. 招投标有关的重要时间安排　　E. 招标工程的范围和详细内容

一、单选题答案：1-5. DCCBC

二、多选题答案：1. BCD　　2. ADE

1Z206020 建设工程合同的内容

一、单选题

1. 根据《建设工程施工合同（示范文本）》GF—2013—0201，组成施工合同文件的优先解释顺序正确的是（　　）。

A. 合同协议书，通用条款，专用条款　　B. 合同协议书，投标函，中标通知书　　C. 已标价工程量清单，图纸，其他合同文件　　D. 技术标准和要求，图纸，已标价工程量清单

2. 根据《建设工程施工合同（示范文本）》GF—2013—0201，招标发包的工程其基准日期为（　　）。

A. 投标截止日前 14 天　　B. 投标截止日前 28 天　　C. 合同签订日前 14 天　　D. 合同签订日前 28 天

3. 根据《建设工程施工合同（示范文本）》GF—2013—0201，发包人、承包人、监理人应对施工现场发掘的文物、化石等采取妥善的保护措施，（　　）。

A. 由此增加的费用和（或）延误的工期由发包人承担　　B. 由此增加的费用

和（或）延误的工期由承包人承担　　C. 由此增加的费用由发包人承担，延误的工期由承包人承担　　D. 由此增加的费用由承包人承担，延误的工期由发包人承担

4. 根据《建设工程施工合同（示范文本）》GF—2013—0201，发包人通过监理人向承包人下达提前竣工指示后，承包人向发包人和监理人首先提交的是（　　）。

A. 修订的施工进度计划　　B. 修订的施工组织设计　　C. 提前竣工建议书

D. 提前竣工奖励要求

5. 根据《建设工程施工合同（示范文本）》GF—2013—0201，因发包人原因未能在监理人收到承包人提交的竣工验收申请报告（　　）内完成竣工验收，以承包人提交的竣工验收申请报告的日期为实际竣工日期。

A. 28 天　　B. 42 天　　C. 49 天　　D. 56 天

6. 某建设项目施工合同约定，由承包人负责采购项目所需的断桥隔热门窗，现设计要求的质量标准高于国家标准，则在材料采购合同中，对该项目质量标准约定应按（　　）执行。

A. 相应的企业标准　　B. 设计要求　　C. 颁布的国家标准　　D. 相应的法定标准与设计要求综合确定的标准

7. 设备采购合同通常采用（　　）合同。

A. 固定总价　　B. 固定单价　　C. 可调总价　　D. 可调单价

8. 设备采购合同一般约定，设备制造前，采购方支付设备价款的（　　）作为预付款。

A. 5%　　B. 10%　　C. 15%　　D. 20%

9. 按照我国现行规定，建筑企业专业承包序列企业资质设（　　）个等级，60 个资质类别。

A. 1~2　　B. 1~3　　C. 2~3　　D. 2~4

10. 根据《建设工程施工专业分包合同（示范文本）》GF—2003—0213，以下说法中不正确的是（　　）。

A. 已完分包工程未交付承包人之前，分包人负责成品保护工作　　B. 在合同约定的时间内，向承包人提交详细施工组织设计　　C. 未经承包人允许，分包人不得以任何理由与发包人（或监理人）发生直接工作联系　　D. 分包合同价款与总包合同相应部分价款有连带关系

11. 根据《建设工程施工专业分包合同示范文本》GF—2003—0213，分包人的责任、义务和工作不包括（　　）。

A. 在合同约定时间内，向承包人提供年、季、月度工程进度计划及相应进度统

计报表　　B. 负责整个施工场地的管理工作，与其他分包人协调、配合

C. 在合同约定的时间内，向承包人提交详细施工组织设计，承包人在约定时间内批准，分包人执行　　D. 分包人必须服从承包人转发的发包人或工程师与分包工程有关的指令

12. 按照我国现行规定，建筑企业劳务分包序列企业资质设（　　）个等级，（　　）个资质类别。

A. 1~2，11　　B. 1~2，13　　C. 1~3，11　　D. 1~3，13

13. 根据《建设工程施工劳务分包合同（示范文本）》GF—2003—0214，劳务报酬的计价方式不包括（　　）。

A. 固定总价　　B. 计时单价　　C. 计件单价　　D. 固定劳务报酬

14. 根据《建设工程施工劳务分包合同（示范文本）》GF—2003—0214，工程承包人应在确认劳务分包人递交的结算资料后（　　）天内向劳务分包人支付劳务报酬尾款。

A. 7　　B. 14　　C. 28　　D. 30

15. 根据《建设项目工程总承包合同示范文本（试行）》GF—2011—0216，承包人的具体任务包括（　　）。

A. 资金筹措、勘察设计、设备采购、施工　　B. 资金筹措、勘察设计、施工、试车（或交付使用）　　C. 勘察设计、设备采购、施工、试车（或交付使用）　　D. 资金筹措、勘察设计、设备采购、施工、试车（或交付使用）

16. 根据《建设项目工程总承包合同示范文本（试行）》GF—2011—0216，承包人首先应编制并报发包人批准的是（　　）。

A. 项目进度计划　　B. 设计进度计划　　C. 采购进度计划　　D. 施工进度计划

17. 根据《建设工程监理合同（示范文本）》GF—2012—0202，监理合同的当事人双方是（　　）。

A. 招标人和投标人　　B. 委托人和承包人　　C. 委托人和监理人　　D. 发包人和监理人

二、多选题

1. 根据《建设工程施工合同（示范文本）》GF—2013—0201，发包人的责任与义务有（　　）。

A. 发包人最迟不晚于监理人发出开工通知中载明的开工日期前 7 天向承包人提供图纸　　B. 发包人最迟于开工日期 7 天前向承包人移交施工现场

C. 发包人向承包人提供正常施工所需要的进入施工现场的交通条件　　D. 发

包人要求承包人提供履约担保的,发包人应向承包人提供支付担保　　E. 发包人协调处理施工现场周围地下管线、古树名木保护工作,承包人承担相关费用

2. 根据《建设工程施工合同(示范文本)》GF—2013—0201,进度控制的主要条款有（　）。

A. 监理人收到承包人提交的修订施工进度计划后7天内完成审批或提出修改意见　　B. 监理人应在计划开工日期前7天向承包人发出开工通知　　C. 因承包人原因造成工期延误的,承包人支付逾期违约金后,不免除承包人继续完成工程及修补缺陷的义务　　D. 因发包人原因引起的暂停施工,发包人应承担由此增加的费用和(或)延误的工期,并支付给承包人合理的利润　　E. 因发包人原因造成监理人未能在计划开工日期之日起60天内发出开工通知的,承包人有权提出价格调整要求,或者解除合同

3. 根据《建设工程施工合同(示范文本)》GF—2013—0201,质量控制的主要条款有（　）。

A. 隐蔽工程承包人自检合格后,承包人应在共同检查前24小时书面通知监理人检查　　B. 监理人未按时进行隐蔽工程检查,也未提出延期要求的,视为隐蔽工程检查合格,承包人可自行完成覆盖工作,并作相应记录报送监理人,监理人应签字确认　　C. 工程缺陷责任期自实际竣工日期起计算,缺陷责任期最长不超过24个月　　D. 因发包人原因造成工程不合格的,由此增加的费用和(或)延误的工期由发包人承担,并支付给承包人合理的利润　　E. 工程保修期不得低于法定最低保修年限,承发包双方不必在施工合同中具体约定

4. 根据《建设工程施工合同(示范文本)》GF—2013—0201,费用控制的主要条款有（　）。

A. 发包人要求承包人提供预付款担保的,承包人应在发包人支付预付款7天前提供预付款担保　　B. 承包人应于每月25日向监理人报送上月20日至本月19日已完工程量报告,并附具进度付款申请单、已完工程量报表和有关资料　　C. 监理人应在收到承包人提交的已完工程量报告后7天内完成审核并报送发包人,发包人收到后应在7天内完成审批并签发进度款支付证书　　D. 发包人在进度款支付证书签发后的14天内完成支付,发包人逾期支付的,应按中国人民银行发布的同期同类贷款基准利率支付违约金　　E. 单价合同的总价项目,由承包人根据施工进度计划和总价项目的总价构成、费用性质、计划发生时间和相应工程量等因素按季度进行分解,形成支付分解表

5. 某建筑材料采购合同中,约定由采购方于2011年6月30日到指定地点提取约

定数量的货物，7月10日支付货款总额；6月25日采购方接到了提前提货通知，采购方派车于6月28日接收货物；发现供货方交货数量大于约定数量。那么采购方可采取的正确行为有（　　）。

A. 应在7月8日支付货款总额　　B. 应在7月10日支付货款总额　　C. 只提取约定数量的货物　　D. 支付6月25日至28日未及时提货的保管费用

E. 对多交货部分代为保管，但保管费应由供货方承担

6. 根据《建设工程施工专业分包合同（示范文本）》GF—2003—0213，关于分包人责任和义务的说法，正确的有（　　）。

A. 分包人应履行并承担总包合同中与分包工程有关的承包人所有义务与责任

B. 未经承包人许可，分包人与发包人直接发生工作联系，须承担违约责任

C. 分包人可拒绝承包人根据分包合同发生的指令　　D. 完成合同约定的设计任务，承包人承担由此发生的费用　　E. 工程未交付承包人前，负责已完成分包工程的成品保护工作

7. 根据《建设工程施工劳务分包合同（示范文本）》GF—2003—0214，劳务分包人的义务有（　　）。

A. 劳务分包人须服从工程承包人转发的发包人及工程师的指令　　B. 负责编制年、季、月施工计划、物资需用量计划表　　C. 除非合同另有约定，劳务分包人应对其作业内容的实施、完工负责，劳务分包人应承担并履行总（分）包合同约定的、与劳务作业有关的所有义务及工作程序　　D. 自觉接受工程承包人及有关部门的管理、监督和检查　　E. 为运至施工现场用于劳务施工的材料和待安装设备办理保险

8. 根据《建设项目工程总承包合同示范文本（试行）》GF—2011—0216，关于工程物资的说法中正确的有（　　）。

A. 由发包人负责提供的工程物资的类别、数量，应在专用条款中列出　　B. 发包人负责提供的工程物资不符合国家新颁布的强制性标准规范时，由发包人负责修复或重新订货，如委托承包人修复，则作为发包人违约处理　　C. 发包人请承包人参加境外采购工作时，所发生的费用由发包人承担　　D. 承包人根据合同约定提供的工程物资，在运抵现场的交货地点并支付了采购进度款，工程物资的所有权为承包人所有　　E. 在发包人接受工程前，承包人有义务对工程物资进行保管、维护和保养，未经发包人批准不得运出现场

9. 根据《建设工程监理合同（示范文本）》GF—2012—0202，主要合同条款有（　　）。

A. 监理人收到工程设计文件后编制监理规划，并在第一次工地会议前报委托人

B. 委托人可要求监理人更换不能胜任本职工作的项目监理机构人员　　C. 监理人更换总监理工程师时，应提前 7 天向委托人书面报告，经委托人同意后方可更换　　D. 紧急情况下，为保护人身和财产安全，监理人所发出的指令未能事先报委托人批准时，应在发出指令后的 24 小时内以书面形式报委托人

E. 监理人发现承包人的人员不能胜任本职工作的，有权要求承包人予以调换

一、单选题答案：1-5. DBACB　　6-10. BABCD　　11-15. BBABC　　16-17. AC

二、多选题答案：1. BCD　　2. ABCD　　3. BCD　　4. ABCD　　5. BCE

6. ABDE　　7. ACD　　8. ACE　　9. BCDE

1Z206030　合同计价方式

一、单选题

1. 对于采用单价合同招标的工程，如投标书中有明显的数字计算错误，招标人有权先做出修改再评标，当总价和单价的计算结果不一致时，正确的做法是（　　）。

A. 按市场价调整单价　　B. 分别调整单价和总价　　C. 以总价为准调整单价　　D. 以单价为准调整总价

2. 采用固定总价合同，（　　）。

A. 发包人承担了工作量变化的风险，承包人承担了单价变化的风险　　B. 承包人承担了工作量变化的风险，发包人承担了单价变化的风险　　C. 承包人承担了全部的工作量和价格的风险　　D. 发包人承担了全部的工作量和价格的风险

3. 采用成本加酬金合同，（　　）。

A. 发包人承担了工作量变化的风险，承包人承担了单价变化的风险　　B. 承包人承担了工作量变化的风险，发包人承担了单价变化的风险　　C. 承包人承担了全部的工作量和价格的风险　　D. 承包人不承担任何价格变化或工作量变化的风险，这些风险主要由业主承担

4. 某工程由于图纸、规范等准备不充分，招标方仅能制订一个估算指标，则在招标时宜采用成本加酬金合同形式中的（　　）。

A. 成本加固定费用合同　　B. 成本加奖金合同　　C. 成本加固定比例费用合同　　D. 最大成本加费用合同

二、多选题

1. 以下关于单价合同的说法中，正确的有（　　）。

A. 实际工程款的支付以实际完成工程量乘以合同单价进行计算　　B. 承包商承担单价变化的风险，业主承担工程量变化的风险　　C. 业主需要安排专门力

量来核实承包商的已完工程量,协调工作量大　　D. 固定单价合同适用于工期短,工程量变化幅度不太大的工程项目　　E. 单价合同的特点是单价优先

2. 变动总价合同对建设周期一年半以上的工程项目,应考虑下列因素引起的价格变化问题(　　)。

A. 劳务工资及材料费用的上涨　　B. 外汇汇率的不稳定　　C. 不可抗力引起的承包人损失　　D. 运输费、燃料费、电力等价格的变化　　E. 国家或省、市立法的改变引起的工程费用的上涨

3. 对于承包商而言,成本加酬金合同与固定总价合同相比较,承包商承包工程(　　)。

A. 风险较低　　B. 风险较高　　C. 施工积极性高　　D. 利润有保证

E. 利润没有保证

4. 成本加酬金合同的具体形式包括(　　)。

A. 成本加固定费用合同　　B. 成本加浮动费用合同　　C. 成本加固定比例费用合同　　D. 成本加奖金合同　　E. 最大成本加费用合同

一、单选题答案:1-4. DCDB

二、多选题答案:1. ACD　　2. ABDE　　3. ACD　　4. ACDE

1Z206040 建设工程施工合同风险管理、工程保险和工程担保

一、单选题

1. 合同风险是指合同中的以及由合同引起的不确定性,其中,由客观原因和非主观故意导致的是(　　)。

A. 合同工程风险　　B. 合同信用风险　　C. 合同订立风险　　D. 合同履约风险

2. (　　)是指保险人根据保险合同的规定应予承担的责任。

A. 保险标的　　B. 保险金额　　C. 保险费　　D. 保险责任

3. 以下关于定金的说法中,不正确的是(　　)。

A. 定金是我国担保法规定的五种担保方式之一　　B. 当事人约定一方向另一方给付定金作为债权的担保,债务人履行债务后,定金应当抵作价款或者收回

C. 给付定金的一方不履行约定债务的,无权要求返还定金　　D. 收受定金的一方不履行约定债务的,应当返还定金

4. 工程担保中最重要也是担保金额最大的是(　　)。

A. 投标担保　　B. 履约担保　　C. 预付款担保　　D. 工程保修担保

5. 建设工程项目工程款的支付担保是指(　　)提供的担保。

A. 发包人向承包人　　B. 承包人向发包人　　C. 发包人向建设行政主管部门　　D. 承包人向建设行政主管部门

二、多选题

1. 工程风险分配的原则应遵循（　　）。

A. 符合现代工程管理理念　　B. 减少合同的不确定性　　C. 符合工程惯例　　D. 公平合理，责权利平衡　　E. 从工程整体效益出发，最大限度发挥双方的积极性

2. 以下关于我国工程保险的说法中，正确的有（　　）。

A. 工程一切险包括建筑工程一切险、安装工程一切险　　B. 工程一切险不包括承包人设备保险　　C. 第三者责任险的被保险人应是项目法人和承包人　　D. 由发包人、承包人负责对本方参与现场施工的人员投保人身意外伤害险　　E. 执业责任险以设计人、监理人的设计、咨询错误或员工工作疏漏给业主或承包商造成的损失为保险标的

3. 以下关于投标担保的说法中，正确的有（　　）。

A. 投标担保多数采用银行投标保函和投标保证金的担保方式　　B. 投标人不按招标文件要求提交投标保证金的，该投标文件作废标处理　　C. 投标担保的作用之一是确保投标人在投标有效期内不要撤回投标书　　D. 投标保证金有效期应当与投标有效期一致　　E. 投标保证金不得超过招标项目估算价的5%

4. 以下关于履约担保的说法中，正确的有（　　）。

A. 履约担保的形式有：银行保函、履约担保书、履约保证金、同业担保　　B. 履约担保采用银行保函形式的，建筑行业倾向于采用无条件保函　　C. 履约担保采用履约保证金形式的，履约保证金不得超过中标合同金额的10%　　D. 履约担保的有效期始于工程开工之日　　E. 履约担保的终止日期可约定为工程竣工交付之日或保修期满之日

5. 以下关于预付款银行保函的说法中，正确的有（　　）。

A. 预付款担保的担保金额通常与发包人的预付款是等值的　　B. 预付款担保的担保金额通常应高于发包人的预付款金额　　C. 预付款逐月从工程进度款中扣除，但预付款担保的担保金额保持不变　　D. 随预付款逐月从工程进度款中扣除，预付款担保的担保金额也相应逐月减少　　E. 承包人还清全部预付款后，发包人应退还预付款担保

6. 以下关于支付担保的说法中，正确的有（　　）。

A. 发包人要求承包人提供履约担保的，发包人应当向承包人提供支付担保

B. 支付担保的主要作用是确保工程费用及时支付到位　　C. 支付担保的通常形式有：银行保函、履约保证金、担保公司担保　　D. 支付担保实行履约金分段滚动担保　　E. 支付担保的担保额度为工程总额的 20%~30%，本段清算后进入下段

一、单选题答案：1-5. ADDBA

二、多选题答案：1. ACDE　　2. ACDE　　3. ABCD　　4. ACDE　　5. ADE

6. ABCD

1Z206050　建设工程施工合同实施

一、单选题

1. （　　）是从合同执行的角度去分析、补充和解释施工合同的具体内容和要求，一般由施工企业或项目部的合同管理人员负责。

　　A. 合同分析　　B. 合同交底　　C. 合同实施　　D. 合同变更

2. 工程竣工验收合格并办理了移交手续，表明（　　）。

　　A. 解除了承包人的所有责任　　B. 承包人即可获得全部工程价款　　C. 承包人工程施工任务的完成　　D. 承包人和发包人所有关系的解除

3. 建设工程施工合同交底是指（　　）进行交底。

　　A. 发包人向承包人合同管理人员　　B. 监理人向承包人合同管理人员

　　C. 承包人项目经理向现场操作人员　　D. 承包人合同管理人员向其内部项目管理人员

4. 以下关于施工合同交底的主要目的和任务的说法中，不正确的是（　　）。

　　A. 将各种合同事件的责任分解落实到各工程小组或分包人　　B. 明确完不成任务的影响和法律后果　　C. 明确各个工程小组（分包人）之间的责任界限

　　D. 争取对自身有利的合同条款

5. 下列合同实施偏差的调整措施中，属于组织措施的是（　　）。

　　A. 增加人员投入　　B. 增加资金投入　　C. 变更技术方案　　D. 变更合同条款

6. 施工企业不良行为记录信息的公布时间为行政处罚决定作出后 7 日内，公布期限一般为（　　）。

　　A. 3 个月至 6 个月　　B. 6 个月　　C. 3 年　　D. 6 个月至 3 年

二、多选题

1. 在实施建设工程合同前，对索赔程序和争执的解决的分析内容包括（　　）。

　　A. 索赔的程序　　B. 争执的解决方式　　C. 争执的解决程序　　D. 诉讼条

款　　E. 仲裁条款

2. 根据《建设工程施工合同（示范文本）》GF—2013—0201，工程变更包括（　　）。

A. 发包人取消合同中任何工作　　B. 发包人追加额外的工作　　C. 发包人改变工程的基线、标高、位置和尺寸　　D. 发包人改变工程的时间安排或实施顺序　　E. 发包人改变合同中任何工作的质量标准或其他特性

3. 根据工程实施的实际情况，可以提出工程变更的单位有（　　）。

A. 供货商　　B. 承包商　　C. 业主方　　D. 监理人　　E. 设计方

4. 根据《全国建筑市场各方主何不良行为记录认定标准》，施工企业承揽业务中的不良行为包括（　　）。

A. 允许其他单位或个人以本单位名义承揽工程　　B. 未按照节能设计进行施工　　C. 以他人名义投标或者以其他方式弄虚作假，骗取中标　　D. 不按照与招标人订立的合同履行义务，情节严重　　E. 将承包的工程转包或者违法分包

一、单选题答案：1-5. ACDDA　　6. D

二、多选题答案：1. ABCE　　2. BCDE　　3. BCE　　4. CDE

1Z206060　建设工程索赔

一、单选题

1. 按（　　）分类，施工合同索赔分为工期索赔和费用索赔。

A. 索赔有关当事人　　B. 索赔目的和要求　　C. 索赔事件的性质　　D. 索赔的起因

2. 下列事件中属于特殊风险索赔的事件是（　　）。

A. 洪涝灾害　　B. 未预见的地下水　　C. 暴动　　D. 终止合同

3. 当发生索赔事件时，按照索赔的程序，承包人索赔工作程序的第一步是（　　）。

A. 向政府建设主管部门报告　　B. 以书面形式向发包人或监理人发出索赔文件　　C. 收集索赔证据、计算经济损失和工期损失　　D. 以书面形式向发包人或监理人发出索赔意向通知

4. 某建设工程项目施工单位在施工中发生如下人工费：完成业主要求的、合同外工作花费 3 万元；由于业主原因导致功效降低，使人工费增加 2 万元；施工机械故障造成人员窝工损失 1 万元。则施工单位可向业主索赔的人工费为（　　）万元。

A. 6　　B. 5　　C. 4　　D. 3

5. 发生工程索赔，由于（　　），承包商可索赔材料费。

A. 材料价格上涨　　B. 工程延期导致超期储存　　C. 索赔事项材料损坏或

失效　　D. 索赔事项引起材料的额外耗用

6. 由于发包人责任造成承包人自有施工机械窝工，其索赔费按（　　）计算。

A. 台班费　　B. 台班折旧费　　C. 实际租金　　D. 台班费乘以规定的降效系数

7. 通常由于（　　）引起的索赔，承包商可以列入利润。

A. 工程暂停　　B. 业主原因　　C. 工期延长　　D. 工程变更

8. 建设工程索赔中，承包商计算索赔费用时最常用的方法是（　　）。

A. 总费用法　　B. 修正的总费用法　　C. 实际费用法　　D. 修正的实际费用法

9. 关于工期索赔，下列说法正确的是（　　）。

A. 单一延误是可索赔延误　　B. 共同延误是不可索赔延误　　C. 交叉延误可能是可索赔延误　　D. 非关键线路延误是不可索赔延误

二、多选题

1. 建设工程索赔所依据的合同文件有（　　）。

A. 中标通知书　　B. 已标价工程量清单　　C. 招标文件　　D. 图纸

E. 投标书

2. 承包人索赔成立的条件有（　　）。

A. 与合同对照，事件已造成了承包人工程项目成本的额外支出或直接工期损失
B. 造成承包人损失后果的原因，按合同约定既不是承包人的行为责任又不是承包人的风险责任　　C. 承包人已按合同规定的程序和时间提交了索赔意向通知　　D. 承包人已按合同规定的程序和时间提交了索赔报告　　E. 获得了监理人的审批认可

3. 承包人索赔文件的编制内容主要有（　　）。

A. 索赔意向部分　　B. 总述部分　　C. 论证部分　　D. 索赔款项（或工期）计算部分　　E. 证据部分

4. 在建设工程项目管理施工索赔中，可索赔的人工费包括（　　）。

A. 完成合同之外的额外工作所花费的人工费用　　B. 施工企业因雨季停工后加班增加的人工费用　　C. 法定人工费增长费用　　D. 非承包商责任造成工期延长导致的人员窝工费　　E. 不可抗力造成的工期延长导致的工资上涨费

5. 在建设工程项目施工索赔中，可索赔的材料费包括（　　）。

A. 非承包商原因导致材料实际用量超过计划用量而增加的费用　　B. 因政策调整导致材料价格上涨的费用　　C. 因质量原因进行工程返工所增加的材料

费　　D. 因承包商提前采购材料而发生的超期储存费用　　E. 由业主原因造成的材料损耗费

6. 在材料费的索赔中，承包商为证明材料费上涨而应提供的资料有（　　）。

A. 可靠的订单　　B. 采购单　　C. 企业材料价格统计资料　　D. 经验调整指数　　E. 官方公布的材料价格调整指数

7. 在建设工程项目施工过程中，施工机械使用费的索赔款项包括（　　）。

A. 因机械故障停工维修而导致的窝工费　　B. 因监理工程师指令错误导致机械停工的窝工费　　C. 非承包商责任导致工效降低增加的机械使用费

D. 因机械操作工患病停工而导致的机械窝工费　　E. 由于完成额外工作增加的机械使用费

8. 某建设工程项目施工过程中，业主未按合同约定及时供应工程材料，总监理工程师考虑到该事件不会延长总工期，故指令施工单位局部工程暂停施工 10 天，则施工单位可索赔的费用包括（　　）。

A. 人工窝工费　　B. 机械窝工费　　C. 保函手续费　　D. 机械使用费

E. 利润

一、单选题答案：1-5. BCDBD　　6-9. BDCC

二、多选题答案：1. ABDE　　2. ABCD　　3. BCDE　　4. ACDE　　5. ABE

6. ABE　　7. BCE　　8. AB

1Z206070 国际建设工程施工承包合同

一、单选题

1. FIDIC 的《EPC 交钥匙项目合同条件》的合同计价采用（　　）。

A. 单价合同　　B. 变动总价　　C. 固定总价　　D. 成本加酬金

2. 英国 JCT 的建筑工程合同条件 JCT98 主要适用于（　　），采取总价合同方式。

A. 传统的施工总承包模式　　B. EPC 模式　　C. DB 模式　　D. MC 模式

二、多选题

1. FIDIC 系列合同条件中的 EPC 交钥匙项目合同条件适用于工厂建设之类的开发项目，是包含了（　　）等在内的全过程承包方式。

A. 项目可行性研究　　B. 设计　　C. 采购　　D. 建造　　E. 项目运行

2. 国际工程承包合同争议解决的方式包括（　　）。

A. 协商　　B. 调解　　C. 仲裁　　D. 诉讼　　E. 单方解除合同

3. 与诉讼相比，采用 DAB 方式解决工程纠纷的优点是（　　）。

A. 公正性　　B. 费用较低　　C. 及时解决纠纷　　D. 裁决有更强的约束力

E. 终局性

一、单选题答案：1-2. CA

二、多选题答案：1. BCD   2. ABCD   3. ABC

1Z207000 建设工程项目信息管理

一、单选题

1. 建设工程项目信息管理的目的旨在通过有效的项目信息传输的有效组织和控制（   ）。

    A. 为项目参与各方的沟通搭建平台   B. 为项目建设的增值服务   C. 为项目运行期的维护保养提供依据   D. 为项目业主方协调各方关系提供依据

2. 为了实现有序和科学的项目信息管理，应由（   ）。

    A. 业主方编制统一的信息管理职能分工表   B. 业主方和项目参与各方编制各自的信息管理手册   C. 业主方制订统一的信息安全管理规定   D. 业主方制订统一的信息管理保密制度

3. 建设工程项目管理应重视利用信息技术的手段进行信息管理，其核心的手段是（   ）。

    A. 服务于信息处理的应用软件   B. 收发电子邮件的专用软件   C. 基于网络的信息处理平台   D. 基于企业内部信息管理的网络系统

4. 信息处理的重要基础工作是（   ）。

    A. 编码   B. 数据采集   C. 软件编制   D. 数据处理设备建设

5. 关于项目信息门户（PIP），下列说法正确的是（   ）。

    A. 项目信息门户（PIP）是一种项目管理信息系统（PMIS）   B. 项目信息门户（PIP）是一种企业管理信息系统（MIS）   C. 项目信息门户（PIP）主要用于项目法人的人、财、物、产、供、销的管理   D. 项目信息门户（PIP）可以为一个建设工程的各参与方服务

6. 工程项目管理信息系统的功能之一是进度控制，进度控制的功能之一是（   ）。

    A. 根据工程的进展进行投资预测   B. 根据工程的进展进行施工成本预测   C. 编制资源需求量计划   D. 合同执行情况的查询和统计分析

二、多选题

1. 信息管理部门的主要工作任务是（   ）。

    A. 编制信息管理手册   B. 制订信息管理的规章制度   C. 维护信息处理平台的正常运行   D. 协调项目组织各部门的信息处理工作   E. 监督工程

档案管理

2. 属于建设项目管理类信息的有（　　）。

A. 投资控制的信息　　B. 质量控制的信息　　C. 安全管理信息　　D. 合同管理信息　　E. 进度控制信息

3. 以下关于项目信息门户 PIP 的说法中正确的有（　　）。

A. PIP 适用于各类建设工程的建设工程管理　　B. PIP 应用的主流是 PSWS 模式　　C. PIP 是为建设工程的决策阶段和实施阶段服务的门户　　D. PIP 的主持者是业主或业主委托的工程顾问公司　　E. PIP 是一种垂直门户

4. 项目信息门户 PIP 的核心功能有（　　）。

A. 项目各参与方的信息交流　　B. 项目文档管理　　C. 项目信息技术的开发与应用　　D. 项目信息资源的开发与应用　　E. 项目各参与方的共同工作

5. 工程项目管理信息系统的功能之一是成本控制，成本控制的功能包括（　　）。

A. 投标估算的数据计算与分析　　B. 计算实际成本　　C. 计算施工图预算　　D. 计划成本与实际成本的比较　　E. 根据工程的进展进行施工成本预测

一、单选题答案：1-5. BBCAD　　6. C

二、多选题答案：1. ACD　　2. CDE　　3. ADE　　4. ABE　　5. ABDE

往年真题解析

2013年真题

一、单项选择题（共 70 题，每题 1 分。每题的备选项中，只有 1 个符合题意）

1. 建设项目工程总承包方的项目管理工作主要在项目的（ ）。P14

    A. 决策阶段、实施阶段、试用阶段　　B. 实施阶段　　C. 设计阶段、施工阶段、保修阶段　　D. 施工阶段

2. 下列影响建设工程项目管理目标实现的因素中，起决定性作用的是（ ）。P16

    A. 人　　B. 方法　　C. 工具　　D. 组织

3. 管理是由多个环节组成的过程，为了说明组成管理的这些环节可以使用（ ）。P31

    A. 项目组织设计文件　　B. 项目任务分解表　　C. 工作任务分工表

    D. 管理职能分工描述书

4. 下列建设工程项目决策阶段的工作内容中，属于组织策划的是（ ）。P38

    A. 业主方项目管理的组织结构　　B. 生产运营期经营管理总体方案

    C. 编码体系的建立　　D. 实施期组织总体方案

5. 建设项目工程总承包的基本出发点是借鉴工业生产组织的经验，实现建设生产过程的（ ）。P42

    A. 组织柔性化　　B. 组织集成化　　C. 组织扁平化　　D. 组织高效化

6. 采用施工总承包管理模式时，对各分包单位的质量控制由（ ）进行。P44

    A. 施工总承包单位　　B. 施工总承包管理单位　　C. 业主方　　D. 监理方

7. 根据《建设工程项目管理规范》GB/T 50326—2006，项目管理规划应包括项目管理规划大纲和（ ）两类文件。P48

    A. 项目管理计划　　B. 项目管理实施细则　　C. 项目管理操作规划

    D. 项目管理实施规划

8. 编制施工组织总设计时，在施工总进度计划确定之后，才可以进行的工作是

（　　）。P53

    A. 拟定施工方案　　B. 确定施工的总体部署　　C. 编制资源需求量计划

    D. 计算主要工种的工程量

9. 当工程项目实行施工总承包管理模式时，业主与施工总承包管理单位的合同一般采用（　　）。P310

    A. 单价合同　　B. 固定总价合同　　C. 变动总价合同　　D. 成本加酬金合同

10. 根据《建设工程安全生产管理条例》，下列施工起重机械进行登记时提交的资料中，属于机械使用有关情况的是（　　）。P235

    A. 制造质量证明书　　B. 起重机械的管理制度　　C. 检验证书　　D. 使用说明书

11. 施工项目年度成本分析的重点是（　　）。P118

    A. 通过实际成本与目标成本的对比，分析目标成本落实情况　　B. 通过对技术组织措施执行效果的分析，寻求更加有效的节约途径　　C. 通过实际成本与计划成本的对比，分析成本降低水平　　D. 针对下一年度进展情况，规划切实可行的成本管理措施

12. 如果一个进度计划系统由总进度计划、项目子系统进度计划、项目子系统的单项工程进度计划组成。该进度计划系统是由（　　）的计划组成的计划系统。P124

    A. 不同功能　　B. 不同项目参与方　　C. 不同深度　　D. 不同周期

13. 某分部工程双代号网络计划如下图所示，则工作 C 的自由时差为（　　）天。P141

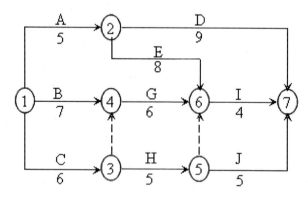

    A. 1　　B. 2　　C. 3　　D. 0

14. 建设工程项目质量管理的 PDCA 循环中，质量计划阶段的主要任务是（　　）。P171

    A. 明确质量目标并制订实现目标的行动方案　　B. 展开工程项目的施工作业

技术活动　　C. 对计划实施过程进行科学管理　　D. 对质量问题进行原因分析，采取措施予以纠正

15. 建设工程施工进度控制中，业主方的任务是控制整个项目（　　）的进度。P123

A. 实施阶段　　B. 决策阶段　　C. 项目全寿命周期　　D. 使用阶段

16. 下列施工成本材料费的控制中，可以影响材料价格的因素是（　　）。P101

A. 材料领用的指标　　B. 材料的投料计量　　C. 材料消耗量的大小

D. 材料的采购运输

17. 下列施工成本管理的措施中，属于技术措施的是（　　）。P85

A. 加强施工任务单的管理　　B. 编制施工成本控制工作计划　　C. 寻求施工过程中的索赔机会　　D. 确定最合适的施工机械方案

18. 在国际工程承包合同中，根据工程项目的规模和复杂程度，DAB 争端裁决委员会的人名有多种方式，只在发生争端时任命的是（　　）。P357

A. 常任争端裁决委员会　　B. 特聘争端裁决委员会　　C. 工程师兼任的委员会　　D. 业主指定争端裁决委员会

19. 发生建设工程重大安全事故时，负责事故调查的人民政府应当自收到事故调查报告起（　　）日内作出批复。P259

A. 30　　B. 15　　C. 45　　D. 60

20. 编制成本计划时，施工成本可以按成本构成分解为（　　）。P90

A. 人工费、材料费、施工机具使用费、规费和企业管理费　　B. 人工费、材料费、施工机具使用费、措施费和企业管理费　　C. 人工费、材料费、施工机具使用费、规费和间接费　　D. 人工费、材料费、施工机具使用费、间接费、利润和税金

21. 某企业通过质量管理体系认证后，由于管理不善，经认证机构调查作出了撤销认证的决定。则该企业（　　）。P179

A. 可以提出申述，并在一年后可重新提出认证申请　　B. 不能提出申述，不能再重新提出认证申请　　C. 不能提出申述，但在一年后可重新提出认证申请　　D. 可以提出申述，并在半年后可重新提出认证申请

22. 在建设工程施工投标过程中，施工方案应由投标人的（　　）主持制订。P275

A. 项目经理　　B. 法人代表　　C. 技术负责人　　D. 分管投标的负责人

23. 下列影响建设工程项目质量的因素中，属于管理因素的是（　　）。第四版教材无

A. 人的因素和技术因素　　B. 人的因素和环境因素　　C. 决策因素和组织因素　　D. 技术因素和决策因素

24. 在工程勘察设计、招标采购、施工安装、竣工验收等各个阶段，建设工程项目参与各方的质量控制，均应围绕致力于满足（　　）的质量总目标而展开。P159

    A. 法律法规　　　B. 业主要求　　　C. 工程建设标准　　　D. 设计文件

25. 建设单位应在工程竣工验收前（　　）个工作日前，将验收时间、地点、验收组名单书面通知该工程的工程质量监督机构。P201

    A. 7　　　B. 3　　　C. 14　　　D. 15

26. 根据建设工程项目总进度目标论证的工作步骤，在完成"项目结构分析"工作之后应立即进行的工作是（　　）。P126

    A. 调查研究和收集资料　　　B. 进度计划系统的结构分析　　　C. 项目的工作编码　　　D. 编制各层次进度计划

27. 某项目专业性强且技术复杂，开工后，由于专业原因该项目的项目经理不能胜任该项目，为了保证项目目标的实现，企业更换了项目经理。企业的此项行为属于项目目标动态控制的（　　）。P58

    A. 管理措施　　　B. 经济措施　　　C. 技术措施　　　D. 组织措施

28. 编制施工项目成本计划，关键是确定项目的（　　）。P90

    A. 概算成本　　　B. 成本构成　　　C. 目标成本　　　D. 实际成本

29. 根据《建设工程项目管理规范》GB/T 50326—2006，项目管理目标责任书应在项目实施之前，由（　　）制订。P63

    A. 项目技术负责人　　　B. 法定代表人　　　C. 项目经理与项目承包人协商　　　D. 法定代表人与项目经理协商

30. 项目风险管理过程包括：①项目风险响应；②项目风险评估；③项目风险识别；④项目风险控制。其正确的管理流程是（　　）。P72

    A. ③→②→①→④　　　B. ③→②→④→①　　　C. ②→③→④→①　　　D. ①→③→②→④

31. 对于采用单价合同招标的工程，如投标书中由明显的数字计算错误，业主有权先作出修改再评标。当总价和单价的计算结果不一致时，正确的做法是（　　）。P306

    A. 按市场价调整单价　　　B. 分别调整单价和总价　　　C. 以总价为准调整单价　　　D. 以单价为准调整总价

32. 关于职业健康安全与环境管理体系内部审核的说法，正确的是（　　）。P227

    A. 内部审核是对相关的法律的执行情况进行评价　　　B. 内部审核是管理体系自我保证和自我监督的一种机制　　　C. 内部审核是最高管理者对管理体系的系统评价　　　D. 内部审核是管理体系接受政府监督的一种机制

往年真题解析

33. 对工程质量状况和质量问题，按总包、专业分包和劳务分包分门别类地进行调查和分析，以准确有效地找出问题及其原因所在。这是质量管理统计方法中的（　　）的基本思想。P208

　　A. 分层法　　B. 因果分析图法　　C. 排列图法　　D. 直方图法

34. 关于施工成本及其管理的说法，正确的是（　　）。P79

　　A. 施工成本是指施工过程中消耗的构成工程实体的各项费用支出　　B. 施工成本管理就是在保证工期和满足质量要求的情况下，采取相应措施把成本控制在计划范围内，并最大限度地降低成本　　C. 施工成本预测是以货币形式编制施工项目在计划期内的生产费用、成本水平、成本降低率及降低成本措施的书面方案　　D. 施工成本考核是在施工成本核算的基础上，对成本形成过程和影响成本升降的因素进行分析，以寻求进一步降低成本的途径

35. 由于建设工程项目大量数据处理的需要，应重视利用新信息技术的手段进行信息管理，其核心手段是（　　）。P359

　　A. 基于局域网的信息管理平台　　B. 基于互联网的信息处理平台　　C. 基于互联网的信息传输平台　　D. 基于局域网的信息处理平台

36. 工程档案的编码应根据有关工程档案规定、项目特点和（　　）而建立。P361

　　A. 项目实施的工作任务目录　　B. 项目实施单位的需求　　C. 分部分项工程的定额号　　D. 信息输入输出模型

37. 为了实现项目的进度目标，应选择合理的合同结构，以避免过多的合同交界面而影响工程的进展。这属于进度控制的（　　）。P156

　　A. 组织措施　　B. 经济措施　　C. 技术措施　　D. 管理措施

38. 建设工程政府质量监督机构参加项目的竣工验收会议的目的是（　　）。第四版教材无

　　A. 对建设过程质量情况进行总结，签发竣工验收意见　　B. 对影响结构安全的工程实体质量进行检查验收　　C. 对影响使用功能的相关部分进行检查验收　　D. 对质量验收的程序、组织、方法、过程等进行监督

39. 在签订合同的谈判中，为了防范货币贬值或者通货膨胀的风险，招标人和中标人一般通过（　　）约定风险分担方式。P277

　　A. 确定价格调整条款　　B. 确定合同价格条款　　C. 调整工程范围　　D. 确定合同款支付方式

40. 施工现场（　　）人以上的临时食堂，污水排放时可设置简易有效的隔油池，定期清理，防止污染。P265

~ 133 ~

A. 20　　B. 50　　C. 100　　D. 80

41. 项目进度控制的主要工作环节中，首先应进行的工作是（　）。P122

　　A. 编制进度计划　　B. 分析和论证进度目标　　C. 定期跟踪进度计划的执

　　行情况　　D. 采取纠偏措施

42. 下列建设工程生产安全事故应急预案的具体内容中，属于现场处置方案的是

（　）。P250

　　A. 信息发布　　B. 应急演练　　C. 事故征兆　　D. 经费保障

43. 工程项目施工组织设计中，一般将施工顺序的安排写入（　）。P53

　　A. 施工进度计划　　B. 施工总平面图　　C. 施工部署和施工方案　　D. 工

　　程概况

44. 某工程第三层混凝土现浇楼面的平整偏差达到 10mm，其后续作业为找平层和

面层的施工，这时应该（　）。P207

　　A. 加固处理　　B. 修补处理　　C. 不作处理　　D. 限制使用

45. 下列合同实施偏差的调整措施中，属于组织措施的是（　）。P326

　　A. 增加人员投入　　B. 增加资金投入　　C. 变更技术方案　　D. 变更合同

　　条款

46. 根据《职业健康安全管理体系规范》GB/T 28001—2001，属于辅助性要素的是

（　）。P220

　　A. 法规和其他要求　　B. 运行控制　　C. 培训、意识和能力　　D. 管理

　　评审

47. 下列影响建设工程项目实施的风险因素中，属于技术风险的是（　）。P72

　　A. 工程勘察资料　　B. 气象条件　　C. 公用防火设施的数量　　D. 人身安

　　全控制计划

48. 当发生索赔事件时，对于承包商自有的施工机械，其窝工费用索赔通常按照

（　）进行计算。P345

　　A. 台班折旧费　　B. 台班费　　C. 设备使用费　　D. 进出场费用

49. 某工程施工中，由于施工方在低价中标后偷工减料，导致出现重大工程质量事

故，该质量事故发生的原因属于（　）。P203

　　A. 管理原因　　B. 社会、经济原因　　C. 技术原因　　D. 人为事故原因

50. 对总额 1000 万元的工程项目进行期中检查，截止检查时已完成工作预算费用

410 万元，计划工作预算费用为 400 万元，已完工作实际费用为 430 万元，则其费用绩

效指数为（　）。P103

A. 0.953　　B. 0.430　　C. 0.930　　D. 1.075

51. 下列质量管理的内容中，属于施工质量计划基本内容的是（　　）。P183

A. 项目部的组织机构设置　　B. 质量控制点的控制要求　　C. 质量手册的编制　　D. 施工质量体系的认证

52. 根据《招标投标法实施条例》，对某 3000 万元投资概算的工程项目进行招标时，施工投标保证金额度符合规定的是（　　）万元人民币。P318

A. 70　　B. 100　　C. 120　　D. 50

53. 根据施工现场环境保护的要求，凡在人口稠密区进行强噪声作业时，须严格控制作业时间。一般情况下，停止强噪声作业的时间是（　　）。P266

A. 晚 9 点到次日早 4 点之间　　B. 晚 11 点到次日早 4 点之间　　C. 晚 10 点到次日早 5 点之间　　D. 晚 10 点到次日早 6 点之间

54. 双代号时标网络计划中，当某工作之后有虚工作时，则该工作的自由时差为（　　）。P132

A. 该工作的波形线的水平长度　　B. 本工作与紧后工作间波形线水平长度和的最大值　　C. 本工作与紧后工作间波形线水平长度和的最小值　　D. 后续所有线路段中波形线水平长度和的最小值

55. 直方图的分布形状及分布区间宽窄，取决于质量特征统计数据的（　　）。P212

A. 样本数量和分布情况　　B. 控制标准和分布状态　　C. 平均值和标准偏差　　D. 分布位置和质量控制标准上下限

56. 工程施工过程中发生索赔事件后，承包人首先要做的工作是（　　）。P342

A. 向监理工程师提出索赔证据　　B. 提交索赔报告　　C. 提出索赔意向通知　　D. 与业主就索赔事件进行谈判

57. 根据项目目标动态控制的工作程序，第一步工作是（　　）。P57

A. 进行项目目标分解　　B. 收集项目目标的实际值　　C. 进行目标的计划值与实际值比较　　D. 确定各种资源投入量

58. 在施工期间，对质量问题严重的单位，政府质量监督机构均可根据问题的性质签发（　　）。第四版教材无

A. 质量问题整改通知单　　B. 局部暂停施工指令单　　C. 临时收缴资质证书通知书　　D. 全面停工通知书

59. 下列现场质量检查方法中，属于无损检测方法的是（　　）。P195

A. 拖线板挂锤吊线检查　　B. 铁锤敲击检查　　C. 留置试块试验检查　　D. 超声波探伤检查

60. 工程管理信息化有利于提高建设工程项目的经济效益和社会效益，以达到（　　）的目的。P364

    A. 为项目建设增值　　B. 实现项目建设目标　　C. 实现项目管理目标

    D. 提高项目建设综合治理

61. 在建设工程施工合同分析时，关于承包人任务的说法中，正确的是（　　）。P322

    A. 应明确承包人的合同标的　　B. 工程变更补偿合同范围以合同金额的一定百分比表示时，百分比值越大，承包人的风险越小　　C. 合同实施中，对工程师指令的变更，承包人必须无条件执行　　D. 工程变更的索赔有效期越短，对承包人越有利

62. 分部分项工程成本分析"三算"对比分析，是指（　　）的比较。P116

    A. 预算成本、目标成本、实际成本　　B. 概算成本、预算成本、决算成本

    C. 月度成本、季度成本、年度成本　　D. 预算成本、计划成本、目标成本

63. 根据《建设工程施工劳务分包合同（示范文本）》GF—2003—0214，从事危险作业职工的意外伤害保险应由（　　）办理。P298

    A. 发包人　　B. 施工承包人　　C. 专业分包人　　D. 劳务分包人

64. 某工程进行检验批验收时，发现某框架梁截面尺寸与原设计图纸尺寸不符，但经原设计单位核算，仍能满足结构安全性及使用性要求。则该检验批（　　）。P199

    A. 应重新施工　　B. 应经施工单位和业主协商确定是否予以验收，其经济责任由业主承担　　C. 可直接予以验收　　D. 必须进行加固处理后重新组织验收

65. 根据《建设工程施工劳务分包合同（示范文本）》GF—2003—0214，除专用条款另有规定外，下列合同文件中拥有最优先解释权的是（　　）。参照 P281

    A. 通用合同条款　　B. 中标通知书　　C. 投标函及其附件　　D. 技术标准和要求

66. 根据《建设工程监理规范》，对中型及以上或专业性比较强的工程项目，项目监理机构应编制工程建设监理实施细则，并必须经（　　）批准后执行。P77

    A. 监理单位技术负责人　　B. 总监理工程师　　C. 专业监理工程师

    D. 业主代表

67. 根据《生产安全事故报告和调查处理条例》（国务院令 493 号），下列安全事故中，属于重大事故的是（　　）。P257

    A. 3 人死亡，10 人重伤，直接经济损失 2000 万元　　B. 12 人死亡，直接经济损失 9600 万元　　C. 36 人死亡，50 人重伤，直接经济损失 6000 万元　　D. 2

人死亡，100 人重伤，直接经济损失 1.2 亿元

68. 下列项目各参与方的沟通障碍中，属于组织沟通障碍的是（　　）。P67

A. 机构组织庞大　　B. 知识、经验水平的差距导致的障碍　　C. 对信息的看法不同造成的障碍　　D. 下属对上级的恐惧心理而形成的障碍

69. 在施工准备阶段，绘制模板配板图属于（　　）的质量控制工作。P188

A. 计量控制准备　　B. 测量控制准备　　C. 施工技术准备　　D. 施工平面控制

70. 对某办公大楼二层一施工段内的框架柱钢筋制作的质量，应按一个（　　）进行验收。P198

A. 单位工程　　B. 分部工程　　C. 分项工程　　D. 检验批

二、多项选择题（共 30 题，每题 2 分，每题的备选项中，有 2 个或 2 个以上符合题意，至少有 1 个错项，错选，本题不得分；少选，所选的每个选项得 0.5 分）

71. 根据《生产安全事故报告和调查处理条例》（国务院令 493 号），事故调查报告的内容主要有（　　）。P259

A. 事故发生单位概况　　B. 事故发生经过和事故救援情况　　C. 事故造成的人员伤亡和直接经济损失　　D. 事故责任者的处理结果　　E. 事故发生的原因和事故性质

72. 建设工程项目质量控制系统运行的约束机制，取决于（　　）。P175

A. 各质量责任主体对利益的追求　　B. 质量信息反馈的及时性和准确性

C. 各主体内部的自我约束能力　　D. 外部的监控效力　　E. 工程项目管理文化建设的成效

73. 国际上业主方工程建设物资采购的模式主要有（　　）。P47

A. 业主自行采购　　B. 与承包商约定某些物资的指定供应商　　C. 承包商采购　　D. 业主规定价格、由承包商采购　　E. 承包商询价、由业主采购

74. 关于 FIDIC《土木工程施工合同条件》的说法，正确的有（　　）。P352

A. 该合同主要用于发包人设计的或咨询工程师设计的房屋建筑工程和土木工程的施工项目　　B. 一般情况下，单价可随各类物价的波动而调整　　C. 合同计价方式属于单价合同，不包含任何包干价格　　D. 由业主委派工程师管理合同　　E. 由业主监督工程进度、质量，签发支付证书、接收证书和履约证书，处理合同中的有关事项

75. 根据《建设工程质量管理条例》，在工程项目建设监理过程中，未经监理工程师签字，（　　）。P74

A. 建筑材料、构配件不得在工程上使用　　B. 建筑设备不得在工程上安装

C. 施工单位不得进入下一道工序的施工　　D. 建设单位不得进行竣工验收

E. 施工单位不得更换施工作业人员

76. 下列进度控制的措施中，属于组织措施的有（　　）。P156

A. 选择承发包模式　　B. 进行工程进度的风险分析　　C. 落实资金供应的条件　　D. 编制项目进度控制的工作流程　　E. 进行有关进度控制会议的组织设计

77. 关于建设工程项目进度控制的说法，正确的有（　　）。P122

A. 进度控制的过程，就是随着项目的进展，进度计划不断调整的过程　　B. 施工方进度控制的目的就是尽量缩短工期　　C. 项目各参与方进度控制的目标和时间范畴是相同的　　D. 施工进度控制直接关系到工程的质量和成本　　E. 进度控制的目的是通过控制以实现工程的进度目标

78. 下列建设工程项目实施阶段策划的工作中，属于项目目标分析和再论证工作内容的有（　　）。P39

A. 编制项目投资总体规划　　B. 编制项目建设总进度规划　　C. 项目实施环境调查　　D. 项目功能分解　　E. 建筑面积分配

79. 根据施工现场文明施工的要求，施工现场文明施工制度包括（　　）。P261

A. 门卫值班管理制度　　B. 岗位聘任制度　　C. 宣传教育制度　　D. 消防管理制度　　E. 检查考核制度

80. 项目经理在承担项目施工管理过程中，须履行的职责有（　　）。P62

A. 贯彻执行国家和工程所在地政府的有关法律、法规和政策　　B. 确定项目部和企业之间的利益分配　　C. 对工程项目施工进行有效控制　　D. 严格财务制度，加强财经管理　　E. 确保工程质量和工期，实现安全、文明生产

81. 单位工程施工组织设计和分部（分项）工程施工组织设计均应包括的内容有（　　）。P54

A. 施工安全管理计划　　B. 工程概况　　C. 施工特点分析　　D. 各项资源需求量计划　　E. 主要技术经济指标

82. 关于因果分析图法应用的说法，正确的有（　　）。P209

A. 一张分析图可以解决多个质量问题　　B. 常采用 QC 小组活动的方式进行，有利于集思广益　　C. 因果分析图法专业性很强，QC 小组以外的人员不能参加　　D. 通过因果分析图可以了解统计数据的分布特征，从而掌握质量能力状态　　E. 分析时要充分发表意见，层层深入，排出所有可能的原因

83. 建设工程索赔成立的前提条件有（　　）。P339

　　A. 与合同对照，事件已造成了承包人工程项目成本的额外支出或直接工期损失

　　B. 造成费用增加或工期损失额度巨大，超出了正常的承受范围　　C. 索赔费用计算正确，并且容易分析　　D. 造成费用增加或工期损失的原因，按合同约定不属于承包人的行为责任或风险责任　　E. 承包人按合同规定的程序和时间提交索赔意向通知和索赔报告

84. 在招标文件中要求中标的投标人提交保证履行合同义务和责任的担保，其形式有（　　）。P318

　　A. 保证金　　B. 由保险公司开具的履约担保书　　C. 房屋抵押登记证书

　　D. 有价证券　　E. 商业银行开具的担保证明

85. 某工程质量事故发生后，对该事故进行调查，经原因分析判定该事故不需要处理，其后续工作有（　　）。P205 图

　　A. 补充调查　　B. 检查验收　　C. 作出结论　　D. 提交处理报告

　　E. 实施防护措施

86. 某分部工程双代号网络计划如下图所示，其存在的绘图错误有（　　）。P131

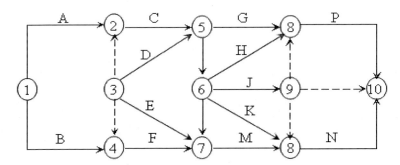

　　A. 多个终点节点　　B. 多个起点节点　　C. 节点编号有误　　D. 存在循环回路　　E. 有多余虚工作

87. 根据《建设工程施工合同（示范文本）》GF—2013—0201，属于发包人工作的有（　　）。P282

　　A. 保证承包人施工人员的安全和健康　　B. 保证向承包人提供正常施工所需的进入施工现场的交通条件　　C. 依据有关法律办理建设工程施工许可证

　　D. 向承包人提供施工现场的地质勘查资料　　E. 负责对指定分包的管理，并对分包方的行为负责

88. 单位工程竣工成本分析的内容包括（　　）。P118

　　A. 竣工成本分析　　B. 经济效果分析　　C. 主要资源节超对比分析

D. 成本指标对比分析　　　E. 主要技术节约措施分析

89. 某项目实施过程中，绘制了下图所示的时间—成本累计曲线，该图反映的项目进度正确的信息有（　　）。P93

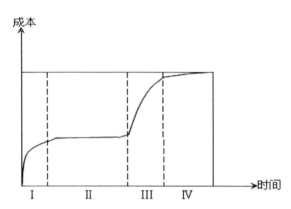

A. Ⅱ阶段进度慢　　B. Ⅰ阶段进度慢　　C. Ⅲ阶段进度慢　　D. Ⅳ阶段进度慢　　E. 工程施工连续

90. 投标人须知是招标人向投标人传递的基础信息文件，投标人应特别注意其中的（　　）。P274

A. 招标工程的范围和详细内容　　B. 招标人的责权利　　C. 施工技术说明

D. 投标文件的组成　　E. 重要的时间安排

91. 根据《建设工程项目管理规范》GB/T 50326—2006，项目管理规划大纲的编制依据包括（　　）。P51

A. 项目可行性研究报告　　B. 相关市场和环境信息　　C. 设计文件、标准、规范　D. 项目建议书　　E. 招标文件及有关合同文件

92. 施工单位向建设单位提交工程竣工验收报告时，应具备的条件包括（　　）。P201

A. 完成建设工程设计和合同约定的各项内容　　B. 有完整的技术档案和施工管理资料　　C. 有工程使用的主要建筑材料、构配件和设备的进场试验报告

D. 有设计、施工、监理单位分别签署的竣工决算书　　E. 有施工单位签署的工程保修书

93. 下列施工现场质量检查的内容中，属于"三检"制度范围的有（　　）。P194

A. 自检自查　　B. 巡视检查　　C. 互检互查　　D. 平行检查　　E. 专职管理人员的质量检查

94. 工程项目施工成本管理的基础工作包括（　　）。P84

A. 建立成本管理责任体系　　B. 建立企业内部施工定额　　C. 及时进行成

本核算 D. 编制项目成本计划 E. 科学设计成本核算账册

95. 在建设工程项目决策阶段，建设单位职业健康安全与环境管理的任务包括（　）。P223

A. 提出生产安全事故防范的指导意见 B. 办理有关安全的各种审批手续 C. 提出保障施工作业人员安全和预防生产安全事故的措施建议 D. 办理有关环境保护的各种审批手续 E. 将保证安全施工的措施报有关管理部门备案

96. 关于施工总承包管理模式的说法，正确的有（　）。P44

A. 在开工前有明确的合同价，有利于业主的总投资控制 B. 业主方的招标及合同管理工作量较大 C. 多数情况下，由业主方与分包人直接签约，这样有可能减少业主方的风险 D. 分包工程任务符合质量控制的"他人控制"原则，对质量控制有利 E. 各分包之间的关系可由施工总承包管理单位负责协调，这样可减轻业主方管理的工作量

97. 根据《建设工程安全生产管理条例》，施工单位应当组织专家进行论证、审查的专项施工方案有（　）。P234

A. 深基坑工程 B. 起重吊装工程 C. 脚手架工程 D. 高大模板工程 E. 拆除、爆破工程

98. 建设工程项目信息管理中，为形成各类报表和报告，应当建立（　）的工作流程。P359

A. 信息管理和输出 B. 收集信息、录入信息 C. 审核信息、加工信息 D. 信息传输和发布 E. 信息整理和共享

99. 政府对建设工程项目质量监督的主要职能包括（　）。P214

A. 监督评定施工企业的资质 B. 监督检查环境质量 C. 监督工程参与各方的质量行为 D. 监督检查工程实体的施工质量 E. 监督审核质量验收标准

100. 根据《质量管理体系　基础和术语》GB/T 19000—2008/ISO9000：2005，质量控制是质量管理的一部分，是致力于满足质量要求的一系列相关活动，这些活动主要包括（　）。P159

A. 设定标准 B. 测量结果 C. 评价 D. 质量策划 E. 纠偏

2013年真题答案及解析

一、参考答案：

题号	答案	题号	答案	题号	答案	题号	答案	题号	答案
1	B	21	A	41	B	61	A	81	BCD
2	D	22	C	42	B	62	A	82	BE
3	D	23	作废	43	C	63	D	83	ADE
4	D	24	B	44	C	64	C	84	ABE
5	B	25	A	45	A	65	B	85	作废
6	B	26	B	46	C	66	B	86	BCE
7	D	27	D	47	A	67	B	87	BCD
8	C	28	C	48	A	68	A	88	ABCE
9	D	29	D	49	B	69	C	89	AD
10	B	30	A	50	A	70	D	90	ADE
11	D	31	D	51	B	71	ABCE	91	ABCE
12	C	32	B	52	D	72	CD	92	ABCE
13	D	33	A	53	D	73	ABC	93	ACE
14	A	34	B	54	C	74	ABD	94	ABE
15	A	35	B	55	C	75	ABC	95	BD
16	D	36	B	56	C	76	DE	96	BDE
17	D	37	D	57	A	77	ADE	97	AD
18	B	38	作废	58	作废	78	ABDE	98	BCD
19	B	39	A	59	D	79	ACDE	99	CD
20	B	40	C	60	A	80	ACDE	100	ABCE

二、部分真题讲解：

13. 解答：C 工作有两个紧后工作 G 和 H，故 C 工作的自由时差

$$FF_C = \min\{ES_G, \ ES_H\} - EF_C = \min\{7, 6\} - 6 = 0$$

50. 解答：费用绩效指数 $= \dfrac{\text{已完工作预算费用}}{\text{已完工作实际费用}} = \dfrac{410}{430} = 0.953$

52. 解答：根据最新 2012 年 2 月实施的《招标投标实施条例》投标保证金不得超过招标项目估算价的 2%，本题投标保证金不得超过 60 万元。故 D 选项正确。

86. 解答：B 选项正确。图中有两个起点节点①和③，错误。网络图应只有一个起点节点。

C 选项正确。图中有两个节点的编号都是⑧，错误。多个虚工作的节点编号也是错误的：③→②、⑨→⑧，违反了 $i<j$ 的节点编号规则。

E 选项正确。⑨→⑩虚箭线是多余的。

2014年真题

一、单项选择题（共 70 题，每题 1 分。每题的备选项中，只有 1 个符合题意）

1. 关于施工总承包模式与施工总承包管理模式相同之处的说法，正确的是（ ）。P46

    A. 与分包单位的合同关系相同   B. 对分包单位的付款方式相同   C. 业主对分包单位的选择和认可权限相同   D. 对分包单位的管理责任和服务相同

2. 根据《建设工程监理规范》GBT 50319—2013，工程建设监理实施细则应在工程施工开始前编制完成并必须经（ ）批准。P77

    A. 专业监理单位工程师   B. 发包人代表   C. 总监理工程师   D. 总监理工程师代表

3. 某双代号网络图如下图所示，正确的是（ ）。P131

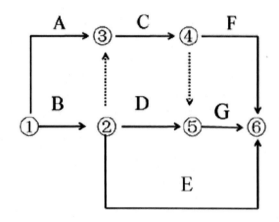

    A. 工作 C、D 应同时完成   B. 工作 B 的紧后工作只有工作 C、D   C. 工作 C、D 完成后即可进行工作 G   D. 工作 D 完成后即可进行工作 F

4. 某建设工程发生一起质量事故，经调查分析是由于"边勘察、边设计、边施工"导致的，则引起这些事故的主要原因是（ ）。P203

    A. 社会、经济原因   B. 技术原因   C. 管理原因   D. 人为事故和自然灾害原因

5. 项目投资的动态控制中，相对于工程合同价，可作为投资计划值的是（ ）。P60

    A. 工程支付款   B. 工程结算   C. 工程预算   D. 项目估算

6. 下列项目目标动态控制中，正确的是（ ）。P57

A. 收集项目目标的实际值→实际值与计划比较→找出偏差→进行目标调整

B. 收集项目目标的实际值→实际值与计划比较→找出偏差→采取纠偏措施

C. 收集项目目标的实际值→实际值与计划比较→采取控制措施→进行目标调整

D. 实际值与计划比较→→找出偏差→采取控制措施→实际值与计划比较

7. 确定预警级别和预警信号标准，属于安全生产管理预警分析中（　　）的工作内容。P239

A. 预警监测　　B. 预警信息管理　　C. 预警评价　　D. 预警评价指标体系的构件

8. 下列施工成本分析方法中，用来分析各种因素对成本影响程度的是（　　）。P113

A. 相关比率法　　B. 连环置换法　　C. 比重分析法　　D. 动态比率法

9. 建设工程管理工作的核心任务是（　　）。P3

A. 项目的目标控制　　B. 为工程建设和使用增值　　C. 为项目建设的决策和实施增值　　D. 实现工程项目实施阶段的建设目标

10. 根据 FIDIC《施工合同条件》，对投标书中明显数字计算错误的修正，正确的是（　　）。P352

A. 当总价和单价计算结果不一致时，以总价为准调整单价　　B. 业主应征求投标人意见后才能进行评标　　C. 当总价和单价计算结果不一致时，以单价为准调整总价　　D. 投标人有一次修改报价的机会

11. 关于施工成本控制的说法，正确的是（　　）。P97

A. 施工成本管理体系由社会有关组织进行评审和认证　　B. 要做好施工成本的过程控制，必须制订规范化的过程控制程序　　C. 管理行为控制程序是进行成本过程控制的重点　　D. 管理行为控制程序和指标控制程序是相互独立的

12. 下列项目策划工作中，属于实施阶段管理策划的是（　　）。P40

A. 项目实施期管理总体方案策划　　B. 生产运营期设施管理总体方案策划

C. 生产运营期经营管理总体方案策划　　D. 项目实施各阶段项目管理的工作内容策划

13. 关于施工质量计划的说法，正确的是（　　）。P183

A. 施工质量计划是以施工项目为对象由建设单位编制的计划　　B. 施工质量计划应包括施工组织方案　　C. 施工质量计划一经审核批准后不得修改

D. 施工总承包单位不对分包单位的施工质量计划进行审核

14. 在施工合同实施中，"项目经理将各种任务的责任分解，并落实到具体人员"这

一活动属于（   ）的内容。P324

    A. 合同交底　　B. 合同分析　　C. 合同跟踪　　D. 合同实施阶段

15. 采用平行委托施工的单项工程，其施工总进度计划应由（   ）负责编制。P124

    A. 设计方　　B. 施工方　　C. 投资方　　D. 业主方

16. 下列工程项目风险管理工作中，属于风险评估阶段的是（   ）。P72

    A. 确定风险因素　　B. 确定各风险的风险量和风险等级　　C. 编制项目风险识别报告　　D. 对风险进行监控

17. 下列环境管理体系内容要素中，属于辅助性要素的是（   ）。P220

    A. 环境方针　　B. 记录控制　　C. 环境因素　　D. 内部审核

18. 项目人力资源管理的目的是（   ）。P68

    A. 提高员工的业务水平　　B. 建立广泛的人际关系　　C. 降低项目的人力成本　　D. 调动所有项目参与人的积极性

19. 对于重要的或对工程资料有重大影响的工序，应严格执行（   ）的"三检"制度。P194

    A. 事前检查、事中检查、事后检查　　B. 自检、互检、专检　　C. 工序检查、分项检查、分部检查　　D. 操作者自检、质量员检查、监理工程师检查

20. 关于工作流程组织的说法，正确的是（   ）。P34

    A. 同一项目不同参与方都有工程流程组织任务　　B. 工程流程组织不包括物质流程组织　　C. 一个工作流程图只能有一个项目参与方　　D. 一项管理工作只能有一个工作流程图

21. 关于建设工程项目策划的说法，正确的是（   ）。P37

    A. 工程项目策划只针对建设工程项目的决策和实施　　B. 旨在为项目建设的决策和实施增值　　C. 工程项目策划是一个封闭性的工作过程　　D. 其实质就是知识组合的过程

22. 根据《建设工程施工合同（示范文本）》GF—2013—0201，工程缺陷责任期自（   ）起计算。P288

    A. 合同签订之日　　B. 竣工验收合格之日　　C. 实际竣工日期　　D. 颁发工程接收证书之日

23. 工期延误划分为单一延误、共同延误及交叉延误的依据是（   ）。P348

    A. 延误的原因　　B. 索赔要求和结果　　C. 延误工作所在工程网络计划的线路性质　　D. 延误事件之间的关联性

24. 建设工程项目总承包方项目管理工作涉及（   ）的全过程。P14

A. 决策阶段　　B. 使用阶段　　C. 全寿命周期　　D. 实施阶段

25. 某双代号网络图如下图所示，存在的错误是（　　）。 P131

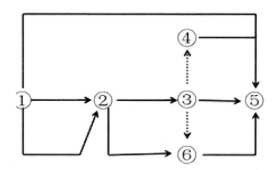

A. 工作代号相同　　B. 出现无箭头连接　　C. 出现无箭头节点箭线

D. 出现多个起点节点

26. 建设行政主管部分市场诚信信息平台上良好行为记录信息的公布期限一般为
（　　）。P335

A. 3 年　　B. 1 年　　C. 6 个月　　D. 3 个月

27. 改变振动源与其他刚性结构的连接方式以减噪降噪的做法，属于噪声控制技术
中的（　　）。P266

A. 声源控制　　B. 接受者防护　　C. 传播途径控制　　D. 人为噪声控制

28. 下列进度控制措施中，属于组织措施的是（　　）。P156

A. 编制工程网络进度计划　　B. 编制资源需求计划　　C. 编制先进完整的
施工方案　　D. 编制进度控制的工作流程

29. 下列施工成本管理的措施中，属于组织措施的是（　　）。P84

A. 选用合适的分包项目合同结构　　B. 确定合理的施工成本控制工作流程

C. 确定合适的施工机械，设备使用方案　　D. 对施工成本管理目标进行风险
分析，并制订防范性对策

30. 某施工项目某月的成本数据如下表，应用差额计算法得到预算成本增加对成本
的影响是（　　）万元。P115

项目	单位	计划	实际
预算成本	万元	600	640
成本降低率	%	4	5

A. 12.0　　B. 8.0　　C. 6.4　　D. 1.6

31. 投标人根据招标文件在约定期限内向招标人提交投标文件的行为，称为（　　）。P271

    A. 要约　　　B. 承诺　　　C. 要约邀请　　　D. 合同生效

32. 关于项目管理职能分工表的说法，正确的是（　　）。P31

    A. 项目管理职能分工表反映项目管理班子内部对各项工作任务的管理职能分工　　　B. 业主方和项目各参与方应编制统一的项目管理职能分工表　　　C. 项目管理职能分工表不适用于企业管理　　　D. 项目管理职能分工表和岗位责任描述书表达的内容完全一样

33. 根据《建设项目工程总承包合同示范文本（试行）》，发包人的义务是（　　）。P300

    A. 组织竣工验收　　　B. 提交临时占地资料　　　C. 负责办理项目备案手续

    D. 提供设计审查所需的资料

34. 承包商采购的合格水泥，进入工地 90 天后，再次检查发现该批水泥强度值低于国家规定要求值，由此产生的损失应由（　　）负责。P291

    A. 业主　　　B. 生产商　　　C. 供货商　　　D. 承包商

35. 关于建设工程项目总进度目标论证的说法，正确的是（　　）。P125-126

    A. 建设工程项目总进度目标指的是整个工程项目的施工进度目标　　　B. 建设工程项目总进度目标的论证应分析项目实施阶段各项工作的进度和关系

    C. 大型建设工程项目总进度目标论证的核心工作是编制项目进度计划

    D. 建设工程项目总进度纲要应包含各子系统中的单项工程进度规划

36. 关于大型建设工程项目结构分析的说法，正确的是（　　）。P127

    A. 项目结构分析是将整个项目逐层分解，并确立工作目录　　　B. 项目结构分析是将整个项目逐层分解，并确立工作编码　　　C. 项目结构分析是将项目计划逐层分解，并确立工作目录　　　D. 项目结构分析是将项目计划逐层分解，并确立工作编码

37. 地方各级安全生产监督管理部门的应急预案，应当报（　　）备案。P255

    A. 同级人民政府　　　B. 上一级人民政府　　　C. 国务院安全生产监督管理部门　　　D. 同级安全生产监督管理部门

38. 下列项目质量风险中，属于管理风险的是（　　）。P166

    A. 项目实施人员对工程技术的应用不当　　　B. 社会上的腐败现象和违法行为　　　C. 工程质量责任单位的质量管理体系存在缺陷　　　D. 采用不够成熟的新结构、新技术、新工艺

39. 根据《建设工程施工质量验收统一标准》GB 50300—2013，分项工程的质量验

收应由（　）组织进行。P198

    A. 监理工程师　　B. 项目经理　　　C. 总监理工程师　　D. 建设单位项目负责人

40. 施工成本的过程控制中，人工费的控制实行（　）方法。P99

    A. 量化管理　　B. 量价分离　　C. 弹性管理　　D. 指标包干

41. 如工程质量不符合要求，经过加固处理后外形尺寸改变，但能满足安全使用要求，其处理方法是（　）。P199

    A. 按技术处理方案和协商文件进行验收　　B. 虽有质量缺陷，应予以验收

    C. 仍按验收不合格处理　　D. 先返工处理，重新进行验收

42. 某工作有且仅有两个紧后工作 C、D，其中 C 工作最早开始时间为 10（计算坐标系，下同），最迟完成时间 18，持续时间为 5 天，D 工作最早完成时间为 18，最迟完成时间 20，持续时间为 6 天，该工作与 C 工作间的时间间隔为 2 天，与 D 工作间的时间间隔为 4 天。该工作的总时差为（　）天。P144

    A. 6　　B. 5　　C. 4　　D. 3

43. 在非代理型施工管理模式（CM 模式）的合同中，通常采用（　）合同。 P310

    A. 成本加固定费用　　B. 成本加固定比例费用　　C. 最大成本加费用

    D. 成本加奖金

44. 关于关键工作和关键线路的说法正确的是（　）。 P141

    A. 关键线路上的工作全部是关键工作　　B. 关键工作不能在非关键线路上

    C. 关键线路上不允许出现虚工作　　D. 关键线路上的工作总时差均为零

45. 根据《质量管理体系基础和术语》，质量控制的定义是（　）。P159

    A. 质量管理的一部分，致力于满足质量要求的一系列相关活动　　B. 工程建设参与者为了保证工作项目质量所从事工作的水平和完善程度　　C. 对建筑产品具备的满足规定要求能力的程度所作的系统检查　　D. 未达到工程项目质量要求所采取的作业技术和活动

46. 关于单代号搭接网络图计划时距的说法是，正确的是（　）。P136-137

    A. 时距是某工作具有的特殊时间参数　　B. 相邻工作间只能有一种时距的限制　　C. 时距是时间间隔的特殊形式　　D. 时距一般标注在箭线的上方

47. 根据物资的采购管理程序，物资采购首先应（　）。P47

    A. 进行采购策划，编制采购计划　　B. 进行市场调查，选择合格的产品供应单位　　C. 采用招标或协商等方式确定供应单位　　D. 明确采购产品或服务的基本要求

48. 下列施工企业作业质量控制点中，属于"待检点"的是（　　）。P186

　　A. 隐蔽工程　　B. 重要部位　　C. 特种作业　　D. 专门工艺

49. 工程施工质量事故的处理包括：①事故调查；②事故分析；③事故处理；④事故处理的鉴定验收；⑤制订事故处理方案。正确的程序是（　　）。P205-206

　　A. ①→②→③→④→⑤　　B. ②→①→③→④→⑤　　C. ①→②→⑤→④→③　　D. ①→②→⑤→③→④

50. 关于国际工程施工承包合同争议解决的说法，正确的是（　　）。P355-356

　　A. 国际工程施工承包合同中，仲裁实行一裁终局制　　B. 国际工程施工承包合同中，应首选诉讼作为解决争议的方式　　C. 国际工程施工承包合同争议解决最有效的方式是协商　　D. FIDIC 合同中，DAB 提出的裁决是强制性的

51. 为使业主方各工作部门和项目各参与方协同工作，可利用（　　）进行基于互联网的辅助进度控制。P125

　　A. 项目管理软件　　B. 项目信息门户　　C. MSProject　　D. MSVisio

52. 某工程安全事故造成了 960 万元的直接经济损失，没有人员伤亡，关于该事故调查的说法，正确的是（　　）。P259

　　A. 应由事故发生地省级人民政府直接组织事故调查组进行调查　　B. 必须由事故发生地县级人民政府直接组织事故调查组进行调查　　C. 应由事故发生地社区的市级人民政府委托有关部门组织事故调查组进行调查　　D. 可由事故发生地县级人民政府委托事故发生单位组织事故调查组进行调查

53. 在直方图的位置观察分析中，若质量特性数据的分布居中，边界在质量标准的上下界限内，且有较大距离时，说明该生产过程（　　）。P212

　　A. 质量能力不足　　B. 质量能力偏大　　C. 易出现质量不合格　　D. 存在质量不合格

54. 关于安全技术措施要求和内容的说法，正确的是（　　）。P242-243

　　A. 可随工程进展需要时编制　　B. 应在安全技术措施中抄录制度性规定

　　C. 小规模工程的安全技术措施中可不包含施工总平面图　　D. 结构复杂的重点工程应编制专项工程施工安全技术措施

55. 一般来说，沟通者的沟通能力包括（　　）。P66

　　A. 表达能力，争辩能力，倾听能力和设计能力　　B. 思维能力，表达能力，倾听能力和说服能力　　C. 思维能力，表达能力，把控能力和说服能力　　D. 想象能力，表达能力，说服管理和设计能力

56. 根据《建筑施工组织设计规范》GB/T 50502—2009 施工组织设计应由（　　）组

织编制。P55

    A. 施工单位技术负责人　　　B. 项目负责人　　　C. 施工单位技术负责人

    D. 项目技术负责人

57. 建设工程施工工地上，对于不适合再利用，且不宜直接予以填埋处置的废物，可采取（　　）的处理方法。　P267

    A. 减量化处置　　　B. 焚烧　　　C. 稳定固化　　　D. 消纳分解

58. 某土方工程合同约定，合同工期为 60 天，工程量增减超过 15% 时，承包商可提出变更，实施中因业主提供的地质资料不实，导致工程量自 3200m³ 增加到 4800m³，则承包商可索赔工期（　　）天。P350

    A. 30　　　B. 21　　　C. 16.5　　　D. 0

59. 债务人不转移对拥有财产的占有，将该财产作为债券的担保，债务人不履行债务时，债权人有权依法从将该财产折价或者拍卖，变卖该财产的价款中优先受债，这种担保方式是（　　）担保。P317

    A. 保证　　　B. 质押　　　C. 留置　　　D. 抵押

60. 关于项目质量控制体系的说法，正确的是（　　）。P172

    A. 项目质量控制体系需要第三方认证　　　B. 项目质量控制体系涉及项目实施过程所有的质量责任主体　　　C. 项目质量控制体系是一个永久性的质量管理体系　　　D. 项目质量控制体系既适用于特定项目的质量控制，也适用于企业的质量管理

61. 下列建设项目信息中，属于经济类信息的是（　　）。P360

    A. 编码信息　　　B. 质量控制信息　　　C. 工作量控制信息　　　D. 设计技术信息

62. 按照我国保险制度，建设工程一切险（　　）。P315

    A. 投保人应以双方名义共同担保　　　B. 由承包人投保　　　C. 包含职业责任险　　　D. 包含人身意外伤害险

63. 在建设工程项目管理的基本概念中，"进度目标"对业主而言是项目（　　）的时间目标。　P5

    A. 动用　　　B. 竣工　　　C. 调试　　　D. 试生产

64. 施工成本计划的编制以成本预测为基础，关键是确定（　　）。P90

    A. 预算成本　　　B. 固定成本　　　C. 目标成本　　　D. 实际成本

65. 在 FIDIC 系列合同文件中，《EPC 交钥匙项目合同条件》的合同计价采用（　　）方式。P352

A. 固定单价　　　B. 变动单价　　　C. 固定总价　　　D. 变动总价

66. 项目管理实施规划的编制过程包括：①熟悉相关法规和文件；②分析项目条件和环境；③履行报批手续；④组织编制。根据《建设工程项目管理规范》GB/T 50326—2006，正确的编制程序是（　　）。P52

　　A. ①→②→③→④　　　B. ②→①→④→③　　　C. ②→①→④→③　　　D. ②→①→③→④

67. 关于施工成本分析的说法，正确定是（　　）。P83

　　A. 施工成本分析的实质是在施工之前对成本进行估算　　　B. 施工成本分析是科学地预测成本水平及其发展趋势　　　C. 施工成本分析是预测成本控制的薄弱环节　　　D. 施工成本分析贯穿于施工成本管理的全过程

68. 根据政府对工程项目质量监督的要求，项目的工程质量监督档案应按（　　）建立。P216

　　A. 建设项目　　　B. 单项工程　　　C. 单位工程　　　D. 分部工程

69. 建设项目工程总承包的基本出发点是借鉴工业生产组织的经验，实现建设生产过程的（　　）。P42

　　A. 管理现代化　　　B. 施工机械化　　　C. 生产高效化　　　D. 组织集成化

70. 实施性成本计划是在项目施工准备阶段，采用（　　）编制的施工成本计划。P86

　　A. 估算指标　　　B. 概算定额　　　C. 施工定额　　　D. 预算定额

二、多项选择题（共 30 题，每题 2 分，每题的备选项中，有 2 个或 2 个以上符合题意，至少有 1 个错项，错选，本题不得分；少选，所选的每个选项得 0.5 分）

71. 根据《工程建设项目施工招标投标办法》，工程施工项目招标信息发布时，正确的有（　　）。P271

　　A. 指定媒介可以酌情收取费用　　　B. 招标人应至少在两家指定的媒介发布招标公示　　　C. 招标人可以对招标文件所附的设计文件向投标人收取一定费用　　　D. 招标文件售出后不予退还　　　E. 自招标文件出售之日起至停止出售之日止，最短不得少于 5 个工作日

72. 根据《建设工程项目管理规范》GB/T 50326—2006，项目经理的职责有（　　）。P63

　　A. 主持编制项目管理实施规划　　　B. 对资源进行动态管理　　　C. 进行授权范围内的利益分配　　　D. 主持项目经理部工作　　　E. 在授权范围内协调与项目有关的内外部关系

73. 建设工程项目总进度目标论证时，调查研究和收集资料工作包括（　　）。P126

　　A. 收集类似项目进度资料　　　B. 收集与进度有关的该项组织资料　　　C. 了

解该项目的总体部署　　　D. 了解有关前期该项目进度目标的确定资料

E. 了解项目的工作编码资料

74. 生产经营单位安全事故应急预案未按有关规定备案的，县级以上安全生产监督管理部门可以（　　）。P74

A. 吊销安全生产许可证　　B. 责令停产停业整顿　　C. 给予警告　　D. 处3万元以下罚款　　E. 给予行政处罚

75. 下列企业安全生产教育培训形式中，属于员工经常性教育的有（　　）。P233

A. 安全活动日　　B. 事故现场会　　C. 安全技术理论培训　　D. 安全生产会议　　E. 改变工艺时的安全教育

76. 依据法律和合同，对施工单位的施工质量行为和效果实施监督控制的相关主体有（　　）。P193

A. 建设单位　　B. 监理单位　　C. 设计单位　　D. 政府的工程质量监督部门　　E. 材料设备供应商

77. 下列施工现场环境保护措施中，属于空气污染防治措施的有（　　）。P264

A. 确定专人定期清扫施工现场道路　　B. 化学药品库内存放　　C. 施工现场不得捣打模版　　D. 工地茶炉采用电热水器　　E. 使用封闭式容器处理高空废弃物

78. 项目进度控制时，进度控制会议的组织设计的内容有（　　）。P156

A. 会议的具体议程　　B. 会议的类型　　C. 会议的主持人　　D. 会议的召开时间　　E. 会议文件的整理

79. 施工单位向建设单位申请工程验收的条件包括（　　）。P201

A. 完成设计和合同约定的各项内容　　B. 有完整的技术档案和施工管理资料

C. 有施工单位签署的工程保修书　　D. 有工程质量监督机构的审核意见

E. 有勘察、设计、施工、监理等单位分别签署的质量合格文件

80. 施工总承包管理模式与施工总承包模式相比，其优点有（　　）。P47

A. 整个项目合同总额的确定较有依据　　B. 投标人的报价较有依据

C. 可以为分包单位提供更好的管理和服务　　D. 有利于业主节约投资

E. 可以缩短建设周期

81. 下列工程变更情况中，应由业主承担责任的有（　　）。P327

A. 不可抗力导致的设计修改　　B. 环境变化导致的设计修改　　C. 原设计错误导致的设计修改　　D. 政府部门要求导致的设计修改　　E. 施工方案出现错误导致的设计修改

82. 某工程双代号时标网络计划，在第 5 天末进行检查得到的实际进度前锋线如下图所示，正确的有（　　）。P154

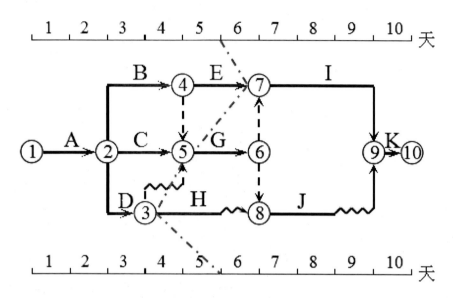

A. H 工作还剩 1 天机动时间　　B. 总工期缩短 1 天　　C. H 工作影响总工期 1 天　　D. E 工作提前 1 天完成　　E. G 工作进度落后 1 天

83. 根据《建设工程施工合同（示范文本）》，合同文本由（　　）组成。 P280

A. 通用合同条款　　B. 合同协议书　　C. 标准和技术规范　　D. 专用合同条款　　E. 中标通知书

84. 采用过程控制的方法控制施工成本时，控制的要点有（　　）。 P100-102

A. 材料费同样采用量价分离原则进行控制　　B. 材料价格由项目经理负责控制　　C. 对分包费用的控制，重点是做好分包工程询价、验收和结算等工作　　D. 实行弹性需求的劳务管理制度　　E. 做好施工机械配件和工程材料采购计划

85. 某单代号网络图如下图所示，存在的错误有（　　）。P135

A. 多个起点节点　　B. 有多余虚箭线　　C. 出现交叉箭线　　D. 没有终点节点　　E. 出现循环回路

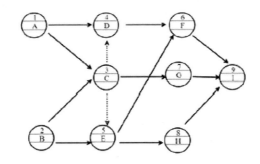

86. 施工单位的项目管理任务分工表可用于确定（　　）的任务分工。 P31

A. 项目各参与方　　　B. 项目经理　　　C. 企业内部各部门　　　D. 企业内部各工作人员　　　E. 项目各职能主管工作部门

87. 工程项目管理信息系统中，进度控制的功能有（　　）。P370

A. 编制资源需求量计划　　　B. 根据工程进展进行施工成本预测　　　C. 进度计划执行情况的比较分析　　　D. 项目估算的数据计算　　　E. 确定关键工作和关键线路

88. 单位工程竣工成本分析的内容包括（　　）。P118

A. 专项成本分析　　　B. 竣工成本分析　　　C. 成本总量构成比例分析

D. 主要资源节超对比分析　　　E. 主要技术节约措施及经济效果分析

89. 我国投标担保可以采用的担保方式有（　　）。P317

A. 银行保函　　　B. 信用证　　　C. 担保公司担保书　　　D. 同业担保书

E. 投标保证金

90. 下列建设工程项目风险中，属于组织风险的有（　　）。P71

A. 人身安全控制计划　　　B. 工作流程组织　　　C. 引起火灾和爆炸的因素

D. 任务分工和管理职能分工　　　E. 设计人员和监理工程师的能力

91. 质量管理方法中，直方图的分布区间宽窄取决于其质量特性统计数据的（　　）。P212

A. 平均值　　　B. 中位数　　　C. 极差　　　D. 标准偏差　　　E. 变异系数

92. 对建设周期一年半以上的工程项目，采用变动总价合同时，应考虑引起价格变化因素有（　　）。P308

A. 银行利率的调整　　　B. 材料费的上涨　　　C. 人工工资的上涨　　　D. 国家政策改变引起的工程费用上涨　　　E. 设计变更引起的费用变化

93. 根据《建设项目工程总承包管理规范》GB/T 50358—2005，工程总承包项目管理的主要内容包括（　　）。P15

A. 任命项目经理，组建项目部　　B. 实施设计管理　　C. 实施采购管理

D. 进行项目可行性研究并报批　　E. 进行项目范围管理

94. 根据《建设工程监理规范》GB/T 50319—2013，工程建设监理实施细则除应反映专业工程的特点外，还应包括（　　）等内容。 P78

A. 监理工作流程　　B. 项目监理机构的组织形式　　C. 监理工作的方法和措施　　D. 监理工作依据　　E. 监理工作的控制点及目标值

95. 根据《建设工程施工合同（示范文本）》GF—2013—0201，发包人责任和义务有（　　）。P282-283

A. 办理建设工程施工许可证　　B. 办理建设工程规划许可证　　C. 办理工伤保险　　D. 提供场外交通条件　　E. 负责施工场地周边的环境保护

96. 根据《建筑施工组织设计规范》，以分部（分项）工程或专项工程为主要对象编制的施工方案，其主要内容包括（　　）。 P54

A. 工程概况　　B. 施工部署　C. 施工方法和工艺要求　　D. 施工准备与资源配置计划　E. 施工现场平面布置

97. 下列项目目标动志控制的纠偏措施中，属于技术措施的有（　　）。P58

A. 调整工作流程组织　　B. 调整进度管理的方法和手段　　C. 调整项目管理职能分工　　D. 改变施工机具　　E. 改进施工方法

98. 事故责任分类，工程质量事故可分为（　　）。P202

A. 指导责任事故　　B. 管理责任事故　　C. 技术责任事故　　D. 操作责任事故　　E. 自然灾害事故

99. 根据《质量管理体系基础和术语》，企业质量管理体系文件由（　　）构成。 P177

A. 质量方针和质量目标　　B. 质量记录　　C. 质量手册　　D. 质量报告

E. 程序性文件

100. 某施工项目为实施成本管理收集了以下资料，其中可以作为编制施工成本计划依据的有（　　）。P90

A. 施工预算　　B. 签订的工程合同　　C. 施工图预算　　D. 分包合同

E. 资源市场价格

2014年真题答案及解析

一、参考答案：

题号	答案	题号	答案	题号	答案	题号	答案	题号	答案
1	D	21	B	41	A	61	C	81	ABCD
2	C	22	C	42	B	62	A	82	DE
3	C	23	D	43	C	63	A	83	ABD
4	A	24	D	44	A	64	C	84	ACD
5	C	25	A	45	A	65	C	85	ABC
6	B	26	A	46	D	66	C	86	BE
7	C	27	C	47	D	67	D	87	ACE
8	B	28	D	48	A	68	C	88	BDE
9	B	29	B	49	D	69	D	89	ACDE
10	C	30	D	50	C	70	C	90	DE
11	B	31	A	51	B	71	DE	91	AD
12	D	32	A	52	D	72	ABC	92	BCD
13	B	33	C	53	B	73	ABCD	93	ABCE
14	A	34	D	54	D	74	CD	94	ACE
15	D	35	B	55	A	75	ABD	95	ABD
16	B	36	A	56	B	76	ABCD	96	ACD
17	B	37	A	57	B	77	ADE	97	DE
18	D	38	C	58	A	78	BCDE	98	ADE
19	B	39	A	59	B	79	ABCE	99	ABCE
20	A	40	B	60	B	80	ADE	100	ABD

二、部分真题讲解：

3. 解答：双代号网络图的虚箭线称需工作，图中需工作 4-5 表达了 C 工作和 G 工作的紧前、紧后逻辑关系。

25. 解答：图中 1-2 工作有两个，双代号网络图不允许两个不同的工作开始节点和完成节点都相同。

30. 解答：预算成本增加对成本的影响 =（640－600）× 4%=1.6（万元）

42. 解答：

1）计算C工作总时差 $TF_C = LF_C - EF_C = LF_C - (ES_C + D_C) = 18 - (10 + 5) = 3$（天）

2）计算D工作总时差 $TF_D = LF_D - EF_D = 20 - 18 = 2$（天）

3）计算某工作总时差 $TF_i = \min\{TF_j + LAG_{i,j}\} = \min\{(3+2),(2+4)\} = 5$（天）

44. 解答：B、C 选项明显错误。D 选项错在：关键线路上的工作（即关键工作）的总时差 TF 最小，而不一定是零。普通网络计划中，当 $T_p = T_c$，关键工作的总时差 $TF = 0$；当 $T_p > T_c$，关键工作的总时差 $TF = T_p - T_c > 0$。

58. 解答：工程量增加引起的工期索赔按比例分析法计算：

$$工期索赔值 = \frac{60}{3200} \times (4800 - 3200) = 30（天）$$

82. 解答：1）从上至下读取每个工作的实际进度前锋点与检查时刻点第 5 天末作比较，得：E 工作已完成（即实际进度提前 1 天），G 工作尚未开始（即实际进度落后 1 天），H 工作尚未开始（即实际进度落后 2 天）。故 D、E 选项正确。

2）关键线路（自始至终无波形线的线路）有 3 条：①→②→④→⑦→⑨→⑩，①→②→④→⑤→⑥→⑦→⑨→⑩，①→②→⑤→⑥→⑦→⑨→⑩。故 G 工作实际进度落后 1 天将导致总工期落后 1 天。

3）不影响关键节点⑨读出 H 工作的总时差 2 天，故 H 工作实际进度落后 2 天不影响总工期。

85. 解答：A 选项正确。图上有两个起点节点①和②，错误，网络图应只有一个起点节点。应添加虚工作作为起点节点。

B 选项正确。普通单代号网络图应无虚箭线。C 工作若真是 D 工作和 E 工作的紧前工作，则③→④、③→⑤应该是实箭线，表示紧前、紧后逻辑关系。

C 选项正确。⑤→⑥箭线与③→⑦箭线交叉了，错误。应用指向圈或过桥法绘图。

模拟卷及解析

2015年模拟卷一

一、单项选择题（共 70 题，每题 1 分。每题的各选项中，只有 1 个最符合题意）

1. 能够反映项目管理班子内部项目经理、各工作部门和各工作岗位在各项管理工作中所应承担的策划、执行、控制等职责的组织工具是（　　）。P31

    A. 管理职能分工表　　B. 组织结构图　　C. 工作任务分工表　　D. 工作流程图

2. 以工程承包合同、施工组织设计、要素市场价格等为依据编制，对实现降低施工成本任务具有直接指导作用的文件是（　　）。P80

    A. 施工成本分析报告　　B. 施工成本计划　　C. 施工成本核算资料

    D. 施工成本预测报告

3. 建设工程项目的总进度目标是在项目的（　　）阶段确定的，在实施阶段进行控制的。P125

    A. 决策　　B. 设计　　C. 招标　　D. 施工

4. 根据 GB/T 19000—2008 质量管理体系标准，质量管理就是确定和建立质量方针、质量目标及职责，并在质量管理体系中通过（　　）等手段来实施和实现全部质量管理职能的所有活动。P158

    A. 质量规划、质量控制、质量检查、质量改进　　B. 质量策划、质量控制、质量保证、质量改进　　C. 质量策划、质量检查、质量监督、质量审核　　D. 质量规划、质量检查、质量审核、质量改进

5. 企业在安全生产许可证有效期内，严格遵守有关安全生产的法律法规，未发生死亡事故的，安全生产许可证有效期届满时，经原安全生产许可证颁发管理机关同意，不再审查，安全生产许可证有效期延期（　　）年。P230

    A. 1　　B. 2　　C. 3　　D. 4

6. 能反映项目组织系统中各项工作之间逻辑关系的组织工具是（　　）。P35

A. 项目结构图　　B. 工作流程图　　C. 工作任务分工表　　D. 组织结构图

7. 施工成本管理的措施具体有组织措施、技术措施、经济措施和合同措施，其中，（　　）是最易为人接受和采用的措施。P85

A. 组织措施　　B. 技术措施　　C. 经济措施　　D. 合同措施

8. 下列项目目标控制工作中，属于主动控制的是（　　）。P58

A. 事前分析可能导致目标偏离的各种影响因素　　B. 目标出现偏离时采取纠偏措施　　C. 进行目标的实际值与计划值的比较　　D. 分析目标的实际值与计划值之间存在偏差的原因

9. 政府质量监督机构监督单位工程竣工验收合格后,应编制工程质量监督报告,其内容不包括（　　）。P216

A. 对发生质量事故的施工单位的处理意见　　B. 对项目参建各方质量行为的检查情况　　C. 项目质量评价（包括建筑节能和环保评价）　　D. 工程项目实体质量抽查情况

10. 编制项目建议书属于建设工程项目全寿命周期（　　）阶段的工作。P1、4

A. 决策　　B. 实施　　C. 设计准备　　D. 施工

11. 职业健康安全管理体系要素可分为核心要素和辅助性要素，下列选项中，不属于核心要素的是（　　）。P220

A. 绩效测量和监视　　B. 文件和资料控制　　C. 法规和其他要求　　D. 职业健康安全方针

12. 以项目实施方案为依据，落实项目经理责任目标为出发点，采用企业施工定额，通过编制施工预算而形成的施工成本计划是（　　）成本计划。P86

A. 竞争性　　B. 指导性　　C. 实施性　　D. 战略性

13. 某工程单代号网络计划如下图所示(时间单位:周),其关键线路有(　　)条。P145

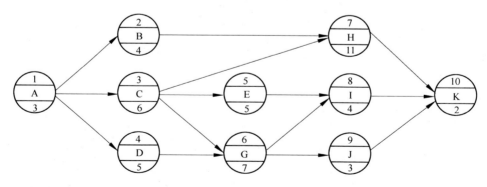

A. 4　　　B. 3　　　C. 2　　　D. 1

14. 在建设工程项目质量控制系统的运行机制中，（   ）是建设工程项目质量控制系统运行的核心机制，它来源于公正、公开、公平的竞争机制和利益机制的制度设计或安排。P175

A. 约束机制　　　B. 反馈机制　　　C. 持续改进机制　　　D. 动力机制

15. 建设工程项目实施阶段策划的主要任务是（   ）。P39

A. 确定如何实现该项目的目标控制　　　B. 为项目建设的决策和实施增值

C. 定义项目开发或建设的任务和意义　　　D. 确定如何组织该项目的开发或建设

16. 以下关于施工投标担保的作用的说法中，不正确的是（   ）。P318

A. 招标人筛选投标人　　　B. 确保投标人在投标有效期内不撤回投标书

C. 担保投标人中标后保证与业主签订施工合同　　　D. 担保中标后的承包人会及时向分包人付款

17. 若按项目组成编制施工成本计划，项目应按（   ）的顺序依次进行分解。P92

A. 单项工程→单位工程→分部工程→分项工程　　　B. 单项工程→分部工程→单位工程→分项工程　　　C. 单位工程→单项工程→分部工程→分项工程

D. 单位工程→单项工程→分项工程→分部工程

18. （   ）即沟通主体用以影响、作用于沟通客体的中介，包括沟通内容和沟通方法，它使沟通主体与客体间建立联系，以保证沟通过程的正常开展。P63

A. 沟通环境　　　B. 沟通介体　　　C. 沟通渠道　　　D. 沟通障碍

19. 某工作项目施工采用施工总承包模式，其中电气设备由业主指定的分包单位采购和安装，则在施工中分包单位必须接受（   ）工作指令，服从其总体项目管理。P328

A. 业主　　　B. 设计方　　　C. 施工总承包方　　　D. 项目监理方

20. 建设工程项目管理的核心任务是项目的（   ）。P4

A. 组织协调　　　B. 目标控制　　　C. 合同管理　　　D. 风险管理

21. 在建设工程项目的（   ）阶段，建设单位应组织或委托有相应资质的单位进行项目的环境影响评价和安全预评价。P223

A. 决策　　　B. 设计准备　　　C. 设计　　　D. 施工

22. 施工成本控制需要进行实际成本情况与施工成本计划的比较，其中实际成本情况可以通过（   ）反映。P96

A. 工程变更文件　　　B. 进度报告　　　C. 施工组织设计　　　D. 分包合同

23. 建设工程项目总进度目标论证的工作步骤正确的是（   ）。P126

A. 进度计划系统的结构分析→项目结构分析→项目的工作编码→编制总进度

计划→编制各层进度计划　　　B. 项目结构分析→进度计划系统的结构分析→项目的工作编码→编制各层进度计划→编制总进度计划　　　C. 项目的工作编码→项目结构分析→进度计划系统的结构分析→编制总进度计划→编制各层进度计划　　　D. 项目的工作编码→进度计划系统的结构分析→项目结构分析→编制各层进度计划→编制总进度计划

24. 在质量管理体系的系列文件中，属于质量手册的支持文件的是（　　）。P177

    A. 程序性文件　　　B. 质量计划　　　C. 质量记录　　　D. 质量方针

25. 下列项目建设纲要或设计纲要的内容不包括（　　）。P42

    A. 施工原则和施工要求　　　B. 材料和设施的技术要求　　　C. 项目定义

    D. 项目实施的技术大纲和技术要求

26. 材料费的控制应按照"量价分离"的原则，其中，材料用量的控制不包括（　　）。P100

    A. 定额控制　　　B. 价格控制　　　C. 计量控制　　　D. 包干控制

27. 某钢筋混凝土结构工程的框架柱表面出现局部蜂窝、麻面，经调查分析，其承载力满足设计要求，则对该框架柱表面质量问题一般的处理方式是（　　）。P207

    A. 加固处理　　　B. 修补处理　　　C. 返工处理　　　D. 不作处理

28. 需要编制施工组织总设计的工程通常是（　　）。P53

    A. 高度 100m 及以上的构筑物或建筑物工程　　　B. 单项建安合同额 1 亿元及以上的房屋建筑工程　　　C. 需要分批分期建设的特大型项目　　　D. 建筑面积 10 万 m2 及以上的住宅小区或建筑群体工程

29. 某工程施工承包合同为单价合同，在签订合同时双方根据估算的或工程量约定了一个合同总价。在实际结算时，上述的合同总价与合同各项单价乘以实际完成工程量之和不一致，则价款结算应以（　　）为准。P275

    A. 签订的合同总价　　　B. 合同中各项单价乘以实际完成的工程量之和

    C. 实际完成的工程量乘以重新协商的各项单价之和　　　D. 双方重新协商确定的单价和工程量

30. 建设工程管理涉及项目全寿命期，是一种增值服务工作，其核心任务是为工程的（　　）增值。P3

    A. 建设　　　B. 使用　　　C. 建设和使用　　　D. 全寿命期

31. 职业健康安全管理体系和环境管理体系运行时，合规性评价分为项目组级评价和公司级评价两个层次进行。项目组级的合规性评价每（　　）不少于一次。P227

    A. 半年　　　B. 一年　　　C. 两年　　　D. 三年

32. 某土方工程，计划总工程量为 4800m³，预算单价为 580 元/m³，计划 6 个月内均衡完成，开工后，实际单价为 600 元/m³，施工至第 3 个月底，累计实际完成工程量 3000m³，若运用赢得值法分析，则至第 3 个月底的施工成本偏差为（ ）万元。P103

    A. −34.8   B. −6   C. 6   D. 34.8

33. 工程网络计划执行过程中，如果某项工作实际进度拖延的时间超过其自由时差，则该工作（ ）。P140

    A. 必定影响其紧后工作的最早开始   B. 必定变为关键工作   C. 必定导致其紧后工作的最迟完成时间推迟   D. 必定影响工程总工期

34. 施工项目事中质量控制的关键是（ ）。P181

    A. 编制施工质量计划   B. 确保工序质量合格   C. 坚持质量标准   D. 确保质量控制点的质量

35. 施工总承包模式的最大缺点在（ ）方面。P44

    A. 投资控制   B. 质量控制   C. 合同管理   D. 进度控制

36. 某网络计划中，工作 A 的紧后工作是 B 和 C，工作 B 的最迟开始时间为 14，最早开始时间为 10；工作 C 的最迟完成时间为 16，最早完成时间为 14。已知工作 A 的自由时差为 5 天，则工作 A 的总时差为（ ）。P134

    A. 3   B. 7   C. 8   D. 10

37. 从建设工程施工质量验收的角度来说，最小的工程施工质量验收单位是（ ）。P198

    A. 检验批   B. 工序   C. 分部工程   D. 分项工程

38. 下列防范土方开挖过程中塌方风险而采取的措施，属于风险转移对策的是（ ）。P72

    A. 投保建筑工程一切险   B. 设置警示牌   C. 进行专题安全教育   D. 设置边坡护壁

39. （ ）是清除隐患、防止事故、改善劳动条件、提供员工安全生产意识的重要手段。P235

    A. "三同时"制度   B. 安全预评价制度   C. 安全检查制度   D. 安全生产许可证制度

40. 下列业主方的项目管理的任务中，（ ）是项目管理中的最重要的任务。P5

    A. 投资控制   B. 合同管理   C. 进度控制   D. 安全管理

41. （ ）是最基本的安全管理制度，是所有安全生产管理制度的核心。P228

    A. 安全生产责任制度   B. 安全生产教育培训制度   C. 安全措施计划制

度   D. 专项施工方案专家论证制度

42. 根据《建设工程施工合同（示范文本）》GF—2013—0201，招标发包的工程其基准日期为（ ）。P282

A. 投标截止日前 14 天   B. 投标截止日前 28 天   C. 合同签订日前 14 天

D. 合同签订日前 28 天

43. 当某工程网络计划的计算工期等于计划工期时，该网络计划中的关键工作是指（ ）的工作。P152

A. 时标网络计划中没有波形线   B. 与紧后工作之间时间间隔为零

C. 开始节点与完成节点均为关键节点   D. 最早完成时间等于最迟完成时间

44. 凡属（ ）的施工作业，施工方必须在该项作业开始前 24 小时，书面通知现场监理机构到位旁站，监督施工作业过程。P186

A. 质量控制点   B. 见证点   C. 待检点   D. 危险性较大的分部分项
工程

45. 在建设工程施工总承包管理模式下，施工分包合同的主体一般是施工分包方和（ ）。P46

A. 施工总承包管理方   B. 业主方   C. 监理单位   D. 工程咨询机构

46. 以下关于我国工程保险的说法中，不正确的是（ ）。P316

A. 工程一切险包括建筑工程一切险、安装工程一切险   B. 工程一切险不包括承包人设备保险   C. 第三者责任险的被保险人应是项目法人和承包人

D. 由发包人、承包人负责对本方参与现场施工的人员投保人身意外伤害险

47. 某工作有一个紧前工作和两个紧后工作。紧前工作的最早开始时间为 3，持续时间为 5，两个紧后工作的最迟完成时间为 24，持续时间分别为 7 和 8，该工作的最迟完成时间应为（ ）。P141

A. 15   B. 16   C. 17   D. 18

48. 工程建设监理实施细则应在工程施工开始前编制完成，且必须经（ ）批准。P77

A. 总监理工程师   B. 专项监理工程师   C. 业主   D. 建设单位

49. 安全检查制度要求，对查出的安全隐患要整改，并做到"五定"，这"五定"是指（ ）。P235

A. 定整改责任人，定整改措施，定整改完成时间，定整改完成人，定整改验收人   B. 定整改计划，定整改措施，定整改完成人，定整改验收人，定整改奖罚   C. 定整改计划，定人，定整改措施，定经费，定整改完成时间   D. 定整改责任人，定整改措施，定整改完成时间，定整改质量要求，定整改验收人

50. 施工方项目管理的目标应符合合同的要求，下列选项中不包括的是（　　）。P15

　　A. 施工的组织目标　　B. 施工的成本目标　　C. 施工的进度目标　　D. 施工的质量目标

51. 对直方图的分布位置与质量控制标准的上、下限范围进行比较时，质量特性数据的分布宽度边界（　　），反映其质量能力处于临界状态，易出现不合格，必须分析原因，及时采取措施。P212

　　A. 达到质量标准的上下界限　　B. 超出质量标准的上下界限　　C. 远离质量标准的上下界限　　D. 一侧超出质量标准的上下界限

52. 建设单位应在工程竣工验收前（　　）将验收时间、地点、验收组名单通知该工程的工程质量监督机构。P201

　　A. 5 日　　B. 7 日　　C. 5 个工作日　　D. 7 个工作日

53. 某工程施工进度计划如图所示，下列说法中不正确的是（　　）。P130

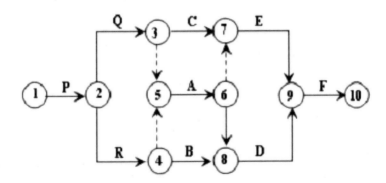

　　A. R 的紧后工作有 A、B　　B. P 没有紧前工作　　C. D 的紧后工作只有 F
　　D. A、B 的紧后工作都有 D

54. 在建设工程项目实施过程中，对各质量责任主体的质量活动行为和活动结果实施监督控制的组织，称质量监控主体，具体包括（　　）等。P193

　　A. 建设单位、项目监理机构　　B. 设计单位、工程总承包企业　　C. 施工企业、工程监理机构　　D. 建设单位、材料设备供应厂商

55. 下列应由项目经理组织编制的文件是（　　）。P51

　　A. 项目管理规划　　B. 项目管理规划大纲　　C. 项目管理实施规划
　　D. 项目管理策划

56. 在建设工程施工投标过程中，施工方案应由投标人的（　　）主持制订。P275

　　A. 项目经理　　B. 法人代表　　C. 技术负责人　　D. 分管投标的负责人

57. i 与 j 两工作之间的 FTF 和 STS 混合搭接关系如下图，则 j 工作最早开始和最早

完成时间分别为（　　）。P139

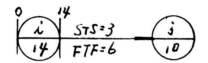

　　A. 10 和 20　　B. 3 和 13　　C. 14 和 24　　D. 6 和 16

58. 成本偏差分析常用的几种表达方法中，（　　）反映的信息量少，一般在项目的较高管理层应用。P104

　　A. 横道图　　B. 表格法　　C. 曲线法　　D. 网络图法

59. 当发生索赔事件时，按照索赔的程序，承包人索赔工作程序的第一步是（　　）。P342

　　A. 向政府建设主管部门报告　　B. 以书面形式向发包人或监理人发出索赔文件　　C. 收集索赔证据、计算经济损失和工期损失　　D. 以书面形式向发包人或监理人发出索赔意向通知

60. 某住宅小区工程施工前，施工方项目部绘制了如下的框图。该图是（　　）。P18

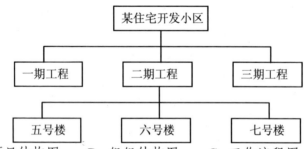

　　A. 项目结构图　　B. 组织结构图　　C. 工作流程图　　D. 合同结构图

61. 为了实现有序和科学的项目信息管理，应由（　　）。P359

　　A. 业主方编制统一的信息管理职能分工表　　B. 业主方和项目参与各方编制各自的信息管理手册　　C. 业主方制订统一的信息安全管理规定　　D. 业主方制订统一的信息管理保密制度

62. 凡是质量不合格或质量缺陷造成的直接经济损失达到（　　）即为质量事故。P202

　　A. 5000 元　　B. 1 万元　　C. 10 万元　　D. 100 万元

63. 某施工项目部决定将原来的横道图进度计划改为网络进度计划进行进度控制，以避免工作之间出现不协调情况。该项目进度控制措施属于（　　）措施。P156

　　A. 组织　　B. 管理　　C. 经济　　D. 技术

64. 施工现场混凝土坍落度试验属于现场质量检查方法中的（　　）。P195

A. 目测法　　B. 实测法　　C. 现货试验法　　D. 无损检测法

65. 调整项目组织结构、任务分工、管理职能分工和项目管理班子人员等属于项目目标动态控制纠偏措施中的（　　）。P58

A. 组织措施　　B. 管理措施　　C. 经济措施　　D. 技术措施

66. 政府质量监督机构的监督人员应当具备的条件之一是（　　）。P215

A. 具有 2 年以上工程质量管理的工作经历　　B. 具有 3 年以上工程质量管理的工作经历　　C. 具有 2 年以上工程质量管理或者设计、施工、监理等工作经历　　D. 具有 3 年以上工程质量管理或者设计、施工、监理等工作经历

67. 根据《建设工程施工合同（示范文本）》GF—2013—0201，发包人通过监理人向承包人下达提前竣工指示后，承包人向发包人和监理人首先提交的是（　　）。P286

A. 修订的施工进度计划　　B. 修订的施工组织设计　　C. 提前竣工建议书　　D. 提前竣工奖励要求

68. 因素分析法是施工成本分析基本方法之一，在进行影响因素连环置换时的排序规则是（　　）。P113

A. 先价值量，后实物量；先相对值，后绝对值　　B. 先价值量，后实物量；先绝对值，后相对值　　C. 先实物量，后价值量；先相对值，后绝对值　　D. 先实物量，后价值量；先绝对值，后相对值

69. 在工程质量统计分析方法中，分层法适用于（　　）。P208

A. 逐层深入排查找出最主要的质量原因　　B. 观察生产过程是否正常、稳定　　C. 分门别类分析质量问题，准确有效地找出质量原因　　D. 将质量问题分为主要问题、次要问题和一般问题

70. 线性组织结构模式的特点之一是（　　）。P24

A. 组织内每个工作部门可能有多个矛盾的指令源　　B. 组织内每个工作部门有横向和纵向两个指令源　　C. 能促进组织内管理专业化分工　　D. 组织内每个工作部门只接受一个上级的直接领导

二、多项选择题（共 30 题，每题 2 分。每题的备选项中，有 2~4 个以上符合题意，至少有 1 个错项。错选，本题不得分；少选，所选的每个选项得 0.5 分）

71. 项目人力资源管理的全过程包括（　　）。P68

A. 人力资源管理计划　　B. 人力资源管理决策　　C. 人力资源管理交底　　D. 人力资源管理控制　　E. 人力资源管理考核

72. 施工方应视施工项目的特点和施工进度控制的需要，编制（　　）等进度计划。P124

A. 施工总进度纲要　　B. 不同深度的施工进度计划　　C. 不同功能的施工进度计划　　D. 不同计划周期的施工进度计划　　E. 不同项目参与方的施工进度计划

73. 以下关于施工总承包管理模式的说法中，正确的有（　　）。P44-47

A. 即使分包合同是由业主与分包单位直接签订的，但每一个分包人和每一个分包合同的签订都要经过施工总承包管理单位的认可　　B. 施工总承包管理合同中一般只确定施工总承包管理费，而不是工程造价　　C. 采用施工总承包管理模式，在开工前就有较明确的合同价，有利于业主总投资控制　　D. 施工总承包管理模式可以在很大程度上缩短建设周期，这是采用施工总承包管理模式的基本出发点　　E. 在施工总承包管理模式下，分包合同价对业主是透明的

74. 施工作业质量自控的要求包括（　　）。P193

A. 重点控制　　B. 坚持标准　　C. 预防为主　　D. 记录完整　　E. 及时审核

75. 安全措施计划的范围应包括改善劳动条件、防止事故发生、预防职业病和职业中毒等内容，具体包括（　　）。P233

A. 职业安全措施　　B. 职业卫生措施　　C. 安全技术措施　　D. 辅助用房间及设施　　E. 安全宣传教育措施

76. 项目质量控制系统与建筑企业按照 GB/T 19000 标准建立的质量管理体系的不同点包括（　　）。P172

A. 建立的结构不同　　B. 服务的范围不同　　C. 控制的方式不同　　D. 作用的时效不同　　E. 评价的方式不同

77. 根据《建设工程施工合同（示范文本）》GF—2013—0201，质量控制的主要条款有（　　）。P286

A. 隐蔽工程经承包人自检合格后，承包人应在共同检查前 24 小时书面通知监理人检查　　B. 监理人未按时进行隐蔽工程检查，也未提出延期要求的，视为隐蔽工程检查合格，承包人可自行完成覆盖工作，并作相应记录报送监理人，监理人应签字确认　　C. 工程缺陷责任期自实际竣工日期起计算，缺陷责任期最长不超过 24 个月　　D. 因发包人原因造成工程不合格的，由此增加的费用和（或）延误的工期由发包人承担，并支付给承包人合理的利润　　E. 工程保修期不得低于法定最低保修年限，承发包双方不必在施工合同中具体约定

78. 施工成本计划编制应遵循的原则有（　　）。P80

A. 量价分离　　B. 与其他计划相结合　　C. 采用先进技术经济定额

D. 适度弹性　　E. 统一领导、分级管理

79. 施工现场质量检查的方法有（　　）。P195

A. 目测法　　B. 实测法　　C. 技术核定法　　D. 见证取样送检　　E. 试验法

80. 以下属于施工技术准备工作的质量控制有（　　）。P188

A. 设计交底　　B. 图纸会审　C. 明确质量控制点的控制方法　　D. 编制施工作业技术指导书　E. 做好施工平面图控制

81. 以下关于建设工程项目管理的说法中，正确的有（　　）。P1-11

A. 建设工程项目管理涉及工程项目的决策阶段和实施阶段　　B. 项目实施阶段管理的主要任务是通过管理使项目的目标得以实现　　C. 施工方的项目管理是工程项目的项目管理的核心方　　D. 业主方和工程总承包方的项目管理工作涉及项目实施阶段的全过程　　E. 设计方项目管理的目标除了设计的成本目标、进度目标和质量目标之外，还包括项目的投资目标

82. 某建设工程的施工网络计划如图所示（时间单位：天），则该计划的关键线路有（　　）。P132

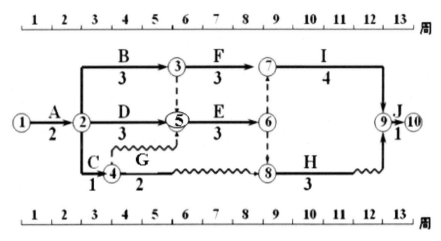

A. ①-②-③-⑤-⑥-⑦-⑨-⑩　　B. ①-②-③-⑦-⑨-⑩　　C. ①-②-④-⑤-⑥-⑦-⑨-⑩　D. ①-②-④-⑤-⑥-⑧-⑨-⑩　　E. ①-②-⑤-⑥-⑦-⑨-⑩

83. 承包人索赔文件的编制内容主要有（　　）。P343

A. 索赔意向部分　　B. 总述部分　　C. 论证部分　　D. 索赔款项（或工期）计算部分　　E. 证据部分

84. 单位工程施工组织设计的主要内容包括（　　）。P54

A. 施工部署　　B. 施工方法及工艺要求　　C. 施工进度计划　　D. 施工现

场平面布置　　E.施工准备与资源配置计划

85. 安全生产管理预警体系通过预警分析和预控对策实现事故的预警和控制，预警分析完成（　）等功能，预控对策完成对事故征兆的不良趋势进行纠错和治错的功能。P240

A. 监测　　B. 识别　　C. 诊断　　D. 评价　　E. 处置

86. 某建筑材料采购合同中，约定由采购方于 2011 年 6 月 30 日到指定地点提取约定数量的货物，7 月 10 日支付货款总额；6 月 25 日采购方接到了提前提货通知，采购方派车于 6 月 28 日接收货物；发现供货方交货数量大于约定数量。那么采购方可采取的正确行为有（　）。P293

A. 应在 7 月 8 日支付货款总额　　B. 应在 7 月 10 日支付货款总额　　C. 只提取约定数量的货物　　D. 支付 6 月 25 日至 28 日未及时提货的保管费用

E. 对多交货部分代为保管，但保管费应由供货方承担

87. 下列关于施工成本控制的说法，正确的有（　）。P82

A. 施工成本控制应贯穿项目从投标开始到工程竣工验收的全过程　　B. 施工成本控制应对成本的形成过程进行分析，并寻求进一步降低成本的途径

C. 施工成本控制须按动态控制原理对实际施工成本的发生过程进行有效控制

D. 进度报告和工程变更及索赔资料是施工成本控制过程中的动态资料

E. 合同文件和成本计划是成本控制的目标

88. 在施工索赔时，可以索赔施工机械使用费的有（　）。P345

A. 完成额外工作增加的机械使用费　　B. 加班劳动增加的机械使用费

C. 非承包商责任工效降低增加的机械使用费　　D. 业主或监理工程师原因工程延期导致的机械使用费　　E. 不可抗力原因工程延期导致的机械窝工费

89. 施工成本分析的基本方法有（　）。P112

A. 比较法　　B. 比率法　　C. 平衡法　　D. 因素分析法　　E. 差额计算法

90. 关于建设工程施工现场文明施工的说法，正确的有（　）。P261

A. 市区主要道路和其他涉及市容景观路段的工地围挡的高度不得低于 1.8m

B. 文明施工应贯穿施工结束后的清场　　C. 项目经理是施工现场文明施工的第一责任人　　D. 定期对有关人员进行消防教育，落实消防措施　　E. 文明施工是指保持施工现场良好的作业环境、卫生环境和工作秩序

91. 建设单位、勘察单位、设计单位、施工单位、监理单位等都要依法对建设工程质量负责，以下说法中正确的有（　）。P160

A. 建设单位在领取施工许可证或者开工报告后,应当按照国家有关规定办理工程质量监督手续　　B. 设计单位应当将施工图设计文件报县级以上人民政府建设行政主管部门或者其他有关部门审查　　C. 设计单位提供的设计文件应当符合国家规定的设计深度要求,并注明工程合理使用年限　　D. 对涉及结构安全的试块、试件及有关材料,施工人员应当在建设单位或监理单位的监督下现场取样,并送具有相应资质等级的质量检测单位进行检测　　E. 监理单位应当依法取得监理资质证书,在其资质等级许可范围内承担工程建设监理业务,且不得转让工程监理业务

92. 建设工程项目作为一个系统,它与一般的系统相比,有其明显的特征,包括( )。P16

A. 建设项目都是一次性,没有两个完全相同的项目　　B. 建设项目全寿命周期中各阶段的工作任务和工作目标相同,但参与的单位不相同　　C. 建设项目全寿命周期一般由决策阶段、实施阶段和运营阶段组成　　D. 建设项目全寿命周期持续时间短　　E. 一个建设项目的任务由多个单位共同完成,它们的合作多数不是固定的合作关系

93. 工程网络计划工期优化过程中,在选择缩短持续时间的关键工作时应考虑的因素有( )。P152

A. 持续时间最长的工作　　B. 缩短持续时间对质量和安全影响不大的工作　　C. 有充足备用资源的工作　　D. 缩短持续时间对综合效益影响不大的工作　　E. 缩短持续时间所需增加的费用最小的工作

94. 专项成本分析是针对与成本有关的特定事项的分析,其分析方法包括( )。P120

A. 成本盈亏异常分析　　B. 资金成本分析　　C. 综合成本分析　　D. "三算"对比分析　　E. 工期成本分析

95. 根据《建设工程施工合同(示范文本)》GF—2013—0201,以下说法正确的有( )。P60

A. 项目经理不得同时担任其他项目的项目经理　　B. 项目经理将其某些职责授权下属人员履行的,应提前7天将上述人员姓名和授权范围书面通知监理人和发包人　　C. 承包人应向发包人提交项目经理与承包人之间的劳动合同,以及承包人为项目经理缴纳社会保险的有效证明　　D. 紧急情况下项目经理可以采取措施保证与工程有关的人身、财产和工程安全,且应在24小时内向发包人代表和总监理工程师提交书面报告　　E. 发包人有权书面通知承包人更换

不称职的项目经理，通知中应载明要求更换的理由

96. 在工程项目网络计划中，关键线路是指（　　）。P152

A. 单代号网络计划中总时差为零的线路　　B. 双代号网络计划中总持续时间最长的线路　　C. 单代号网络计划中总时差最小且工作时间间隔为零的线路　　D. 双代号时标网络计划中自始至终无波形线的线路　　E. 双代号网络计划中无虚箭线的线路

97. 职业健康安全管理体系文件之一的管理手册，其主要内容包括（　　）。P226

A. 方针、目标、指标、管理方案　　B. 监测活动准则　　C. 关于管理手册的管理、评审和修订工作的规定　　D. 程序文件引用的表格　　E. 管理、运行、审核和评审工作人员的主要职责、权限和相互关系

98. 属于建设工程项目管理类信息的有（　　）。P360

A. 投资控制的信息　　B. 质量控制的信息　　C. 安全管理信息　　D. 合同管理信息　　E. 进度控制信息

99. 从风险产生的原因分析，常见的质量风险包括（　　）。P165

A. 自然风险　　B. 技术风险　　C. 经济风险　　D. 管理风险　　E. 环境风险

100. 双代号时标网络计划是以水平时间坐标为尺度编制的双代号网络计划，其主要特点包括（　　）。P132

A. 能够清楚地表明计划的时间进程，使用方便　　B. 能在图上直接显示出各项工作的最早开始与最早完成时间、工作的自由时差及关键线路　　C. 以便进行资源优化和调整　　D. 在时标网络计划中不可以统计每一个单位时间对资源的需要量　　E. 使用计算机后，对网络计划的修改比较麻烦，需要重新绘图

2015年模拟卷一答案及解析

一、参考答案：

题号	答案	题号	答案	题号	答案	题号	答案	题号	答案
1	A	21	A	41	A	61	B	81	BDE
2	B	22	B	42	B	62	D	82	ABE
3	A	23	B	43	D	63	B	83	BCDE
4	B	24	A	44	B	64	B	84	BCD
5	C	25	A	45	B	65	A	85	ABCD
6	B	26	B	46	B	66	D	86	BCE
7	C	27	B	47	B	67	C	87	CDE
8	A	28	C	48	A	68	D	88	AC
9	A	29	B	49	C	69	C	89	ABDE
10	A	30	C	50	A	70	D	90	BCDE
11	B	31	A	51	A	71	ADE	91	CDE
12	C	32	B	52	D	72	BCDE	92	ACE
13	C	33	A	53	D	73	ABE	93	BCE
14	D	34	C	54	A	74	ABCD	94	ABE
15	D	35	D	55	C	75	BCDE	95	ACE
16	D	36	B	56	C	76	BDE	96	BCD
17	A	37	A	57	A	77	BCD	97	ACE
18	B	38	A	58	A	78	BCDE	98	CDE
19	C	39	C	59	D	79	ABE	99	ABDE
20	B	40	D	60	A	80	ABCD	100	ABC

二、部分模拟题讲解：

13. 解答：找关键线路最快的方法是标号法。第一步：顺着节点编号做加法、取最大值，标出每个节点的源节点和最早完成时间 EF；第二步：逆着节点编号、按 EF 最大值相应的源节点找出关键线路。计算结果如下图：

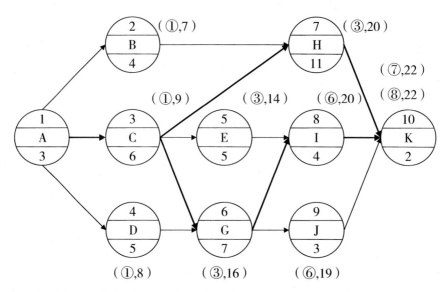

可见，本图有两条关键线路：①→③→⑦→⑩和①→③→⑥→⑧→⑩。

32. 解答：施工成本偏差即费用偏差，费用偏差＝预算单价×实际工程量－实际单价×实际工程量＝580×3000－600×3000＝－60000（元）＝－6（万元）。

36. 解答：

1）计算B工作总时差 $TF_B = LS_B - ES_B = 14 - 10 = 4$（天）

2）计算C工作总时差 $TF_C = LF_C - EF_C = 16 - 14 = 2$（天）

3）计算A工作总时差 $TF_A = FF_A + \min\{TF_B, \ TF_C\} = 5 + \min\{4,2\} = 7$（天）

3）中的公式源于双代号时标网络图非关键工作总时差的读法。

43. 解答：当 $T_p = T_c$，关键工作的总时差 $TF = 0$，而某工作的总时差等于该工作的最迟完成时间减去该工作的最早完成时间。故 D 选项正确。

47. 解答：$LF_{i-j} = \min\{LS_{j-k}\} = \min\{LF_{j-k} - D_{j-k}\} = \min\{(24-7),(24-8)\} = 16$

53. 解答：A 工作的紧后工作是 E 工作和⑥→⑧工作（实箭线）。故 D 选项说法不正确。

57. 解答：单代号搭接网络图混合搭接的计算：

1）$ES_j = ES_i + STS_{i,j} = 0 + 3 = 3$，$EF_j = ES_j + D_j = 3 + 10 = 13$

2）$EF_j = EF_i + FTF_{i,j} = 14 + 6 = 20$，$ES_j = EF_j - D_j = 20 - 10 = 10$

3）两个搭接关系同时满足，则取最大值，故取 $ES_j = 10$，$EF_j = 20$

82. 解答：双代号时标网络图中，自始至终无波形线的线路就是关键线路。从上至下、从左至右读出无波形线的通路，故有三条关键线路。

2015年模拟卷二

一、单项选择题（共70题，每题1分。每题的各选项中，只有1个最符合题意）

1. 施工企业建立施工项目成本管理责任制、开展成本控制和核算的基础是（　　）。P80

    A. 施工成本预测　　B. 施工成本分析　　C. 施工成本考核　　D. 施工成本计划

2. 在施工质量管理中，以控制人的因素为基本出发点而建立的管理制度是（　　）。P164

    A. 见证取样制度　　B. 专项施工方案论证制度　　C. 执业资格注册制度

    D. 建设工程质量监督管理制度

3. 双代号网络计划如下图所示（时间单位：天），其计算工期是（　　）天。P141

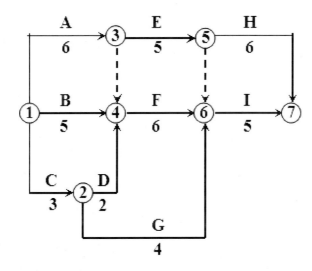

    A. 16　　B. 17　　C. 18　　D. 20

4. 关于线性组织结构的说法，错误的是（　　）。P27

    A. 每个工作部门的指令源是唯一的　　B. 高组织层次部门可以向任何低组织层次下达指令　　C. 在特大组织系统中，指令路径会很长　　D. 可以避免相互矛盾的指令影响系统运行

5. （　　）是指由组织的最高管理者对职业健康安全管理体系作出系统评价。P227

    A. 内部审核　　B. 管理评审　　C. 监测　　D. 合规性评价

6. 根据《建设工程施工合同（示范文本）》GF—2013—0201，关于发包人责任和义务的说法，错误的是（　　）。P284

A. 按专用合同条款约定提供施工场地 B. 提供施工场地内地下管线和地下设施等资料，并保证资料的真实、准确、完整 C. 负责办理法律规定的有关施工证件和批件 D. 负责赔偿工程或工程的任何部分对土地的占用所造成的第三者产损失

7. 某建设工程项目采取施工总承包管理模式，R 监理公司承担施工监理任务，G 施工企业承担主要的施工任务，业主将其中的二次装修发包给 C 装饰公司，则 C 装饰公司在施工中应接受（ ）的施工管理。P15

A. 业主 B. R 监理公司 C. G 施工企业 D. 施工总承包管理方

8. 关于竞争性成本计划、指导性成本计划和实施性成本计划三者区别的说法，正确的是（ ）。P86

A. 指导性成本计划是项目施工准备阶段的施工预算成本计划，比较详细

B. 实施性成本计划是选派项目经理阶段的预算成本计划 C. 指导性成本计划是以项目实施方案为依据编制的 D. 竞争性成本计划是项目投标和签订合同阶段的估算成本计划，比较粗略

9. 关于建设工程项目管理进度计划系统的说法，正确的是（ ）。P123

A. 由多个相互独立的进度计划组成 B. 由项目各参与方共同参与编制

C. 其建立是逐步完善的过程 D. 一个特定项目的进度计划系统是唯一的

10. 对建设工程来说，新员工上岗前的三级安全教育具体应由（ ）负责实施。P232

A. 公司、项目、班组 B. 企业、工区、施工队 C. 企业、公司、工程处

D. 工区、施工队、班组

11. 以下关于建设工程项目管理的说法中，不正确的是（ ）。P1

A. 项目的策划指的是项目目标控制前的策划和准备工作 B. 项目管理目标内涵对工程项目的各参与单位来说都是相同的 C. 项目决策阶段的主要任务是确定项目的定义 D. 项目实施阶段的主要任务是实现项目的目标

12. 根据我国现行招标投标的有关规定，下列说法正确的是（ ）。P270

A. 招标人必须委托招标代理机构代为办理招标事宜 B. 工程招标代理机构的资格分为甲、乙两级 C. 乙级工程招标代理机构只能承担工程投资额 5000 万元以下的工程招标代理业务 D. 乙级工程招标代理机构不可以跨省、自治区、直辖市承担业务

13. 施工质量管理使用因果分析法时，应注意的事项有（ ）。P209

A. 若干个质量问题可在一张因果分析图中一起分析 B. 应对因果分析图进一步做分布形状和分布位置分析 C. 通常采用 QC 小组活动方式进行，以便

集思广益，共同分析　　　D. 根据管理需要和统计目的，分门别类地收集数据

14. 关于项目管理工作任务分工表特点的说法，正确的是（　　）。P27

A. 每一个任务只能有一个主办部门　　　B. 每一个任务只能有一个协办部门和一个配合部门　　　C. 项目运营部应在项目竣工后介入工作　　　D. 项目管理工作任务分工表应作为组织设计文件的一部分

15. 以下关于施工成本控制的说法，不正确的是（　　）。P82

A. 采用合同措施控制施工成本，应包括从合同谈判直至合同终结的全过程

B. 施工成本控制应贯穿于项目从投标阶段直至竣工验收的全过程　　　C. 现行成本控制的程序不符合动态跟踪控制的原理　　　D. 成本控制可分为事先控制、事中控制和事后控制

16. 进行行动方案的部署和交底，属于质量管理 PDCA 循环中的（　　）环节。P171

A. 计划 P　　　B. 实施 D　　　C. 检查 C　　　D. 处置 A

17. 关于横道图进度计划表的说法，正确的是（　　）。P127

A. 可以将工作简要说明直接放到横道图上　　　B. 计划调整比较简单

C. 可以直观地确定计划的关键线路　　　D. 工作逻辑关系易于表达清楚

18. 根据《建设工程施工合同（示范文本）》GF—2013—0201，关于暂停施工的说法，正确的是（　　）。P286

A. 由于发包人原因引起的暂停施工，承包人有权要求延长工期和（或）增加费用，但不得要求补偿利润　　　B. 发包人原因造成暂停施工，承包人可不负责暂停施工期间工程的保护　　　C. 因发包人原因发生暂停施工的紧急情况时，承包人可以先暂停施工，并及时向监理人提出暂停施工的书面请求　　　D. 施工中出现一些意外需要暂停施工的，所有责任由发包人承担

19. 生产规模小、危险因素少的施工单位，其生产安全事故应急预案体系可以（　　）。P250

A. 只编写综合应急预案　　　B. 只编写现场处置方案　　　C. 将专项应急预案与现场处置方案合并编写　　　D. 将综合应急预案与专项应急预案合并编写

20. 编制项目投资项编码、进度项编码、合同编码和工程档案编码的基础是（　　）。P22

A. 项目结构图和项目结构编码　　　B. 组织结构图和组织结构编码　　　C. 工作流程图和项目结构编码　　　D. 工作流程图和组织结构编码

21. 双代号网络计划如下图所示（时间单位：天）其关键线路有（　　）条。P141

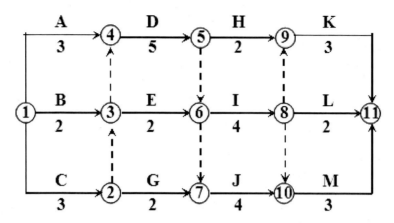

A. 4   B. 5   C. 6   D. 7

22. 专项成本分析是针对与成本有关的特定事项的分析，其分析方法不包括
（   ）。P120

    A. 成本盈亏异常分析   B. 资金成本分析   C. 工期成本分析   D. 动态
比率分析

23. 关于施工总承包模式和施工总承包管理模式比较的说法，正确的是（   ）。P45

    A. 采用费率招标的施工总承包模式，对投资控制有利   B. 施工总承包管理
模式下,发包方招标和合同管理的工作量较小   C. 施工总承包管理模式可以
提前开工,缩短建设周期   D. 施工总承包模式下发包方管理和组织协调的工
作量增大

24. 工程项目质量管理中，应当在数据和信息分析的基础上作出决策，这是质量管
理原则中（   ）的要求。P176

    A. 持续改进   B. 过程方法   C. 基于事实的决策方法   D. 管理的系统
方法

25. 施工企业安全检查制度中，安全检查
的重点是检查"三违"和（   ）落实。P235

    A. 施工起重机械的使用登记制度

    B. 安全责任制   C. 现场人员的安
全教育制度   D. 专项施工方案专
家论证制度

26. 根据工作流程图的绘制要求，右侧工
作流程图中，表达正确的是（   ）。P35

    A. ①、⑤   B. ②

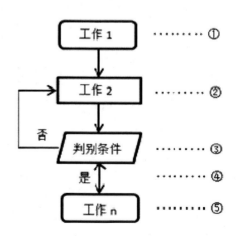

C. ③   D. ④

27. 经评标后，招标人向中标人发出中标通知书，是施工合同订立过程中的（   ）。P277

    A. 要约邀请   B. 要约   C. 承诺   D. 生效

28. （   ）表达了工程项目业主方及参与单位有关的各工作部门之间的组织关系。P27

    A. 组织结构图   B. 项目结构图   C. 项目管理的组织结构图   D. 合同结构图

29. "两算"对比是指同一工程的施工预算和施工图预算的对比分析，其方法有（   ）。P89

    A. 实物对比法   B. 赢得值法   C. 因素分析法   D. 差额对比法

30. 业主采用施工总承包管理模式的基本出发点是（   ）。P45

    A. 有利于缩短建设周期   B. 由施工总承包管理单位负责对所有分包人的管理及组织协调，大大减轻业主的工作   C. 分包工程任务实现了施工总承包管理的"他人控制"，对工程质量控制有利   D. 由施工总承包管理单位对分包人支付工程款

31. 在进行建设工程项目总进度目标控制前，首先应（   ）。P126

    A. 进行项目结构分析   B. 确定项目的工作编码   C. 编制各层进度计划   D. 分析和论证目标实施的可能性

32. 根据施工企业质量管理体系文件构成，"质量手册的评审、修改和控制管理办法"属于（   ）的内容。P177

    A. 程序文件   B. 质量计划   C. 质量手册   D. 质量记录

33. 根据现行《建设工程监理规范》要求，监理工程师对建设工程实施监理的形式包括（   ）。P74

    A. 旁站、巡视和班组自检   B. 巡视、平行检验和班组自检   C. 平行检验、班组互检和旁站   D. 旁站、巡视和平行检验

34. 施工进度计划调整的内容，不包括调整（   ）。P155

    A. 工作的逻辑关系   B. 工作的持续时间   C. 资源的投入   D. 工作质量

35. 建设工程项目管理规划是指导项目管理工作的（   ）文件。P48

    A. 标准性   B. 操作性   C. 示范性   D. 纲领性

36. 关于双代号网络图绘制规则的说法，正确的是（   ）。P132

A. 箭线不能交叉   B. 关键工作必须安排在图画中心   C. 只有一个起点

节点   D. 工作箭线只能用水平线

37. 施工企业质量管理体系的认证方应为（   ）。P178

A. 企业最高领导者   B. 第三方认证机构   C. 企业行政主管部门

D. 行业管理部门

38. "及时购买补充适用的规范，规程等行业标准"的活动，属于职业健康安全体

系运行中的（   ）活动。P226

A. 信息交流   B. 执行控制程序   C. 文件管理   D. 预防

39. 施工合同组成文件中的：专用条款、图纸、中标通知书、工程报价单，按优先

解释顺序正确排序应是（   ）。P281

A. 专用条款、图纸、中标通知书、工程报价单   B. 中标通知书、专用条款、

图纸、工程报价单   C. 专用条款、中标通知书、图纸、工程报价单   D. 专

用条款、中标通知书、工程报价单、图纸

40. 施工过程中发现问题及时处理，是施工安全隐患处理原则中（   ）原则的体

现。P249

A. 动态处理   B. 重点处理   C. 预防与减灾并重   D. 冗余安全度处理

41. 下列施工组织设计的基本内容中，可以反映现场文明施工组织的是（   ）。P53

A. 工程概况   B. 施工部署   C. 施工平面图   D. 技术经济指标

42. 关于总价合同计量的说法，正确的是（   ）。P289

A. 采用经审定批准的施工图纸及其预算方式发包形成的总价合同，其各项目的

工程量是承包人用于结算的最终工程量   B. 采用工程量清单方式招标形成

的总价合同，其工程量必须以承包人实际完成的工程量确定   C. 承包人不需

要在每个计量周期向发包人提交已完工程量报告   D. 发包人应在收到工程

量计量报告后 14 天内进行复核

43. 建设工程项目策划的最终目的是为了（   ）。P37

A. 分析和论证项目的投资目标   B. 选择项目的融资方式   C. 使项目建

设的决策和实施增值   D. 确定项目管理的组织形式

44. 某土方工程，月计划工程量 2800m³，预算单价 25 元/m³；到月末时已完工程

量 3000m³，实际单价 26 元/m³。对该项工作采用赢得值法进行偏差分析的说法，正确

的是（   ）。P103

A. 已完成工作实际费用为 75000 元   B. 费用绩效指标＞1，表明项目运行超

出预算费用   C. 进度绩效指标＜1，表明实际进度比计划进度拖后   D. 费

用偏差为－3000元，表明项目运行超出预算费用

45. 根据《建设工程施工合同（示范文本）》GF—2013—0201，下列不属于工程变更范围的是（ ）。P326

    A. 改变合同中任何项工作的质量或其他特性   B. 取消合同中任何一项工作，被取消的工作转由其他人实施   C. 改变合同工程的基线、标高、位置或尺寸   D. 为完成工程需要追加的额外工作

46. 建设工程项目管理最基本的方法论是（ ）。P57

    A. 项目目标的策划   B. 项目目标的动态控制   C. 项目管理的目标

    D. 项目管理的的信息化

47. 影响施工质量的环境因素中，施工作业环境因素包括（ ）。P188

    A. 地下障碍物的影响   B. 施工现场交通运输条件   C. 质量管理制度

    D. 施工工艺与工法

48. 事前分析可能导致工程项目目标偏离的各种影响因素，并针对性地采取有效的预防措施，这种避免项目目标偏离的控制是（ ）的进度目标可作为进度控制的重要依据。P58

    A. 动态控制   B. 主动控制   C. 过程控制   D. 目标控制

49. 双代号网络计划中的关键线路是指（ ）。P141

    A. 总时差为零的线路   B. 总的工作持续时间最短的线路   C. 一经确定，不会发生转移的线路   D. 自始至终全部由关键工作组成的线路

50. 某工程施工合同结构图如下，则该工程施工发承包模式是（ ）。P43

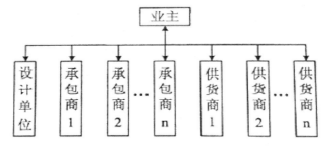

    A. 施工总承包模式   B. 施工总承包管理模式   C. 建设项目工程总承包模式   D. 施工平行发承包模式

51. 某分部工程的单代号网络计划如图所示(时间单位:天)，不正确的是( )。P144

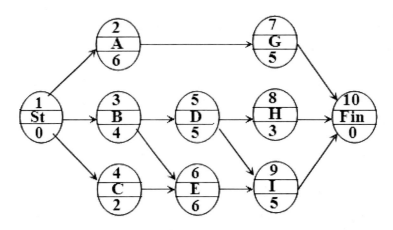

A. 有两条关键线路   B. 计算工期为 15   C. 工作 G 的总时差和自由时差均为 4   D. 工作 D 和 I 之间的时间间隔为 1

52. 下列分部(分项)工程中,需要编制分部(分项)工程施工组织设计的是(   )。P55

A. 零星土方工程   B. 场地平整   C. 混凝土垫层工程   D. 定向爆破工程

53. 某工程项目风险管理计划中针对重大危险源编制了现场处置应急方案,此对策属于风险响应中的(   )。P72

A. 规避   B. 减轻   C. 自留   D. 转移

54. 下列施工质量控制工作中,属于技术准备工作质量控制的是(   )。P188

A. 建立施工质量控制网   B. 设置质量控制点   C. 制订施工场地质量管理制度   D. 实行工序交接检查制度

55. 根据质量事故产生的原因,属于管理原因引发的质量事故是(   )。P203

A. 材料检验不严引发的质量事故   B. 采用不适宜施工方法引发的质量事故

C. 盲目追求利润引发的质量事故   D. 对地质情况估计错误引发的质量事故

56. 待路基铺设一定时间后即可以开始浇筑路面,则铺设路基和浇筑路面之间的连接方式即为(   )。P138

A. FTS   B. FTF   C. STS   D. STF

57. 对各种投入要素质量和环境条件质量的控制,属于施工过程质量控制中(   )的工作。P190

A. 工序施工质量控制   B. 技术交底   C. 测量控制   D. 计量控制

58. 某混凝土结构工程的框架柱表面出现局部蜂窝麻面,经调查分析,其承载力满足设计要求,则对该框架柱表面质量问题的恰当处理方式是(   )。P207

A. 加固处理   B. 修补处理   C. 返工处理   D. 限制使用

59. 下列施工方进度控制的措施中，属于技术措施的是（　　）。P157

A. 确定进度控制的工作流程　　B. 优化施工方案　　C. 选择合适的施工承发包方式　　D. 选择合理的合同结构

60. 根据《建设工程施工合同（示范文本）》GF—2013—0201，发包人有权书面通知承包人更换其认为不称职的项目经理，通知中应当载明要求更换的理由，承包人应在接到更换通知后（　　）。P61

A. 14 天内更换项目经理　　B. 14 天内向发包人提出书面的改进报告　　C. 14 天内督促项目经理改进　　D. 28 天内更换项目经理

61. 施工合同实施偏差分析的内容包括：产生合同偏差的原因分析、合同实施偏差的责任分析及（　　）。P325

A. 不同项目合同偏差的对比　　B. 偏差的跟踪情况分析　　C. 合同实施趋势分析　　D. 业主对合同偏差的态度分析

62. 单代号网络计划如下图所示（时间单位：天），工作 C 的最迟开始时间是（　　）。P144

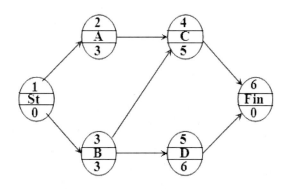

A. 0　　B. 1　　C. 3　　D. 4

63. 关于分部分项工程成本分析的说法，正确的是（　　）。P116

A. 施工项目成本分析是分部分项工程成本分析的基础　　B. 分部分项工程成本分析的对象是已完成分部分项工程　　C. 分部分项工程成本分析的资料来源是施工预算　　D. 分部分项工程成本分析的方法是进行预算成本与实际成本的"两算"对比

64. 施工现场对墙面平整度进行检查对，适合采用的检查手段是（　　）。P195

A. 量　　B. 靠　　C. 吊　　D. 套

65. 某房屋建筑工程施工中，现浇混凝土阳台根部突然断裂，导致 2 人死亡，1 人重伤，直接经济损失 300 万元。根据《关于做好房屋建筑和市政基础设施工程质量事

故报告和调查处理工作的通知》（建质〔2010〕111号），该事故等级为（   ）。P202

　　A. 一般事故　　　B. 较大事故　　　C. 重大事故　　　D. 特别重大事故

66. 下列工作中，不属于施工项目目标动态控制程序中的工作是（   ）。P57

　　A. 目标分解　　　B. 目标计划值搜集　　　C. 目标计划值与实际值比较

　　D. 采取措施纠偏

67. 关于施工质量验收的说法中，错误的是（   ）。P198

　　A. 分部工程、单位工程验收均要求观感质量符合要求　　　B. 检验批、分项工程均应有完整的施工操作依据　　　C. 检验批的主控项目不允许有不符合要求的检验结果　　　D. 施工质量验收的最小单位是检验批

68. 根据《建设工程施工专业分包合同（示范文本）》GF—2003—0213，不属于承包人责任和义务的是（   ）。P295

　　A. 组织分包人参加发包人组织的图纸会审，向分包人进行设计图纸交底

　　B. 负责整个施工场地的管理工作，协调分包人与同一施工场地的其他分包人之间的交叉配合　　　C. 负责提供专业分包合同专用条款中约定的保修与试车，并承担由此发生的费用　　　D. 随时为分包人提供确保分包工程施工所要求的施工场地和通道，满足施工运输需要

69. 下列双代号时标网络计划中，D工作的总时差和自由时差分别为（   ）周。P134

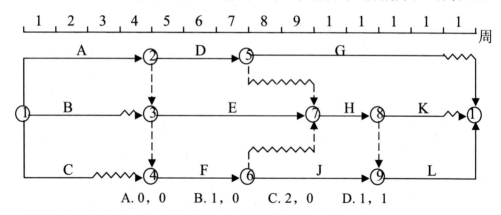

　　A. 0，0　　　B. 1，0　　　C. 2，0　　　D. 1，1

70. 建设项目工程总承包方项目管理工作涉及项目（   ）。P41

　　A. 设计阶段　　　B. 施工阶段　　　C. 实施阶段　　　D. 全寿命周期

二、多项选择题（共30题，每题2分。每题的备选项中，有2～4个以上符合题意，至少有1个错项。错选，本题不得分；少选，所选的每个选项得0.5分）

71. 以下关于施工现场文明施工、环境保护的说法中，正确的有（   ）。P263

　　A. 施工平面布置应随工程实施的不同阶段进行场地布置和调整　　　B. 施工现场必须封闭管理，设置进出口大门，工地设置的围挡高度不低于2.5m　　　C. 夜

间施工噪声限值不得高于 65dB，且严禁打桩作业　　D. 力求从声源上降低施工噪声，是防止噪声污染的最根本措施　　E. 施工现场环境保护即保护和改善作业现场的环境，是文明施工的重要内容之一

72. 政府质量监督机构监督单位工程竣工验收合格后，应编制工程质量监督报告，其内容包括（　　）。P216

　　A. 对存在的质量缺陷的处理意见　　B. 对项目参建各方质量行为的检查情况
　　C. 工程项目实体质量抽查情况　　D. 项目质量评价（包括建筑节能和环保评价）　　E. 对发生质量事故的施工单位的处理意见

73. 当采用变动单价时，合同中可以约定合同单价调整的情况有（　　）。P307

　　A. 工程量发生较大的变化　　B. 承包商自身成本发生较大的变化　　C. 通货膨胀达到一定水平　　D. 国家相关政策发生变化　　E. 业主资金不到位

74. 关于施工项目经理任职条件的说法，正确的有（　　）。P60

　　A. 通过建造师职业资格考试的人员只能担任项目经理　　B. 项目经理必须由承包人正式聘用的建造师担任　　C. 项目经理每月在施工现场的时间可自行决定　　D. 项目经理不得同时担任其他项目的项目经理　　E. 项目经理可以由取得项目管理师资格证书的人员担任

75. 建设工程施工组织方案的内容包括（　　）。P187

　　A. 施工区段划分　　B. 施工流向　　C. 施工工艺　　D. 劳动组织
　　E. 施工方法

76. 下列工程质量问题中，以下可不作处理的情况有（　　）。P207

　　A. 混凝土结构出现宽度不大于 0.3mm 的裂缝　　B. 混凝土现浇楼面的平整度偏差 8mm　　C. 某基础工程的混凝土 28 天强度不到规定强度的 30%
　　D. 混凝土结构表面出现蜂窝、麻面　　E. 混凝土强度不足，经原设计院核算，认为能满足结构安全和使用功能

77. 承包商索赔成立应具备的前提条件有（　　）。P339

　　A. 造成费用增加或工期损失数额巨大，超出了正常的承受范围　　B. 索赔费用计算正确，并且容易分析　　C. 与合同对照，事件已造成了承包人工程项目成本的额外支出或直接工期损失　　D. 造成费用增加或工期损失的原因，按合同约定不属于承包人的行为责任或风险责任　　E. 承包人按合同规定的程序和时间提交索赔意向通知书和索赔报告

78. 成本加酬金合同的形式主要有（　　）。P309

　　A. 成本加固定费用合同　　B. 成本加固定比例费用合同　　C. 最大成本加

税金合同　　　D. 成本加奖金合同　　　E. 最大成本加费用合同

79. 根据《建设工程项目管理规范》GB/T 50326—2006，施工项目经理应履行的职责有（　　）。P63

A. 对资源进行动态管理　　　B. 建立各种专业管理体系　　　C. 参与工程竣工验收　　　D. 主持编制项目目标责任书　　　E. 进行授权范围内的利益分配

80. 以下关于 FIDIC 的 DAB（争端裁决委员会）的说法中，不正确的有（　　）。P356

A. DAB 的成员一般为工程技术和管理方面的专家　　　B. DAB 的裁决不是强制性的，但是具有终局性　　　C. DAB 的报酬由业主和承包商各自支付一半

D. DAB 的优点有：费用较低、及时解决争议、裁决易为业主和承包商所接受

E. 业主和承包商收到 DAB 的裁决后 14 天内均未提出异议，则裁决对双方具有约束力

81. 关于建设工程项目进度控制的说法，正确的有（　　）。P123

A. 各参与方都有进度控制的任务　　　B. 各参与方进度控制的目标和时间范畴相同　　　C. 项目实施过程中不允许调整进度计划　　　D. 进度控制是一个动态的管理过程　　　E. 进度目标的分析论证是进度控制的一个环节

82. 根据《关于做好房屋建筑和市政基础设施工程质量事故报告和调查处理工作的通知》（建质〔2010〕111号）的规定，质量事故处理报告的内容有（　　）。P206

A. 对事故处理的建议　　　B. 事故发生后的应急防护措施　　　C. 事故原因分析及论证　　　D. 事故调查的原始资料　　　E. 检查验收记录

83. 以下关于项目信息门户（PIP）的说法中，正确的有（　　）。P365

A. PIP 是一种垂直门户　　　B. PIP 的主流是 PSWS（专用门户）　　　C. PIP 的运行周期是工程项目的实施阶段　　　D. PIP 的主持人是业主或工程总承包单位

E. PIP 的核心功能是能实现项目参与单位的信息交流、文档管理、共同工作等

84. 关于从事危险化学品特种作业人员条件的说法，正确的有（　　）。P231

A. 应当具备初中及以上文化程度　　　B. 技能熟练后操作证可以不复审

C. 取得操作证后准许独立作业　　　D. 年满 18 周岁，且不超过国家法定退休年龄　　　E. 经社区或县级以上医疗机构体检健康合格

85. 应用动态控制原理进行建设工程项目投资控制时，如发现偏差，采取的纠偏措施中属于管理措施的有（　　）。P60

A. 进行设计优化　　　B. 明确费用索赔的管理流程　　　C. 制订节约投资的物质奖励措施　　　D. 采用价值工程的方法　　　E. 采取限额设计的方法

86. 根据《建设工程施工劳务分包合同（示范文本）》GF—2003—0214，承包人的

义务有（　　）。P297

A. 为劳务分包人提供生产、生活临时设施　　B. 为劳务分包人从事危险作业的职工办理意外伤害保险　　C. 编制物资需用量计划表　　D. 为租赁或提供给劳务分包人使用的施工机械设备办理保险　　E. 负责工程测量定位、技术交底、组织图纸会审

87. 工程项目施工质量保证体系的运行环境有（　　）。P174

A. 建设工程的合同结构　　B. 质量管理的资源配置　　C. 质量管理的动力机制　　D. 质量管理的组织制度　　E. 思想、组织、工作保证体系

88. 某工程双代号时标网络计划执行到第3周末和第7周末时，检查其实际进度如下图前锋线所示，检查结果表明（　　）。P154

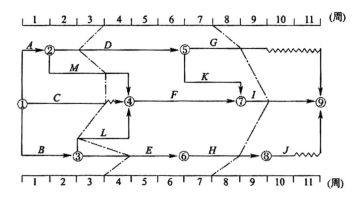

A. 第3周末检查时工作D拖后1周，但不影响总工期　　B. 第3周末检查时工作L拖后1周，但不影响总工期　　C. 第7周末检查时工作I提前2周，总工期预计缩短2周　　D. 第7周末检查时工作G提前1周，将不影响总工期

E. 第4周至第7周内工作E和工作H的实际进度正常

89. 根据现行法律法规，建设工程对施工环境管理的基本要求有（　　）。P263

A. 应采取生态保护措施　　B. 建筑材料和装修材料必须符合国家标准

C. 经行政部门批准后可以引进低于我国环保规定的特定技术　　D. 建设工程项目的防治污染设施必须与主体工程同时设计、同时施工和同时投产使用

E. 尽量减少建设工程施工所产生的噪声对周围生活环境的影响

90. 关于物资采购合同中交货日期的说法，正确的有（　　）。P292

A. 供货方负责送货的，以采购方收货戳记的日期为准　　B. 采购方提货的，以供货方按合同规定通知的提货日期为准　　C. 委托运输部门代运的产品，一般以供货方发运产品时承运单位签发的日期为准　　D. 供货方负责送货的，以供

货方按合同规定通知的提货日期为准　　　E. 采购方提货的，以采购方收货戳记的日期为准

91. 对已完单位工程做竣工成本综合分析的内容有（　　）。P118

A. 竣工单位工程的预算成本、目标成本和实际成本的"三算"对比　　B. 竣工单位工程成本的因素分析法　　C. 竣工单位工程主要资源节超对比分析

D. 竣工单位工程主要技术节约措施及经济效果分析　　E. 竣工单位工程成本的动态比率法

92. 下列文件中，属于施工成本计划编制依据的有（　　）。P90

A. 施工图预算　　B. 施工成本预测资料　　C. 企业定额　　D. 施工组织设计　　E. 施工预算

93. 下列分部分项工程中，必须编制专项施工方案并进行专家论证审查的有（　　）。P234

A. 预应力结构张拉工程　　B. 悬挑脚手架工程　　C. 开挖深度超过 5m 的基坑支护工程　　D. 大体积混凝土工程　　E. 高大模板工程

94. 某商品混凝土目标成本与实际成本对比如下表，关于其成本分析的说法，正确的有（　　）。P114

项目	单位	目标	实际
产量	m³	600	640
单价	元	715	755
损耗率	%	4	3

A. 产量增加使成本增加了 28600 元　　B. 实际成本与目标成本的差额是 51536 元　　C. 单价提高使成本增加了 26624 元　　D. 该商品混凝土目标成本是 497696 元　　E. 损耗率下降使成本降低了 4832 元

95. 以下关于建设工程担保的说法中，不正确的有（　　）。P318

A. 投标保证金有效期应超出投标有效期 30 天　　B. 履约担保采用银行保函的，倾向于采用无条件保函　　C. 预付款担保的担保金额与发包人支付的预付款应等值，且担保金额不随预付款的扣回而逐月减少　　D. 支付担保是发包人向承包人提供的、保证履行工程款支付义务的担保　　E. 国际工程中的付款担保，是在有分包人的情况下，承包人向发包人提供的、保证向分包人付款的担保

96. 下列施工质量控制内容中，属于现场施工质量检查内容的有（　　）。P194

A. 开工条件检查　　B. 工序交接检查　　C. 材料质量检验报告检查

D. 成品保护的检查　　E. 施工机械性能稳定性检查

97. 在施工成本管理中，采取技术措施时应注意（　　）。P85

A. 提出多个不同的技术方案　　B. 对不同的技术方案进行技术经济分析

C. 技术措施是最易为人接受和采用的措施　　D. 技术措施是其他各类措施的前提和保障　　E. 实践中应避免仅从技术角度选定方案而忽视对其经济效果的分析论证

98. 安全生产管理预警体系之一是内部管理不良预警系统，包括（　　）。P238

A. 技术变化的预警　　B. 质量管理预警　　C. 设备管理预警　　D. 人的行为活动管理预警　　E. 安全事故管理预警

99. 以下关于施工企业工资支付管理的说法中，正确的有（　　）。P68

A. 施工企业应当至少每月向劳动者支付一次工资　　B. 施工企业向劳动者支付的工资不得低于当地最低工资标准　　C. 施工企业应当至少每月末结清劳动者剩余应得的工资　　D. 经与职工代表协商一致后,施工企业可以延期支付工资，但最长不得超过 30 日　　E. 施工企业应当将工资直接发放给劳动者本人，并由劳动者本人签字

100. 以下关于承包人向发包人提出工期索赔的说法中，正确的有（　　）。P348

A. 非承包人原因造成关键线路延误都是可索赔延误　　B. 非承包人原因造成非关键线路延误都是不可索赔延误　　C. 非承包人原因造成关键线路延误，承包人用直接法计算工期索赔值　　D. 非承包人原因造成非关键线路延误，承包人用比例分析法计算工期索赔值　　E. 网络分析法通过分析干扰事件发生前和发生后网络计划的计算工期之差来计算工期索赔值，既适用于一个干扰事件又适用于多个干扰事件共同作用引起的工期索赔值计算

2015年模拟卷二答案及解析

一、参考答案：

题号	答案	题号	答案	题号	答案	题号	答案	题号	答案
1	D	21	C	41	C	61	C	81	ADE
2	C	22	D	42	B	62	D	82	CDE
3	B	23	C	43	C	63	B	83	AE
4	B	24	C	44	D	64	B	84	ACDE
5	B	25	B	45	B	65	A	85	DE
6	C	26	B	46	B	66	B	86	ACE
7	D	27	C	47	B	67	B	87	ABD
8	D	28	C	48	B	68	C	88	CDE
9	C	29	A	49	D	69	B	89	ABDE
10	A	30	B	50	D	70	C	90	ABC
11	B	31	D	51	A	71	ADE	91	ACD
12	B	32	C	52	D	72	ABCD	92	BCDE
13	C	33	D	53	B	73	ACD	93	CE
14	D	34	D	54	B	74	BD	94	BCE
15	C	35	D	55	A	75	ABD	95	BC
16	B	36	C	56	C	76	BE	96	ABD
17	A	37	B	57	A	77	CDE	97	ABE
18	C	38	C	58	B	78	ABDE	98	BCD
19	D	39	B	59	B	79	ABCE	99	ABDE
20	A	40	A	60	B	80	ACD	100	ACE

二、部分模拟题讲解：

3. 解答：标号法计算 T_c 较快。顺着节点编号做加法、取最大值，标出每个节点的源节点和最早完成时间 EF，终点节点的 EF 就是 T_c。计算结果见下图：

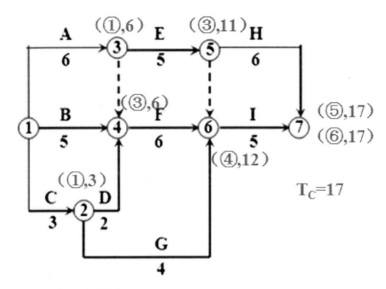

21. 解答：标号法，计算结果见下图：

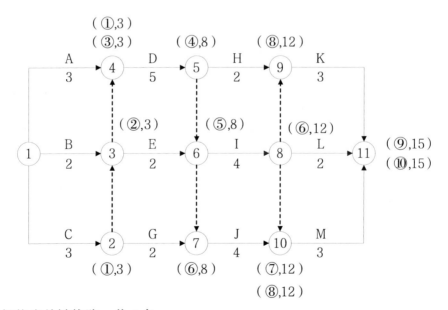

仔细找出关键线路一共 6 条：

①→④→⑤→⑥→⑧→⑩→⑪, ①→②→③→④→⑤→⑥→⑧→⑩→⑪,

①→④→⑤→⑥→⑦→⑩→⑪, ①→②→③→④→⑤→⑥→⑦→⑩→⑪,

①→④→⑤→⑥→⑧→⑨→⑪, ①→②→③→④→⑤→⑥→⑧→⑨→⑪。

44. 解答：已完工作实际费用 = 3000 × 26 = 78000（元），故 A 选项不正确。

$$费用绩效指数 = \frac{已完工作预算费用}{已完工作实际费用} = \frac{3000 \times 25}{3000 \times 26} < 1，故 B 选项不正确。$$

$$进度绩效指数 = \frac{已完工作预算费用}{计划工作预算费用} = \frac{3000 \times 25}{2800 \times 25} > 1，故 C 选项不正确。$$

费用偏差 = 已完工作预算费用 − 已完工作实际费用 = 3000 × 25 − 3000 × 26 = −3000（元），表明已完工作实际费用超过已完工作预算费用 3000 元，故 D 选项正确。

51. 解答：标号法计算结果见下图：

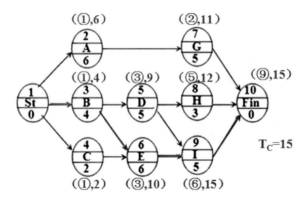

显然，关键线路只有一条：①→③→⑥→⑨→⑩，计算工期 15 天。

工作 D 与工作 I 之间的时间间隔 $LAG_{D,I} = ES_I - EF_D = (15 - 5) - 9 = 1$。

工作 G 只有一个紧后工作⑩，G 的自由时差

$FF_G = ES_{Fin} - EF_G = (15 - 0) - 11 = 4$，G 的总时差

$TF_G = LF_G - EF_G = LS_{Fin} - EF_G = (15 - 0) - 11 = 4$。

故 A 选项的说法不正确。

62. 解答：标号法计算结果见下图：

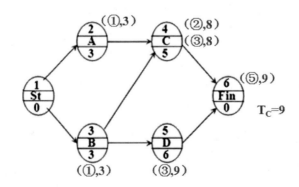

工作 C 只有一个紧后工作⑥，C 的最迟开始时间：

$$LS_C = LF_C - D_C = LS_{Fin} - D_C = (9 - 0) - 5 = 4$$

69. 解答：D 工作的自由时差就是波形线，②→⑤没有波形线，即 D 工作的自由时差是零。找出关键线路，见下图：

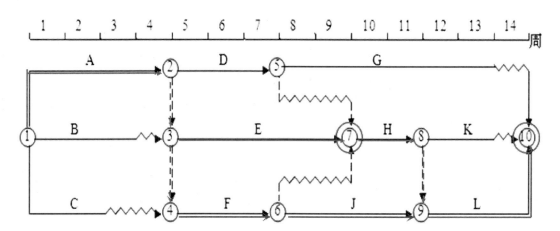

D 工作的总时差，即要确保总工期也就是确保关键节点⑦、⑩不得推迟，读出局部线路②→⑤→⑦的波形线之和为 2 周，局部线路②→⑤→⑩的波形线之和为 1 周，取最小值 1 周就是 D 工作的总时差。

88. 解答：找出关键线路，有三条，见下图：

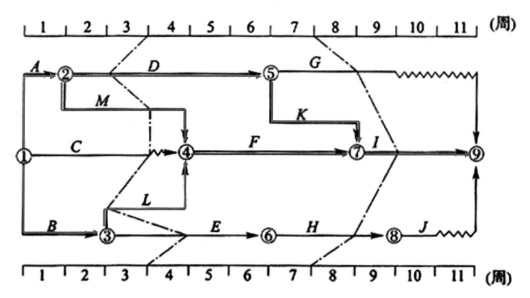

第 3 周末检查时：D 工作实际进度落后 1 周，M 工作实际进度正常，C 工作实际进度正常，L 工作实际进度落后 1 周，E 工作实际进度提前 1 周。由于 D 工作和 L 工作

都是关键工作，故将导致总工期落后 1 周。故 A、B 选项的说法都不正确。

第 7 周末检查时：G 工作实际进度提前 1 周，I 工作实际进度提前 2 周，H 工作实际进度提前 1 周，可见还需 2 周网络图执行完毕（G 还需 1 周、I 还需 2 周、J 还需 2 周），比原计划 11 周可提前 2 周完成。故 C、D 选项的说法正确。

从第 3 周末到底 4 周末的四周时间内：E 和 H 工作实际进度为 4 周，故进度正常，E 选项的说法正确。

94. 解答：

替换顺序	连环替代	差异（元）	因素分析
目标数	600×715×1.04=446160		
第一次替代	640×715×1.04=475904	29744	产量增加40m³，成本超支29744元
第二次替代	640×755×1.04=502528	26624	单价上升40元/m³，成本超支26624元
第三次替代	640×755×1.03=497696	−4832	损耗率下降1%，成本降低4832元
合计		51536	

2015年模拟卷三

一、单项选择题（共70题，每题1分。每题的各选项中，只有1个最符合题意）

1. （ ）是一项技术性很强的工作，对于贯彻设计意图、严格实施技术方案、按图施工、循规操作、保证施工质量和施工安全至关重要。P244

　　A. 安全技术交底　　B. 安全生产检查　　C. 安全技术措施　　D. 安全隐患治理

2. 施工企业不良行为记录信息的公布时间为行政处罚决定作出后7日内，公布期限一般为（ ）。P335

　　A. 3个月至6个月　　B. 6个月　　C. 3年　　D. 6个月至3年

3. 以下关于我国工程保险的说法中，不正确的是（ ）。P315

　　A. 工程一切险包括建筑工程一切险、安装工程一切险　　B. 工程一切险不包括承包人设备保险　　C. 执业责任险以设计人、监理人的设计、咨询错误或员工工作疏漏给业主或承包商造成的损失为保险标的　　D. 由发包人、承包人负责对本方参与现场施工的人员投保人身意外伤害险

4. 以下关于施工合同交底的主要目的和任务的说法中，不正确的是（ ）。P324
　　A. 将各种合同事件的责任分解落实到各工程小组或分包人　　B. 明确完不成任务的影响和法律后果　　C. 明确各个工程小组（分包人）之间的责任界限　　D. 争取对自身有利的合同条款

5. 根据《建设工程施工合同（示范文本）》GF—2013—0201，招标发包的工程其基准日期为（ ）。P282

　　A. 投标截止日前14天　　B. 投标截止日前28天　　C. 合同签订日前14天　　D. 合同签订日前28天

6. 混凝土结构表面裂缝宽度不大于0.2mm时，可采用（ ）。P207

　　A. 不作处理　　B. 修补处理　　C. 加固处理　　D. 返工处理

7. 就建设工程项目进度控制的主要工作环节而言,其正确的工作程序为( )。P122
　　A. 编制计划→目标的分析和论证→调整计划→跟踪计划的执行　　B. 编制计划→目标的分析和论证→跟踪计划的执行→调整计划　　C. 目标的分析和论证→编制计划→调整计划→跟踪计划的执行　　D. 目标的分析和论证→编制计划→跟踪计划的执行→调整计划

8. 根据《建设工程施工合同（示范文本）》GF—2013—0201，以下说法不正确的有（ ）。P60

A. 项目经理不得同时担任其他项目的项目经理　　B. 项目经理将其某些职责授权下属人员履行的，应提前 7 天将上述人员姓名和授权范围书面通知监理人和发包人　　C. 承包人应向发包人提交项目经理与承包人之间的劳动合同，以及承包人为项目经理缴纳社会保险的有效证明　　D. 发包人有权书面通知承包人更换不称职的项目经理，通知中应载明要求更换的理由

9. 防护装置、保险装置、信号装置、防爆炸装置等属于安全措施计划制度中的（　）。P233

A. 安全防护措施　　B. 职业卫生措施　　C. 辅助用房间和设施　　D. 安全技术措施

10. 组织措施是从施工成本管理的组织方面采取的措施，不包括（　）。P85

A. 对提出的多个施工方案作技术经济论证　　B. 编制施工成本控制的、详细的工作流程图　　C. 落实施工成本管理的组织机构和人员　　D. 明确各级施工管理人员的任务和职能分工

11. 建设工程项目管理的"自项目开始至项目完成"指的是项目的实施期，包括（　）。P2

A. 可行性研究　　B. 保修期　　C. 使用阶段　　D. 全寿命周期

12. 一般而言，采用固定总价合同时，承包商的投标报价较高的原因是（　）。P308

A. 承包商丧失了今后一切的索赔权力　　B. 业主因今后工程款结算的工作量减少而给予承包商的费用补偿　　C. 业主今后可以增加工程范围和内容而不给予承包商另外的费用补偿　　D. 承包商会将工程量及一切不可预见因素的风险补偿加到投标报价之中

13. 编制（　）的目的，是防止一旦紧急情况发生出现混乱，按照合理的相应程序采取适当的救援措施，预防和减少可能随之引发的职业健康安全和环境影响。P250

A. 施工安全技术措施　　B. 风险管理计划　　C. 应急预案　　D. 安全检查表

14. 建设工程施工风险管理的工作程序中，风险响应的下一步工作是（　）。P73

A. 风险评估　　B. 风险控制　　C. 风险识别　　D. 风险预测

15. 施工成本分析所依据的资料是（　）提供的。P103

A. 会计核算　　B. 业务核算　　C. 统计核算　　D. 以上三者

16. 项目施工质量控制体系中，确定质量目标的基本依据是（　）。P173

A. 质量方针　　B. 工程承包合同　　C. 质量计划　　D. 设计文件

17. 国际工程中，非代理型（风险型）CM 模式的合同是成本加酬金合同中的

（   ）。P310

    A. 成本加固定费用合同   B. 成本加固定比例费用合同   C. 成本加奖金合同   D. 最大成本加费用合同

18. 某建设工程项目施工前，业主方制订了工程款支付审批程序：施工方申报→监理方审批→业主现场代表审查→业主项目负责人审核→业主分管副经理审批→支付。该程序属于（   ）工作流程组织。P34

    A. 管理   B. 投资控制   C. 信息处理   D. 物质

19. 形象进度、产值统计、实际成本归集"三同步"，这是（   ）应遵循的。P83

    A. 施工成本计划   B. 施工成本分析   C. 施工成本核算   D. 施工成本控制

20. 在建设工程项目各参与单位中，（   ）的项目管理是管理的核心。P2

    A. 业主方   B. 设计方   C. 施工方   D. 供货方

21. 以下关于施工总承包管理模式的说法中，不正确的是（   ）。P44

    A. 对分包单位工程款的支付分为总承包管理单位支付和业主支付两种形式，前者对于加大总承包管理单位对分包单位管理的力度更有利   B. 工程项目质量的好坏很大程度上取决于施工总承包管理单位的选择，取决于施工总承包管理单位的管理水平和技术水平，业主对施工总承包管理单位的依赖较大

    C. 施工总承包管理单位只收取总包管理费，不赚取总包与分包之间的差价

    D. 每完成一部分施工图设计后，即可开始这部分工程的施工招标，可以边设计边施工，可以提前开工，缩短建设周期，有利于进度控制

22. 某单代号网络计划如下图所示，工作 D 的自由时差为（   ）。P144

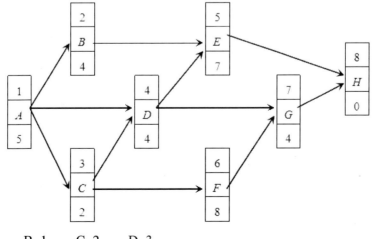

    A. 0   B. 1   C. 2   D. 3

23. 建设工程项目管理应重视利用信息技术的手段进行信息管理，其核心的手段是（　　）。P359

　　A. 服务于信息处理的应用软件　　B. 收发电子邮件的专用软件　　C. 基于互联网的信息处理平台　　D. 基于企业内部信息管理的网络系统

24. 施工成本的过程控制包括管理行为控制程序和指标控制程序，下列说法中不正确的是（　　）。P97

　　A. 管理行为控制的目的是确保每个岗位人员在成本管理过程中的管理行为符合事先确定的程序和方法的要求　　B. 管理行为控制程序之一是建立项目施工成本管理体系的评审组织和评审程序　　C. 管理行为控制程序之一是收集成本数据，监测成本形成过程　　D. 用成本指标考核管理行为，用管理行为来保证成本指标

25. 经返修或加固的分项、分部工程，虽然改变了外形尺寸但仍能满足安全使用的要求，可以按技术处理方案和（　　）进行验收。P199

　　A. 设计单位意见　　B. 协商文件　　C. 建设单位意见　　D. 质量监督部门意见

26. （　　）是施工成本定期的、经常性的中间成本分析，对于施工项目来说具有特别重要的意义。P117

　　A. 分部分项工程成本分析　　B. 月（季）度成本分析　　C. 年度成本分析　　D. 因素分析法

27. （　　）既能观察生产过程质量是否处于正常、稳定状态，又能观察生产过程是否处于经济合理的受控状态。P211

　　A. 分层法　　B. 因果分析图法　　C. 排列图法　　D. 直方图法

28. 下列双代号网络计划中的关键线路有（　　）条。P141

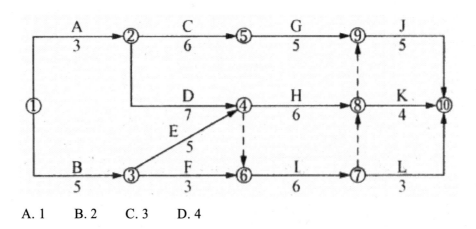

　　A. 1　　B. 2　　C. 3　　D. 4

29. 下图反映的是某建设项目业主、项目总承包人、分包人之间的（ ）关系。P37

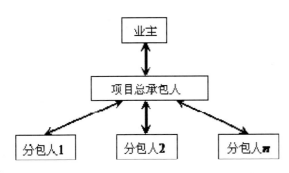

A. 协作　　B. 指令　　C. 管理

D. 合同

30. 施工总承包模式的最大缺点是（ ）。P44

A. 施工总承包单位要收取管理费

B. 施工图设计全部结束后，业主才能进行施工总承包招标，故工程项目建设周期较长　　C. 分包合同价对业主不透明　　D. 由施工总承包单位对施工分包单位支付分包工程款

31. 下列有关施工预算和施工图预算的说法，正确的是（ ）。P88

A. 施工预算的编制以预算定额为主要依据　　B. 施工预算是投标报价的主要依据　　C. 施工图预算既适用于建设单位，也适用于施工单位　　D. 施工图预算是施工企业内部管理用的一种文件

32. （ ）项目管理的目标不包括工程项目的投资目标。P15

A. 业主方　　B. 设计方　　C. 施工方　　D. 项目总承包方

33. 某工程单代号搭接网络计划如下图所示，其中关键工作是（ ）。P149

A. 工作 A 和工作 D

B. 工作 C 和工作 D

C. 工作 A 和工作 E

D. 工作 C 和工作 E

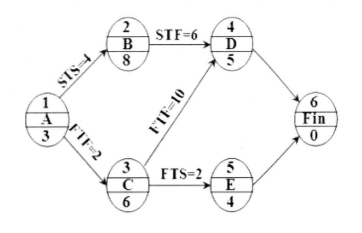

34. 某工程实行施工总承包模式，承包人将基础工程中的打桩工程分包给某专业分包单位施工，施工过程中发现地质情况与勘察报告不符而导致打桩施工工期拖延。在此情况下，（ ）可以提出索赔。P336

A. 承包人向发包人　　B. 承包人向勘察单位　　C. 发包人向承包人

D. 分包人向发包人

35. 根据 GB/T 19000，在明确的质量目标条件下，通过行动方案和资源配置的计

划、实施、检查和监督来实现预期目标的过程成为（　　）。P159

　　A. 质量保证　　　B. 质量控制　　　C. 质量管理　　　D. 质量活动

36. 以下关于施工企业劳动用工和工资支付管理的说法中，不正确的是（　　）。P68

　　A. 施工企业不得使用零散工　　　B. 施工企业与劳动者建立劳动关系，应当自用工之日起双方订立书面劳动合同　　　C. 施工企业至少每月一次向劳动者本人支付工资，且不得低于当地最低工资标准　　　D. 施工企业确有困难，经与工会或职工代表协商一致后，可以延期支付工资，但最长不得超过 60 日

37. 由工程承发包合同所派生的多单位多专业共同施工的管理关系、组织协调方式及现场施工质量控制系统等构成的是工程项目的（　　）。P165

　　A. 施工环境　　　B. 自然环境　　　C. 劳动作业环境　　　D. 管理环境

38. 业主提出设计变更导致非关键线路上的某项工作延误，如延误时间小于该项工作的总时差，则对此项延误的补偿是（　　）。P348

　　A. 业主既应给予工期顺延，也应给予费用补偿　　　B. 业主不给予工期顺延，但给予费用补偿　　　C. 业主既不给予工期顺延，也不给予费用补偿　　　D. 业主不给予工期顺延，但可能给予费用补偿

39. 某工程网络计划中，工作 E 的持续时间为 6 天，最迟完成时间为第 28 天；该工作有三项紧前工作，其最早完成时间分别为第 16 天、第 19 天和第 20 天。则工作 E 的总时差为（　　）天。P141

　　A. 1　　　B. 2　　　C. 3　　　D. 6

40. （　　）在施工阶段是质量自控主体，其质量责任不能因为监控主体的存在和监控责任的实施而减轻或免除。P181

　　A. 业主和施工承包方　　　B. 业主和供应方　　　C. 施工承包方和供应方

　　D. 施工承包方和设计方

41. 以下关于项目结构分解的说法，不正确的有（　　）。P18

　　A. 项目结构图通过树状图的方式对一个项目的结构进行逐层分解　　　B. 项目结构图能够反映组成该项目的所有工作任务　　　C. 项目结构分解考虑到项目进展的总体部署，采用统一的分解方案　　　D. 项目结构的分解应和整个工程实施的部署相结合，并结合将采用的合同结构

42. 分部分项工程成本分析采用的"三算"对比分析法，其"三算"对比指的是（　　）的比较。P116

　　A. 概算成本、预算成本、决算成本　　　B. 预算成本、目标成本、实际成本

　　C. 月度成本、季度成本、年度成本　　　D. 预算成本、计划成本、目标成本

43. 施工项目技术负责人每天在施工日志上对当天的施工质量和进度情况进行详细记载，属于项目目标动态控制过程中（   ）的工作。P56

   A. 准备阶段　　B. 收集项目实际值　　C. 进行目标计划值和实际值比较

   D. 纠偏环节

44. 某工程双代号时标网络计划执行到第 4 周末时，实际进度前锋线如下图所示。以下说法不正确的是（   ）。P154

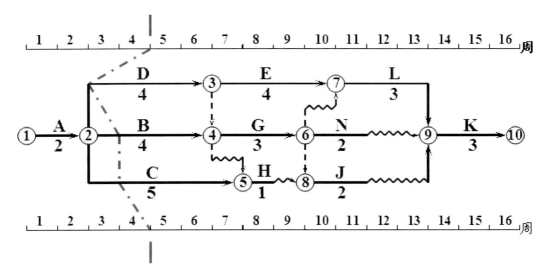

   A. 工作 D 拖延 2 周, 不影响工期　　B. 工作 B 拖延 1 周, 不影响工期　　C. 工作 D 拖延 2 周, 影响工期 2 周　　D. 工作 C 拖延 1 周, 不影响工期

45. 下列关于发包人支付担保的阐述中，不正确的是（   ）。P320

   A. 实行支付担保的担保合同应作为施工承包合同的附件　　B. 担保的额度为工程合同价总额的 10%　　C. 实行履约金分段滚动担保　　D. 支付担保的主要作用是确保工程费用及时支付到位

46. 施工总承包单位对分包单位编制的施工质量计划，（   ）。P183

   A. 需要进行指导和审核，但不承担施工质量的连带责任　　B. 需要进行指导和审核，并承担施工质量的连带责任　　C. 不需要审核，但应承担施工质量的连带责任　　D. 需要进行知道和审核，并承担施工质量的全部责任

47. 下列建设工程施工风险因素中，属于组织风险的是（   ）。P71

   A. 承包人管理人员的能力　　B. 公用防火设施的可用性　　C. 岩土地质条件　　D. 工程机械的稳定性

48. 对于建设工程项目，环境保护的目的是（   ）。P222

   A. 保护和改善施工现场的环境，并注意对资源的节约和避免资源的浪费

B. 保护工程项目周边环境　　C. 保护生态环境，使社会的经济发展与人类的生存环境相协调　　D. 控制作业现场的各种粉尘、废水、废气、固体废弃物，以及噪声、振动对环境的污染和危害

49. 工程施工质量事故的处理包括：①事故调查；②事故原因分析；③事故处理；④事故处理的鉴定验收；⑤制订事故处理方案。其正确的程序为（　　）。P205

A. ①②③④⑤　　B. ②①③④⑤　　C. ②①⑤③④　　D. ①②⑤③④

50. 工程网络计划中，关键工作是指（　　）。P152

A. 最迟完成时间与最早完成时间的差值最小的工作　　B. 双代号时标网络计划中无波形线的工作　　C. 单代号网络计划中时间间隔为零的工作　　D. 双代号网络计划中工作持续时间最长的工作

51. 为了防止施工现场发生触电事故，项目经理一方面进行人员安全用电教育，同时注意现场设置漏电开关，同时严禁非专业电工乱接乱拉电线。这符合安全事故隐患治理原则中的（　　）。P249

A. 冗余安全度治理原则　　B. 单项隐患综合治理原则　　C. 预防与减灾并重治理原则　　D. 重点治理原则

52. 凡属关键技术、重要部位、经验欠缺、控制难度大、影响大的施工内容，以及新材料、新技术、新工艺、新设备等，均可列为（　　），实施重点控制。P184

A. 专项施工方案　　B. 质量控制点　　C. 施工技术方案　　D. 施工组织方案

53. 组织结构模式反映了一个组织系统中各子系统之间或各工作部门之间的（　　）关系，是一种相对（　　）的组织关系。P17

A. 指令，静态　　B. 指令，动态　　C. 逻辑，静态　　D. 逻辑，动态

54. 某建设工程项目，承包商在施工过程中发生如下人工费：完成业主要求的合同外工作花费 3 万元；由于业主原因导致工效降低，使人工费增加 2 万元；施工机械故障造成人员窝工损失 0.5 万元。则承包商可索赔的人工费为（　　）万元。P345

A. 2.0　　B. 3.0　　C. 5.0　　D. 5.5

55. 安全生产管理预警体系功能的实现主要依赖于预警分析和预控对策两大子系统作用的发挥，预警分析的工作内容不包括（　　）。P239

A. 预警监测　　B. 事故危机管理　　C. 预警信息管理　　D. 预警评价

56. 施工现场（　　）人以上的临时食堂，污水排放时可设置简易有效的隔油池，定期清理，防止污染。P265

A. 50　　B. 100　　C. 150　　D. 200

57. FIDIC 系列合同条件中，采用固定总价方式计价、只有在出现某些特定风险时才能调整价格的合同是（   ）。P352

　　A. 施工合同条件　　B. EPC 交钥匙项目合同条件　　C. 永久设备和设计＋建造合同条件　　D. 简明合同格式

58. 施工过程中因承包人原因导致工程实际进度滞后于计划进度，承包人按工程师要求采取赶工措施后仍未按合同规定的工期完成施工任务，则此延误的责任应由（   ）承担。P285

　　A. 工程师　　B. 承包人　　C. 工程师和承包人　　D. 发包人

59. （   ）是由公正的第三方认证机构对企业的产品及质量体系作出正确可靠的评价，从而使社会对企业的产品建立信心。P178

　　A. 质量检测制度　　B. 质量认证制度　　C. 质量验收制度　　D. 质量保修制度

60. 项目经理在承担工程项目施工的管理工程中，其管理权力不包括（   ）。P62

　　A. 组织项目管理班子　　B. 指挥项目建设的生产经营活动　　C. 签署项目参与人员聘用合同　　D. 选择施工作业队伍

61. 某工程双代号时标网络计划如下图所示，在不影响总工期的前提下，工作 B 可利用的机动时间为（   ）周。P134

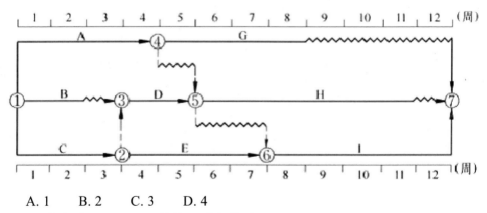

　　A. 1　　B. 2　　C. 3　　D. 4

62. 对整个建设工程项目的施工进行战略部署，并且是指导全局性施工的技术和经济纲要的文件是（   ）。P53

　　A. 施工总平面图　　B. 施工组织总设计　　C. 施工部署及施工方案　　D. 单位工程施工组织设计

63. 某工程主体结构混凝土工程量为 3200m³，预算单价为 550 元/m³。计划 4 个月内均衡完成。开工后，混凝土实际采购价格为 560 元/m³。施工至第二个月月底，实际

累计完成混凝土工程量为 1800m³，则此时的进度偏差为（　　）万元。P103

    A. 11.8　　B. 11.2　　C. 11.0　　D. −1.8

64. 施工成品质量保护的措施不包括（　　）。P196

    A. 防护　　B. 固化　　C. 封闭　　D. 覆盖

65. 以下关于施工企业项目经理的工作性质、职责和权限的说法中，不正确的是（　　）。P61

    A. 项目经理不是一个技术岗位，而是一个管理岗位　　B. 项目经理在工程项目施工中处于中心地位，对工程项目施工负有全面管理的责任　　C. 项目经理与本企业法定代表人签订项目管理目标责任书，并在授权范围内行使管理权力

    D. 项目经理的权限之一是进行授权范围内的利益分配

66. 在建设工程合同的订立过程中，投标人根据招标内容在约定期限内向招标人提交投标文件，此为（　　）。P277

    A. 要约邀请　　B. 要约　　C. 承诺　　D. 承诺生效

67. 根据《建设项目工程总承包合同示范文本（试行）》GF—2011—0216，承包人首先应编制并报发包人批准的是（　　）。P301

    A. 项目进度计划　　B. 设计进度计划　　C. 采购进度计划　　D. 施工进度计划

68. 建设工程项目质量控制系统建立时应遵循分层次规划的原则，第一层次是（　　）。P172

    A. 建设单位和施工总承包单位　　B. 建设单位和工程总承包单位　　C. 建设单位和设计总承包单位　　D. 设计总承包单位和施工总承包单位

69. 某工程发生一起事故，造成人员死亡 4 人、直接经济损失 420 万元。则该事故属于（　　）。P257

    A. 一般事故　　B. 较大事故　　C. 重大事故　　D. 特别重大事故

70. （　　）是反映项目管理班子内部项目经理、各工作部门和各工作岗位对各项工作任务的项目管理职能分工。P30

    A. 项目管理任务分工表　　B. 项目管理职能分工表　　C. 工作流程图

    D. 项目组织结构图

二、多项选择题（共 30 题，每题 2 分。每题的备选项中，有 2~4 个以上符合题意，至少有 1 个错项。错选，本题不得分；少选，所选的每个选项得 0.5 分）

71. 根据《建设工程施工合同（示范文本）》GF—2013—0201，发包人的责任与义务有（　　）。P282

A. 发包人最迟不晚于监理人发出开工通知中载明的开工日期前 7 天向承包人提供图纸　　B. 发包人最迟于开工日期 7 天前向承包人移交施工现场

C. 发包人向承包人提供正常施工所需要的进入施工现场的交通条件　　D. 发包人要求承包人提供履约担保的,发包人应向承包人提供支付担保　　E. 发包人协调处理施工现场周围地下管线、古树名木等的保护工作,承包人承担相关费用

72. 施工总承包管理模式的特点有（　　）。P45

A. 在开工前就有较明确的合同价,有利于业主对总造价的早期控制　　B. 有利于缩短建设周期　　C. 分包合同价对业主是不透明的　　D. 对分包人的质量控制由施工总承包管理单位进行　　E. 由施工总承包管理单位负责对所有分包人的管理及组织协调

73. 下列建设工程进度措施中,属于组织措施的有（　　）。P156

A. 采用项目总承包模式　　B. 审查承包商提交的进度计划　　C. 办理工程进度款支付手续　　D. 及时召开进度协调会议　　E. 制订施工进度计划的审批程序

74. 信息管理部门的主要工作任务是（　　）。P359

A. 编制信息管理手册　　B. 制订信息管理的规章制度　　C. 维护信息处理平台的正常运行　　D. 协调项目组织各部门的信息处理工作　　E. 监督工程档案管理

75. 对施工所用的机械设备,应根据工程需要从（　　）等方面加以控制。P187

A. 设备选型　　B. 施工条件　　C. 主要性能参数　　D. 专项设计

E. 使用操作要求

76. 根据《建设工程监理规范》GB 50319—2000,以下关于监理规划的说法中,正确的有（　　）。P74

A. 项目监理机构在签订委托监理合同及收到设计文件后开始编制　　B. 在第一次工地会议前报送监理单位技术负责人审批　　C. 由总监理工程师主持编制、专业监理工程师参加编制　　D. 其内容应详细具体,具有可操作性

E. 编制依据包括项目审批文件、监理大纲、委托监理合同,等等

77. 以下关于施工成本计划的说法中,正确的有（　　）。P86

A. 控制性成本计划是工程项目投标及签订施工合同阶段的估算成本计划

B. 竞争性成本计划是选派项目经理阶段的预算成本计划　　C. 指导性成本计划是项目经理的责任成本目标　　D. 实施性成本计划是施工准备阶段项目经

理根据施工图预算编制的　　E. 施工成本计划的编制以成本预测为基础,关键是确定目标成本

78. 政府质量监督机构在竣工验收阶段的质量监督工作包括（　　）。P193

A. 对建设工程实体质量实施检测　　B. 对建设工程项目结构主要部位的质量验收证明在验收后 3 天内备案　　C. 参与竣工验收会议,对验收过程进行监督

D. 按单位工程建立建设工程质量监督档案　　E. 对工程质量责任单位的工程质量行为实施监督

79. 根据《建设工程施工合同（示范文本）》GF—2013—0201,费用控制的主要条款有（　　）。P289

A. 发包人要求承包人提供预付款担保的,承包人应在发包人支付预付款 7 天前提供预付款担保　　B. 承包人应于每月 25 日向监理人报送上月 20 日至本月 19 日已完工程量报告,并附具进度付款申请单、已完工程量报表和有关资料

C. 监理人应在收到承包人提交的已完工程量报告后 7 天内完成审核并报送发包人,发包人收到后应在 7 天内完成审批并签发进度款支付证书　　D. 发包人在进度款支付证书签发后的 14 天内完成支付,发包人逾期支付的,应按中国人民银行发布的同期同类贷款基准利率支付违约金　　E. 单价合同的总价项目,由承包人根据施工进度计划和总价项目的总价构成、费用性质、计划发生时间和相应工程量等因素按季度进行分解,形成支付分解表

80. 企业员工的安全教育的形式主要包括（　　）。P232

A. 新员工上岗前的三级安全教育　　B. 改变工艺和变换岗位安全教育

C. 经常性安全教育　　D. 事故现场安全教育　　E. 大型、特大型事故安全教育

81. 某工程双代号网络计划如下图所示,图中已标明每项工作的最早开始时间和最迟开始时间,该计划表明（　　）。P141

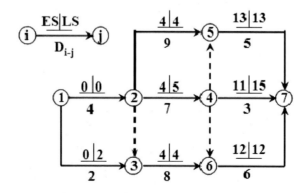

A. 工作 1-3 的自由时差为 2　　B. 工作 2-5 为关键工作　　C. 工作 2-4 的自由时差为 1　　D. 工作 3-6 的总时差为零　　E. 工作 4-7 为关键工作

82. 某工程由于设计变更，工程师签发了 3 个月的工程暂停令，之后承包商按设计变更图完成施工，此期间钢筋价格大幅度上涨。承包商可索赔的材料费包括（　　）。P345

A. 执行设计变更导致材料实际用量超过计划用量而增加的费用　　B. 施工中大雨造成的水泥失效损耗费　　C. 根据官方公布的价格指数调整钢筋价格上涨的费用　　D. 工地现场钢筋失窃造成的损失费　　E. 停工 3 个月的材料储存费

83. 下列有关施工组织设计的表述，正确的有（　　）。P53

A. 施工平面图是施工方案及施工进度计划在空间上的全面安排　　B. 单位工程施工组织设计是指导分部分项工程施工　　C. 只有在编制施工总进度计划后才可编制资源需求量计划　　D. 对于简单工程，可以只编制施工方案、施工进度计划和施工平面图　　E. 只有在编制施工总进度计划后才可制订施工方案

84. 施工承包企业编制的质量计划文件的内容一般包括（　　）。P182

A. 施工技术方案　　B. 施工质量管理体系　　C. 施工质量控制资源配置计划　　D. 质量记录的要求　　E. 施工质量控制点及其跟踪控制的方式与要求

85. 根据《建设工程项目管理规范》GB/T 50326—2006，项目经理的权限有（　　）。P62

A. 全权负责组建项目经理部　　B. 主持项目经理部工作　　C. 制订项目内部计酬办法　　D. 决定项目分包人　　E. 在授权范围内协调与项目有关的内、外部关系

86. 国际工程承包合同争议解决的方式包括（　　）。P355

A. 协商　　B. 调解　　C. 仲裁　　D. 诉讼　　E. 单方解除合同

87. 依法采用蒸汽的方法把工程质量风险转移给其他方承担的方法有（　　）。P167

A. 承包单位依法实行联合承包　　B. 建设单位要求承包单位提供履约担保　　C. 施工总承包单位依法签订分包合同　　D. 质量责任单位向保险公司投保适当的险种　　E. 建设单位在工程预算中预留一定比例的不可预见费

88. 赢得值法常用的表达方式有横道图、表格法和曲线法，（　　）。P104

A. 横道图法是最常用的表达方法，适合在较高管理层应用　　B. 表格法能够准确表达出费用的绝对偏差且信息量大　　C. 横道图法形象、直观，但反映的信息量少　　D. 表格法灵活、适用性强，数据处理可借助于计算机　　E. 曲线法可以对费用偏差趋势进行直观预测

89. 职业健康安全与环境管理体系的作业文件是指管理手册、程序文件之外的文件，一般包括（　　）。P226

　　A. 操作规程　　B. 管理规定　　C. 监测活动准则　　D. 文件查询索引

　　E. 程序文件引用的表格

90. 施工企业与工程项目有关的银行保函主要有（　　）。P280

　　A. 投标保函　　B. 保留金　　C. 支付保函　　D. 履约保函　　E. 预付款保函

91. 下列关于项目管理组织结构模式的表述中，正确的有（　　）。P25

　　A. 职能组织结构中每一个工作部门只有一个指令源　　B. 矩阵组织结构中有横向和纵向两个指令源　　C. 大型线性组织系统中的指令路径太长、运行困难

　　D. 线性组织结构中可以跨部门下达指令　　E. 职能组织结构适用于大型组织系统

92. 工程网络计划中的关键线路是指（　　）。P152

　　A. 线路上各工作持续时间之和最大的线路　　B. 单代号网络计划中自始至终由关键节点连成的线路　　C. 单代号搭接网络计划中时间间隔均为零的线路

　　D. 双代号网络计划中无波形线的线路　　E. 双代号网络计划中自始至终由关键工作连成的线路

93. 关于建筑施工场界噪声的说法，正确的有（　　）。P265

　　A. 昼间施工噪声限值为 70dB　　B. 昼间施工噪声限值为 80dB　　C. 夜间施工噪声限值为 50dB　　D. 夜间施工噪声限值为 55dB　　E. 从声源上降低噪声，是防止噪声污染最根本的措施

94. 对工程项目开展投资控制的动态控制时，可以采取的管理措施包括（　　）。P58

　　A. 采取限额设计的方法　　B. 采用价值工程的方法　　C. 制订节约投资的奖励措施　　D. 调整投资控制的方法和手段　　E. 采取设计优化的方法

95. 根据《建设工程施工劳务分包合同（示范文本）》，劳务分包人的义务有（　　）。P298

　　A. 劳务分包人须服从承包人转发的发包人或工程师的指令　　B. 负责编制详细施工组织设计　　C. 自行搭设生产、生活临时设施　　D. 自觉接受承包人及有关部门的管理、监督和检查　　E. 为运至施工现场用于劳务施工的材料和待安装设备办理保险

96. 下列关于建设工程项目施工质量验收的表述中，正确的有（　　）。P200

　　A. 工程质量验收均应在施工单位自行检查评定的基础上进行　　B. 参加工程

施工质量验收的各方人员由政府部门确定　　C. 工程外观质量通过现场检查后由质量监督机构确认　　D. 隐蔽工程应在隐蔽前由施工单位通知有关单位进行验收，并形成验收文件　　E. 检验批的质量应按主控项目和一般项目验收

97. 以下关于安全检查的说法中，正确的有（　　）。P235

A. 安全检查的目的是清除隐患、防止事故、改善劳动条件、提高员工安全生产意识　　B. 施工项目的安全检查应由施工方项目技术负责人组织，定期进行　　C. 在安全检查时，应对施工安全生产规章制度进行检查　　D. 安全检查应自查与互查有机结合，基层以自查为主，企业内相应部门间互相检查，取长补短　　E. 安全检查需用安全检查表时，应根据用途和目的具体确定安全检查表的种类

98. 以下关于施工招标的说法中，正确的有（　　）。P270

A. 使用国际组织或者外国资金的项目宜采用招标方式确定承包人　　B. 公开招标亦称无限竞争性招标，招标人不得以不合理的条件限制或排斥潜在投标人　　C. 招标人具有编制招标文件的能力即可自行办理招标事宜　　D. 招标人对招标文件做出的澄清或修改，应当在投标截止日至少 15 日前发出　　E. 评标分为评标的准备、初步评审、详细评审、编写评标报告等过程

99. 单位工程竣工成本分析包括的内容有（　　）。P118

A. 预算成本、目标成本和实际成本的"三算"对比　　B. 成本管理的薄弱环节　　C. 成本总量的构成比例　　D. 主要资源节超对比分析　　E. 主要技术节约措施及其经济效果分析

100. 某工程双代号网络计划如下图所示，其错误有（　　）。P130

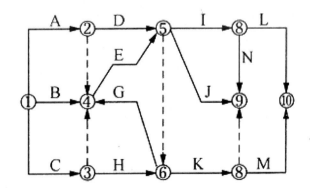

A. 有多个起点节点　　B. 有多个终点节点　　C. 有多个中间节点　　D. 有循环回路　　E. 节点编号有误

2015年模拟卷三答案及解析

一、参考答案：

题号	答案	题号	答案	题号	答案	题号	答案	题号	答案
1	A	21	B	41	C	61	B	81	ABD
2	D	22	A	42	B	62	B	82	ACE
3	B	23	C	43	B	63	C	83	ACD
4	D	24	C	44	A	64	B	84	ACDE
5	B	25	B	45	B	65	D	85	BCE
6	B	26	B	46	B	66	B	86	ABCD
7	D	27	D	47	A	67	A	87	ABCD
8	B	28	D	48	A	68	B	88	CDE
9	D	29	D	49	D	69	B	89	ABCE
10	A	30	B	50	A	70	B	90	ADE
11	B	31	C	51	B	71	BCD	91	BC
12	D	32	C	52	B	72	BDE	92	ACDE
13	C	33	B	53	A	73	DE	93	ADE
14	B	34	A	54	C	74	ACD	94	ABD
15	D	35	B	55	B	75	ACE	95	AD
16	B	36	D	56	B	76	ACE	96	ADE
17	D	37	D	57	B	77	CE	97	ACDE
18	A	38	D	58	B	78	ACDE	98	BDE
19	C	39	B	59	B	79	ABCD	99	ADE
20	A	40	C	60	C	80	ABC	100	BDE

二、部分模拟题讲解：

22. 解答：顺着节点编号，计算每个工作的最早开始和最早完成时间，见下图：

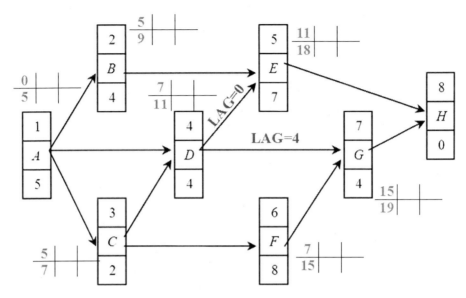

D 工作与 E 工作的时间间隔为 $LAG_{D,E} = ES_E - EF_D = 11 - 11 = 0$ ，

D 工作与 F 工作的时间间隔为 $LAG_{D,G} = ES_G - EF_D = 15 - 11 = 4$ ，

根据教材 P144：$FF_i = \min\{LAG_{i,j}\}$ ，D 工作的自由时差 $FF_D = \min\{0,4\} = 0$ 。

28. 解答：标号法计算结果见下图：

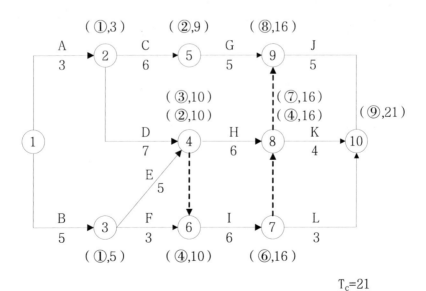

$T_c = 21$

逆着编号找出关键线路有 4 条：

①→③→④→⑥→⑦→⑧→⑨→⑩，①→②→④→⑥→⑦→⑧→⑨→⑩，

①→③→④→⑧→⑨→⑩，①→②→④→⑧→⑨→⑩。

33. 解答：搭接单代号网络图的计算见下图：

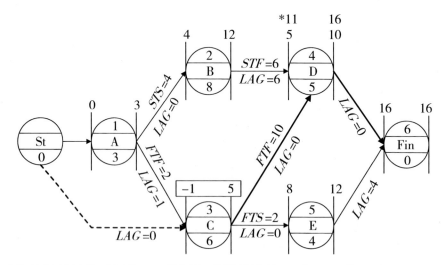

C 工作的最早开始时间为 0，故添加虚箭线连接 St 和 C 工作，且 LAG=0，找出线路上处处 LAG=0 即关键线路：St→③→④→⑥。关键线路只有 1 条。

39. 解答：

根据 $ES_{i\text{-}j} = \max\{EF_{h\text{-}i}\}$，故 E 工作的 $ES_E = \max\{16,19,20\} = 20$

E 工作的总时差 $FF_E = LF_E - EF_E = LF_E - (ES_E + D_E) = 28 - (20 + 6) = 2$

44. 解答：自始至终无波形线即是关键线路，见下图：

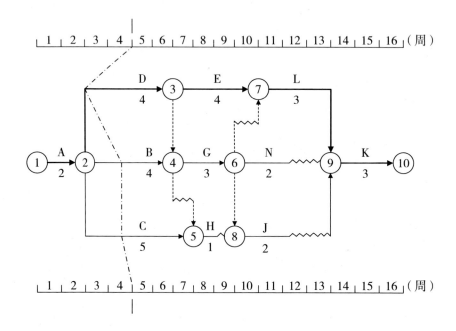

显然，第 4 周末检查时，D 工作实际进度落后 2 周，由于 D 工作是关键工作，故将导致总工期落后 2 周。A 选项正确。

B 工作实际进度落后 1 周，确保关键节点⑦不受影响，读出 B 工作的总时差为 1 周，故不影响总工期。

C 工作实际进度落后 1 周，确保关键节点⑨不受影响，读出 C 工作的总时差为 3 周，故不影响总工期。

54. 解答：完成业主要求的合同外工作、由于业主原因导致工效降低，承包商可以向业主费用索赔，故索赔款为 5 万元。

61. 解答：根据题意就是要读出 B 工作的总时差。图中关键线路只有 1 条：①→②→⑥→⑦，确保关键节点⑥不得推迟，局部线路①→③→⑤→⑥波形线之和为 3 周；确保关键节点⑦不得推迟，局部线路①→③→⑤→⑦波形线之和为 2 周，取最小值 2 周即为 B 工作的总时差。

81. 解答：1）工作 1-3 的自由时差

$FF_{1-3} = ES_{3-6} - EF_{1-3} = ES_{3-6} - (ES_{1-3} + D_{1-3}) = 4 - (0 + 2) = 2$，故 A 选项正确。

2）工作 2-5 的总时差 $TF_{2-5} = LF_{2-5} - EF_{2-5} = 4 - 4 = 0$，工作 2-5 是关键工作，故 B 选项正确。

3）工作 2-4 的自由时差

$FF_{2-4} = \min\{ES_{5-7}, ES_{4-7}, ES_{6-7}\} - EF_{2-4} = \min\{13,11,12\} - (ES_{2-4} + D_{2-4}) = 11 - (4+7) = 0$，故 C 选项不正确。

4）工作 3-6 的总时差 $TF_{3-6} = LF_{3-6} - EF_{3-6} = 4 - 4 = 0$，工作 3-6 是关键工作，故 D 选项正确。

5）$T_C = \max\{EF_{5-7}, EF_{4-7}, EF_{6-7}\} = \max\{(13+5),(11+3),(12+6)\} = 18$，工作 4-7 的总时差 $TF_{4-7} = T_C - EF_{4-7} = 18 - (11+3) = 4$，即工作 4-7 不是关键工作，故 E 选项不正确。

6）本题相当于 $T_p = T_c$，故总时差为 0 的工作是关键工作，即 1-2、2-5、5-7、3-6、6-7 工作是关键工作，连成的两条线路①→②→⑤→⑦和①→②→③→⑥→⑦是关键线路。

100. 解答：图中有两个终点节点⑨和⑩，绘图错了，故选 B 选项。

图中有一个循环回路：④→⑤→⑥→④，绘图错了，故选 D 选项。

图中有循环回路④→⑤→⑥→④，可见 G 工作节点编号错了，不满足 $i<j$。图中有两个节点的编号都是⑧。故选 E 选项。

图中只有一个起点节点①，网络图有多个中间节点，绘图正确，故不选 A、C 选项。